桥梁工程施工技术

主编 吕 磊

北京航空航天大学出版社

内 容 简 介

本书共分 9 章,内容包括桥梁工程认知、桥梁施工前的准备工作及测量、桥梁基础施工、桥梁墩台施工、桥梁上部结构施工、桥面系及附属工程施工、桥梁交竣工验收、桥梁上部结构加固施工、桥梁下部结构加固施工。

本书可作为职业院校市政工程技术、道路桥梁工程等建筑类专业的教学用书,也可供桥梁工程施工一线的施工管理人员参考。

图书在版编目(CIP)数据

桥梁工程施工技术 / 吕磊主编. -- 北京 : 北京航空航天大学出版社,2022.5

ISBN 978 - 7 - 5124 - 3793 - 7

Ⅰ. ①桥… Ⅱ. ①吕… Ⅲ. ①桥梁施工—工程施工 Ⅳ. ①U445.4

中国版本图书馆 CIP 数据核字(2022)第 079368 号

桥梁工程施工技术

主编 吕 磊

策划编辑 董宜斌 责任编辑 刘晓明

*

北京航空航天大学出版社出版发行

北京市海淀区学院路 37 号(邮编 100191) http://www.buaapress.com.cn
发行部电话:(010)82317024 传真:(010)82328026
读者信箱:copyrights@buaacm.com.cn 邮购电话:(010)82316936
北京一鑫印务有限责任公司印装 各地书店经销

*

开本:710×1 000 1/16 印张:13 字数:277 千字
2022 年 5 月第 1 版 2022 年 5 月第 1 次印刷
ISBN 978 - 7 - 5124 - 3793 - 7 定价:59.00 元

编 委 会

前　　言

为适应现代交通行业高速发展的需要，我们把桥梁亦引申为跨越山川、不良地质区域或为满足其他交通需要而架设的使通行更加便捷的建筑物，它为人们出行提供了极大的便利。21世纪以来，我国公路桥涵的建设进入了一个辉煌的时期，在中华大地上建设了一大批结构新颖、技术复杂、设计和施工难度大、现代化程度和科技含量高的大跨径斜拉桥、悬索桥、拱桥，积累了丰富的桥梁设计和施工经验，我国桥梁建设水平已跻身于国际先进行列。

桥梁工程施工有着流动性强、临时设施多、施工工序复杂等特点。这些特点决定了桥梁工程施工有着很高的安全风险，加之桥梁建设队伍规模急剧扩张，施工人员技术水平参差不齐，其施工安全技术与风险控制就显得尤为重要。"安全无小事，细节决定成败"，在桥梁工程施工安全管理工作的事前预防、超前控制上，要抓好每一件小事，重视每一个细节，把小事做细，把细节做严、做实、做到位，向精细化管理要安全。

桥梁在我国国民经济发展过程中发挥了重要的作用，标准化建设成为当前桥梁施工管理的重要参考依据，从而保证桥梁工程施工安全，提升施工质量，创造更多的经济效益和社会效益。

本书由浙江同济科技职业学院的吕磊主编。吕磊、林呀编写第1、2、3章，杨海平、洪乾坤编写第4、5章，施晓丽、曹广田编写第6、7章，袁飞扬编写第8、9章。全书由吕磊负责统稿。

尽管编者在编撰过程中做出了巨大的努力，对稿件进行了多次认真的修改，但由于编写经验不足，书中可能仍存在遗漏或不足之处，敬请广大读者提出宝贵的批评意见及修改建议，不胜感激！

编　者

2021年12月

目　录

第**1**章

桥梁工程认知

本章导读

从本章开始,将基于桥梁实际工程项目,对桥梁的结构组成、结构受力体系以及现代桥梁工程的发展情况进行学习。

1.1节:桥梁的基本组成和分类

介绍桥梁的各种类型,尤其是按照结构受力体系进行分类,同时学习桥梁各组成结构。

1.2节:桥梁的发展动态

介绍桥梁的发展历程及国内外发展概况。

学习目标

能力目标	知识要点
掌握桥梁结构的组成	上部结构、下部结构、支座体系、附属工程
了解现代桥梁的发展状况	国内外最新桥梁建设成果及技术

知识导读

桥梁工程在学科上属于土木工程的分支,在功能上是交通工程的咽喉。随着我国国民经济的迅速发展和经济的全球化,大力发展交通运输事业,建立四通八达的现代交通网络,不仅有利于经济的进一步发展,而且对促进文化交流、加强民族团结、缩小地区差别、巩固国防等也都具有非常重要的意义。

我国自改革开放以来,路(特别是高等级公路和市政道路)、桥建设得到了飞速的发展,对改善人民的生活环境、改善投资环境、促进经济的腾飞起到了关键性的作用。桥梁工程在工程规模上占道路总造价的 10%~20%,它同时也是保证全线通车的咽喉,特别在战时,即便是高技术战争,桥梁工程仍具有非常重要的地位。

桥梁是一种功能性的结构物,但从古至今,人类从未停止过对桥梁美学的追求,很多桥梁被建设成为令人赏心悦目的艺术品,具有鲜明的时代特征,至今仍然为人们所赞叹。经过几十年的努力,我国的桥梁工程无论在建设规模上,还是在科技水平上,均已跻身世界先进行列。横跨长江、黄河等大江大河的各种特大型桥梁,以及功能齐全、造型美观的立交桥、高架桥如雨后春笋般建成。目前全国公路桥梁已达70 余万座,随着总规模达 8.5 万 km 的国家高速公路网"7918"工程的实施,几十 km长的跨海湾海峡特大桥梁的宏伟工程摆在我们面前。例如已建设完工的港珠澳大桥,东接香港特别行政区,西接广东省珠海市和澳门特别行政区,全长约 35.6 km,形成了连接珠江东西两岸新的公路运输通道,港珠澳大桥对于促进香港、澳门和珠江三角洲西岸地区经济的进一步发展,具有重要的战略意义。

回顾过去,展望未来,可以预见在今后相当长的一个时期内,桥梁建设者们将不断面临着建设新颖和复杂桥梁结构的挑战,肩负着国家赋予的光荣而艰巨的任务。

本章学习中要求学生了解桥梁的定义,能描述桥梁的组成,掌握桥梁的分类,并通过老师的讲解对桥梁工程的发展动态有清晰的认识。

1.1 桥梁的基本组成和分类

1.1.1 桥梁的基本组成

概括地说,桥梁由 4 个基本部分组成,即上部结构(superstructure)、下部结构(substructure)、支座(bearing)和附属设施(accessory)。

图 1-1 为一座市政桥梁的概貌。涉及一般桥梁工程的几个主要名词解释如下:

上部结构:是在线路中断时跨越障碍的主要承重结构,是桥梁支座以上(无铰拱起拱线或刚架主梁底线以上)跨越桥孔的总称。跨越幅度越大,上部结构的构造也就越复杂,施工难度也相应增大。

下部结构:包括桥墩(pier)、桥台(abutment)和基础(foundation)。

桥墩和桥台:是支承上部结构并将其传来的恒载和车辆等活载再传至基础的结构物。一般设置在桥两端的称为桥台,设置在桥中间部分的称为桥墩。桥台除了上述作用外,还与路堤衔接,并抵御路堤填土压力,防止路堤填土的坍落。单孔桥只有两端的桥台,而没有中间桥。桥墩和桥台底部的奠基部分,称为基础,基础承担了从

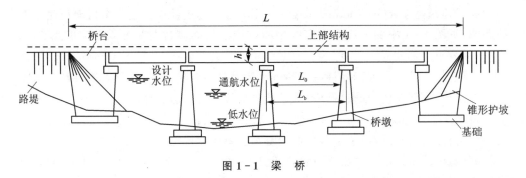

图1-1 梁 桥

桥墩和桥台传来的全部荷载,这些荷载包括竖向荷载以及地震力、船舶撞击墩身等引起的水平荷载。由于基础往往深埋于水下地基中,因此基础在桥梁施工中是难度较大的一个部分,也是确保桥梁安全的关键之一。

支座:是设在墩(台)顶,用于支承上部结构的传力装置,它不仅要传递很大的荷载,而且要保证上部结构按设计要求产生一定的变位的基本属性,设施包括桥面系、伸缩缝、桥头搭板和锥形护坡等。

河流中的水位是变动的,枯水季节的最低水位称为低水位(low water level),洪峰季节河流中的最高水位称为高水位(high water level)。桥梁设计中按规定的设计洪水频率计算所得的高水位(很多情况下是推算水位),称为设计水位(designed water level)。在各级航道中,能保持船舶正常航行时的水位,称为通航水位(navigable water level)。

下面介绍一些与桥梁布置有关的主要尺寸和名词术语。

净跨径(clear span):对于设支座的桥梁为在设计洪水位线上相邻两墩、台身顶内缘之间的水平净距;不设支座的桥梁为上、下部结构相交处内缘间的水平净距,用 L_0 表示(见图1-1)。

总跨径(total span):是多孔桥梁中各孔净跨径的总和($\sum L_0$),它反映了桥下宣泄洪水的能力。

计算跨径(computed span):对于设支座的桥梁,为相邻支座中心的水平距离;对于无支座的桥梁(如拱桥、刚构桥等),为上、下部结构的相交面之中心间的水平距离,用 L_b 表示。桥梁结构的力学计算是以 L_b 为准的。

标准跨径(standard span):用 L_k 表示,对于梁式桥、板式桥,以两桥墩中线之间桥中心线长度或桥墩中线与桥台台背前缘线之间桥中心线长度为准,拱桥和涵洞以净跨径为准。

桥梁全长(total length of bridge):简称桥长,对于有桥台的桥梁为两岸桥台翼墙尾端间的距离;对于无桥台的桥梁为桥面系行车道长度,用 L 表示。

桥下净空(clearance of span):是为满足通航(或行车、行人)的需要和保证桥梁安全而对上部结构底缘以下规定的空间界限。

桥梁建筑高度(construction height of bridge):是上部结构底缘至桥面顶面的垂直距离(见图 1-1 中的 h),线路定线中所确定的桥面高程与通航(或桥下通车、行人)净空界限顶部高程之差,称为容许建筑高度(allowable construction height)。显然,桥梁建筑高度不得大于容许建筑高度。为控制桥梁建筑高度,可以通过在桥面以上布置结构(如斜拉桥,悬索桥,中、下承式拱桥等)的方式加以解决。

桥面净空(clearance above bridge floor):是桥梁行车道、人行道上方应保持的空间界限,公路、铁路和城市桥梁对桥面净空都有相应的规定。

我国《公路桥梁设计通用规范》JTGD 60—2004(以下简称《桥规 JTGD 60》)规定了特大、大、中、小桥按总长和跨径的划分,如表 1-1 所列。

表 1-1 桥梁按总长 L 和标准跨径 L_k 的划分

桥梁分类	多孔总长 L/m	单孔跨径 L_k/m	桥梁分类	多孔总长 L/m	单孔跨径 L_k/m
特大桥	$L > 1\,000$	$L_k > 150$	中桥	$30 < L < 100$	$20 \leqslant L_k < 40$
大桥	$100 \leqslant L \leqslant 1\,000$	$40 \leqslant L_k \leqslant 150$	小桥	$8 \leqslant L \leqslant 30$	$5 \leqslant L_k < 20$

注:1. 单孔跨径系指标准跨径。

　　2. 梁式桥、板式桥的多孔跨径总长为多孔标准跨径的总长;拱式桥为两岸桥台内起拱线间的距离;其他形式桥梁为桥面系行车道的长度。

上述分类在一定程度上反映了桥梁的建设规模,但不反映桥梁的复杂性。国际上一般认为单孔跨径小于 150 m 的属于中、小桥,大于 150 m 的即为大桥,而特大桥的起点跨径与桥型有关,悬索桥为 1 000 m,斜拉桥和钢拱桥为 500 m,其他桥型为 300 m。

1.1.2 桥梁的分类

按照受力体系分类,桥梁有梁、拱、索三大基本体系,其中梁桥以受弯为主,拱桥以受压为主,悬索桥以受拉为主。另外,由上述三大基本体系的相互组合,派生出在受力上也具组合特征的多种桥型,如刚架桥和斜拉桥等。下面分别阐述各种桥梁体系的主要特点。

1. 梁桥(beam bridge)

梁桥是一种在竖向荷载作用下无水平反力的结构,如图 1-2(a)、(b)所示,由于外力(恒载和活载)的作用方向与承重结构的轴线接近垂直,因而与同样跨径的其他结构体系相比,梁桥内产生的弯矩最大,通常需用抗弯、抗拉能力强的材料(钢、配筋混凝土、钢-混凝土组合结构等)来建造。对于中、小跨径桥梁,目前在公路上应用最广的是标准跨径的钢筋混凝土简支梁桥,施工方法有预制装配和现浇两种,这种梁桥的结构简单,施工方便,简支梁对地基承载力的要求也不高,其常用跨径在 25 m 以下;当跨径较大时,需采用预应力混凝土简支梁桥,但跨度一般不超过 50 m。为了改善受力条件和使用性能,在地质条件较好时,中、小跨径梁桥均可修建连续梁桥,如

图1-2(c)所示;对于很大跨径的大桥和特大桥,可采用预应力混凝土梁桥、钢桥和钢-混凝土组合梁桥,如图1-2(d)、(e)所示。

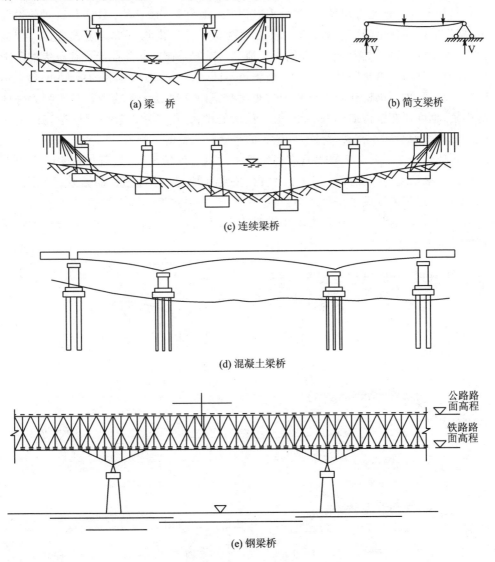

(a) 梁　桥　　　　　　　　　　　(b) 简支梁桥

(c) 连续梁桥

(d) 混凝土梁桥

(e) 钢梁桥

图1-2　典型梁桥结构

2. 拱　桥(arch bridge)

拱桥(见图1-3(a))的主要承重结构是拱圈或拱肋(拱圈横截面设计成分离形式时称为拱肋)。拱结构在竖向荷载作用下,桥墩和桥台将承受水平推力,如图1-3(b)、(c)所示。同时,根据作用力和反作用力原理,墩台向拱圈(或拱肋)提供一对水平反力,这种水平反力将大大抵消在拱圈(或拱肋)内由荷载所引起的弯矩。因此,与同跨径的梁相比,拱的弯矩、剪力和变形都要小得多。鉴于拱桥的承重结构以受压为主,通常可用抗压能力强的圬工材料(如砖、石、混凝土)和钢筋混凝土等来建造。

拱桥不仅跨越能力很大,而且外形酷似彩虹卧波,十分美观。在条件许可的情况下,修建拱桥往往是经济合理的,一般在跨径 500 m 以内均可作为备选方案。应当注意,为了确保拱桥的安全,下部结构和地基(特别是桥台)必须能经受住很大的水平推力的作用(系杆拱桥除外)。此外,与梁桥不同,由于拱圈(或拱肋)在合龙前自身不能维持平衡,因而拱桥在施工过程中的难度和危险性要远大于梁桥。对于特大跨度的拱桥,也可建造钢桥或钢-混凝土组合截面的拱桥,由自重较轻但强度很高的钢拱首先合龙并承担施工荷载,这样,其施工的难度和风险就可降低。

在地基条件不适合于修建具有很大推力的拱桥的情况下,也可建造水平推力由受拉系杆来承受的系杆拱桥,系杆可由钢、预应力混凝土或高强钢筋做成,如图 1-3(d)所示。近年来发展了一种所谓"飞雁式"三跨自锚式微小推力拱桥,如图 1-3(e)所示,即在边跨的两端施加强大的水平预加力,通过边跨梁传至拱脚,以抵消主跨拱脚处的巨大水平推力。

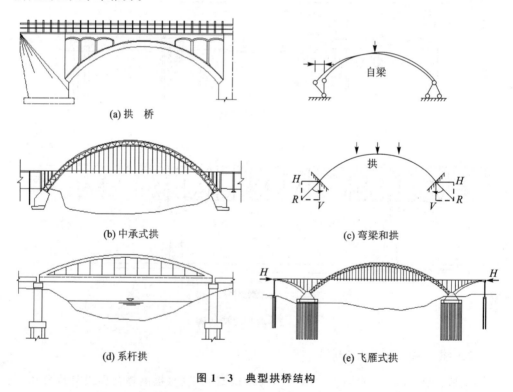

(a) 拱 桥

(b) 中承式拱

(c) 弯梁和拱

(d) 系杆拱

(e) 飞雁式拱

图 1-3　典型拱桥结构

3. 刚构桥(rigid frame bridge)

刚构桥的主要承重结构是梁(或板)与立柱(或竖墙)整体结合在一起的刚架结构,梁和柱的连接处具有很大的刚性,以承担负弯矩的作用。门式刚架桥,在竖向荷载的作用下,柱脚处具有水平反力,梁部主要受弯,但弯矩值较同跨径的简支梁小,梁内还有轴压力,因而其受力状态介于梁桥与拱桥之间,刚架桥跨中的建筑高度就可做得较小。但普通钢筋混凝土修建的刚架桥在梁柱刚结处较易产生裂缝,需在该处多配钢筋。另外,门式刚架桥在温度变化时,内部易产生较大的附加内力,应引起重视。

　　T形刚构桥(带挂孔的或不带挂孔的)是修建较大跨径混凝土桥梁曾采用的桥型,属静定或低次超静定结构。对于这种桥型,由于T构长悬臂处于一种不受约束的自由变形状态,在车辆荷载作用下,悬臂内的弯、扭应力均较大,因而各个方向均易产生裂缝;另外,由于混凝土徐变,会使悬臂端产生一定的下挠,从而在悬臂端部和挂梁的结合处形成一个折角,不仅损坏了伸缩缝,而且车辆在此跳车,给悬臂以附加冲击力,使行车不适,对桥梁受力也不利,目前这种桥型已较少采用。

　　如图1-4(a)所示的连续刚构桥,属于多次超静定结构,在设计中一般应减小墩柱顶端的水平抗推刚度,使得温度变化下在结构内不致产生较大的附加内力。对于很长的桥,为了降低这种附加内力,往往在两侧的一个或数个边跨上设置滑动支座,从而形成如图1-4(b)所示的刚构连续组合体系桥型。

　　当跨越陡峭河岸和深谷时,修建斜腿式刚构桥往往既经济合理,又造型轻巧美观,如图1-4(c)所示。由于斜腿墩柱置于岸坡上,有较大斜角,中跨梁内的轴压力也很大,因而斜腿刚构桥的跨越能力比门式刚构桥要大得多,但斜腿的施工难度较直腿大些。

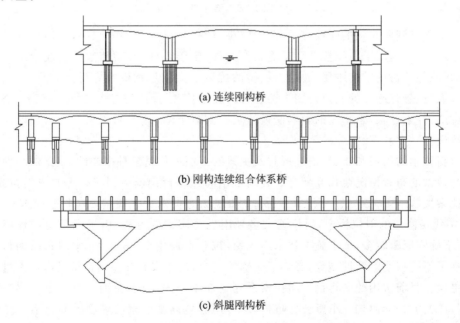

(a) 连续刚构桥

(b) 刚构连续组合体系桥

(c) 斜腿刚构桥

图1-4　刚构桥结构

刚构桥一般均需承受正负弯矩的交替作用,横截面宜采用箱形截面,连续刚构桥

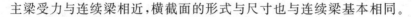

主梁受力与连续梁相近,横截面的形式与尺寸也与连续梁基本相同。

4. 斜拉桥(cable stayed bridge)

斜拉桥由塔柱、主梁和斜拉索组成,如图1-5所示。它的基本受力特点是:受拉的斜索将主梁多点吊起,并将主梁的恒载和车辆等其他荷载传至塔柱,再通过塔柱基础传至地基。塔柱基本上以受压为主。跨度较大的主梁就像一条多点弹性支承(吊起)的连续梁一样工作,从而使主梁内的弯矩大大减小。由于同时受到斜拉索水平分力的作用,主梁截面的基本受力特征是偏心受压构件。斜拉桥属高次超静定结构,主梁所受弯矩的大小与斜拉索的初张力密切相关,存在着一定最优的索力分布,使主梁在各种状态下的弯矩(或应力)最小。

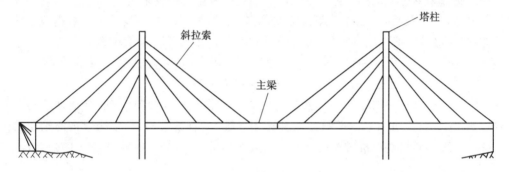

图1-5 斜拉桥

由于受到斜拉索的弹性支承,弯矩较小,使得主梁尺寸大大减小,结构自重显著减轻,大幅度提高了斜拉桥的跨越能力。此外,由于塔柱、拉索和主梁构成稳定的三角形,故斜拉桥的结构刚度较大,斜拉桥的抗风能力较悬索桥要好得多。但是,当跨度很大时,悬臂施工的斜拉桥因主梁悬臂长度过长,承受压力过大,而风险较大,塔高也过高,外索过长,索垂度的影响使索的刚度大幅下降,这些问题都需要认真地研究和解决。

斜拉索的组成和布置、塔柱形式及主梁的截面形状是多种多样的,主梁的截面形态与拉索的布置情况要相互配合。我国常用高强平行钢丝或钢绞线等制成斜拉索,斜拉索按施工工艺有工厂预制(成品索)和现场防护两种。我国20世纪80年代末90年代初修建的斜拉桥中,斜拉索大多采用现场防护的方法,由于现场防护环境不利,不确定因素较多,加上施工技术不成熟,拉索在使用7～8年后,索内高强钢材均出现了不同程度的锈蚀现象,影响了大桥的安全,近年来有几座斜拉桥已对拉索进行了更换。目前常用的平行钢丝斜拉索系完全在工厂内制成,在钢丝束上包一层高密度(HD)的聚乙烯(PE)外套进行防护,还可用彩色高密度聚乙烯制成彩色索。除防锈外,斜拉索的疲劳和PE套的老化是两个需认真对待的问题。

常用的斜拉桥是三跨双塔式结构,但独塔双跨形式也常见,具体形式及布置的选择应根据河流、地形、通航、美观等要求加以论证确定。

在桥横向,斜拉索一般按双索面布置,也有采用中央布置的单索面结构。

5. 悬索桥(suspension bridge)

悬索桥(也称吊桥)采用悬挂在塔架上的强大缆索作为主要承重结构,如图1-6所示。在桥面系竖向荷载作用下,通过吊杆使缆索承受很大的拉力,缆索锚于悬索桥两端的锚碇结构中,为了承受巨大的缆索拉力,锚碇结构需做得很大(重力式锚碇),或者依靠天然完整的岩体来承受水平拉力(隧道式锚碇),缆索传至锚碇的拉力可分解为垂直和水平两个分力,因而悬索桥也是具有水平反力(拉力)的结构。现代悬索桥广泛采用高强度的钢丝成股编制形成钢缆,以充分发挥其优良的抗拉性能。悬索桥的承载系统包括缆索、塔柱和锚碇三部分,因此结构自重较轻,能够跨越任何其他桥型无法达到的特大跨度。悬索桥的另一特点是,受力简单明了,成卷的钢缆易于运输,在将缆索架设完成后,便形成了一个强大稳定的结构支承系统,施工过程中的风险相对较小。

图1-6(a)为单跨式悬索桥,图1-6(b)则为三跨式悬索桥。

上述悬索桥可称为地锚式悬索桥。悬索桥的另一种形式是自锚式悬索桥,即取消锚碇,而将缆索直接锚固在加劲梁上,此时缆索水平分力由加劲梁承受,竖向分力则由梁端配重相平衡。

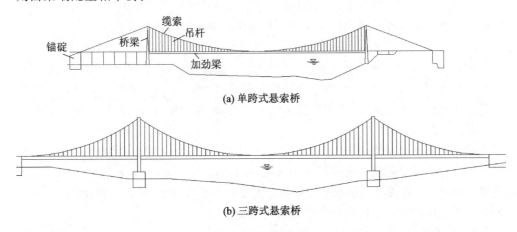

(a) 单跨式悬索桥

(b) 三跨式悬索桥

图1-6　悬索桥结构

自锚式悬索桥需采用"先梁后缆"的施工方式,施工风险较大;另外,加劲梁在巨大的轴向压力作用下,为满足稳定和应力要求,用钢量较大,因而自锚式悬索桥只能用于跨径不大的情形。

在所有桥梁体系中,悬索桥的刚度最小,属柔性结构,在车辆荷载作用下,悬索桥将产生较大的变形。例如跨度1 000 m的悬索桥,在车辆荷载作用下,$L/4$区域的最大挠度可达3 m左右。另外,悬索桥风致振动及稳定性在设计和施工中也需予以特别的重视。

1.2 桥梁的发展动态

桥梁的发展大致经历了以下三次飞跃：

① 继 19 世纪中叶钢材出现后，又出现了高强度钢材，使桥梁工程的发展获得了第一次飞跃，跨度不断加大。

② 20 世纪初，钢筋混凝土的应用以及 30 年代兴起的预应力混凝土技术，使桥梁建设获得了廉价、耐久且刚度和承载力均很大的建筑材料，从而推动桥梁的发展产生了第二次飞跃。

③ 20 世纪 50 年代以后，随着计算机技术和有限元技术的迅速发展，使得人们能够方便地完成过去不可能完成的大规模结构计算，这使桥梁工程的发展获得了第三次飞跃。

1.2.1 我国桥梁建设成就

中国是一个文明古国，有着悠久的历史和文化，我们的祖先在世界桥梁史上也写下了许多不朽的篇章。

天然石料是大自然赋予人类最早的、强度高且经久耐用的建筑材料，几千年来修建的古代桥梁也以石桥居多。下面介绍几座闻名中外的我国古代石桥。

福建泉州的万安桥，又称洛阳桥，建于 1053—1059 年，该桥全长 1 106 m，共 47 孔，跨径 1～17 m，桥宽 3.7 m，是世界上尚存的最长和工程最艰巨的石梁桥。万安桥位于洛阳江的入海口处，桥下江底以磐石铺遍，并且独具匠心地用养殖海生牡蛎的方法胶固桥基形成整体，不但世界上绝无仅有，而且千年风雨已经证明此法的奇妙和可靠。

河北赵县的赵州桥（见图 1-7），又称安济桥，为隋大业初年（约公元 605 年）李春所建。赵州桥是一座空腹式圆弧形石拱桥，净跨 37.02 m，宽 9 m，矢高 7.23 m，在拱背上设有 4 个跨度不等的腹拱，这样做既减轻了桥身自重，又便于排洪，并且增加了美观性。赵州桥因其构思和工艺的精巧而举世闻名。

但是，由于封建社会严重束缚了生产力的发展。到了 19 世纪，西方资本主义国家纷纷进入了工业化的快速发展阶段，而我国却仍然闭关锁国，延续着腐朽的封建制度，导致中国在综合国力、科学技术等方面远远落后于西方列强。直至新中国成立前，我国公路桥梁绝大多数为木桥，且年久失修，破烂不堪。

新中国成立后，特别是改革开放以来，随着我国国力的迅速增强，交通事业的快速发展，尤其是 20 世纪 90 年代以来国家对高等级公路的大力投入，使得我国的桥梁事业得到了空前的大发展，取得了举世瞩目的成就。目前我国在桥梁建设方面，已经跻身于世界先进行列。

图 1-7 河北赵县赵州桥

1. 混凝土梁桥

我国跨径最大的简支梁桥是 1997 年建成的昆明南过境干道高架桥,跨径 63 m。进入 20 世纪 80 年代,对称平衡悬臂法施工的大跨度预应力混凝土箱形截面连续梁得到了迅速的发展。1991 年建成的云南六库怒江大桥,是主桥跨径为 85 m+154 m +85 m 的预应力混凝土连续梁;2001 年 7 月建成通车的南京长江二桥北汉桥(见图 1-8),其主桥跨径为 90 m+3×65 m+90 m,是我国目前跨度最大的预应力混凝土连续梁桥。

图 1-8 南京长江二桥北汉桥

连续刚构的特点是梁保持连续,墩梁固结。这样既保持了连续梁无伸缩缝、行车平顺以及 T 形刚构不设支座的优点,又避免了连续梁和 T 形刚构的缺点,因而连续刚构桥在我国发展很快。

1988 年建成的广东番禺洛溪大桥是我国第一座大跨径连续刚构桥,跨径组合为 65 m+125 m+180 m+110 m,采用双肢箱形薄壁墩,箱高墩顶处 10 m,跨中处 3 m。1997 年建成的广东虎门辅航道桥,跨径组合为 150 m+270 m+150 m,主桥位于 $R=7\,000$ m 的平曲线上。2006 年建成的重庆石板坡长江大桥(见图 1-9),主跨达到 330 m,跨中 108 m 长的主梁采用了钢结构,从而大幅度降低了自重引起的恒载内力。

图 1-9　重庆石板坡长江大桥

2. 拱　桥

拱桥在我国有着悠久的历史,由于拱桥造型优美,跨越能力强,长期以来一直是大跨桥梁的主要形式之一。20 世纪 60 年代拱桥无支架施工方法的应用与发展,使混凝土拱桥竞争力大大提高。

著名的石拱桥,有 1991 年建成的湖南凤凰县乌巢河桥,跨径 120 m,它的拱圈由 2 条宽 2.5 m 的石板拱组成,板间用钢筋混凝土横梁连接。

1999 年建成的山西晋城—河南焦作高速公路上的新丹河大桥,保持着石拱桥跨径的世界纪录。该桥跨径 146 m,拱圈用 80 号大料石砌成。

20 世纪 90 年代兴起的钢管混凝土拱桥,使得大跨径拱桥的建造能力得到了进一步的提高。先合龙自重轻、强度高的钢管拱圈,并将其用作施工拱架,再往管内压注高强度混凝土,使之进一步硬化形成主拱圈。用此法分别于 1995 年建成了广东南海三山西大桥,跨径为 200 m;1980 年建成了广西三岸邕江大桥,主跨为 20 m。2013 年建成的波司登长江大桥(见图 1-10),跨径 530 m,是世界上跨径最大的钢管混凝土拱桥。

以钢管混凝土作为劲性骨架,再外包混凝土形成箱形拱,是修建大跨径拱桥十分好的构思,除了施工方便外,避免了钢管防护问题;另外,这种分期形成的截面由于钢管混凝土最先受力,从而充分利用了钢管混凝土承载潜力大的优势,从理论上说,在荷载作用下,这种结构的后期徐变变形相对也是比较小的。

用此方法我国已建成广西邕宁邕江大桥($L=312$ m,1996 年)和重庆万县长江大桥($L=420$ m,1997 年,见图 1-11),前者为目前世界上跨径最大的钢筋混凝土肋拱桥,后者跨径达到了钢筋混凝土拱桥的世界之最。

图 1 - 10　波司登长江大桥

图 1 - 11　重庆万县长江大桥

3. 斜拉桥

我国的斜拉桥起步稍晚,1975 年建成的跨径 76 m 的四川云阳桥是国内第一座斜拉桥。20 世纪 90 年代以后,因跨越大江大河的需要,斜拉桥得到了快速的发展,修建了一系列特大跨度的斜拉桥。据不完全统计,我国建成的斜拉桥已超过 100 座,其中跨径超过 400 m 的斜拉桥已达 39 座,居世界首位。

2010 年建成的鄂东长江大桥为主跨 926 m 的九跨连续半漂浮体系双塔混合梁斜拉桥(见图 1 - 12),钢混凝土结合段设置在中跨距桥塔中心线 12.5 m 处。

目前,我国已建成两座跨径超千米的斜拉桥,香港昂船洲大桥主跨为 1 018 m,江苏苏通长江公路大桥(见图 1 - 13)主跨为 1 088 m,是世界上跨径第二的斜拉桥。

2010 年 3 月开工的郴州赤石大桥(见图 1 - 14),为四塔预应力混凝土双索面斜拉桥,主跨 380 m,索塔高 287 m,于 2014 年完工,为世界上索塔最高的混凝土斜拉桥。

图 1 - 12　鄂东长江大桥

图 1 - 13　苏通长江大桥

图 1 - 14　郴州赤石大桥

4. 悬索桥

　　我国的现代悬索桥,特别是在特大跨度悬索桥方面建设起步较晚。但是在 20 世纪 90 年代中期以后,这一局面得到了彻底的改变。1995 年建成的广东汕头海湾大桥,开创了我国现代公路悬索桥的先河;紧接着又建成西陵长江大桥($L = 900$ m,

1996年)、虎门大桥($L=888$ m,1997年)、香港青马大桥($L=1\,337$ m,1997年)、江阴长江大桥($L=1\,385$ m,1999年)、江苏润扬长江大桥($L=1\,490$ m,2005年)。2009年建成的西堠门大桥(见图1-15),跨径1650 m,居世界第二。2012年建成通车的湖南吉首矮寨大桥(见图1-16),为钢桁加劲梁单跨悬索桥,塔梁分离,主跨跨越矮寨大峡谷,跨径1176 m,是世界上跨峡谷跨径最大的钢桁梁悬索桥。

图1-15　西堠门大桥

图1-16　矮寨大桥

1.2.2　国外桥梁发展概况

悬索桥方面,1883年建成的纽约布鲁克林悬索桥,跨径达483 m,开创了现代悬索桥的先河。

1937年建成的旧金山金门大桥(见图1-17),主跨达1280 m,保持了27年的世界纪录,至今金门大桥仍是举世闻名的桥梁经典之作。

目前世界上跨度最大的悬索桥是日本的明石海峡大桥(见图1-18),跨径达1991 m(设计跨径为1990 m,后因阪神地震,地壳移位,才变成目前的跨径)。

斜拉桥方面,世界上第一座现代化斜拉桥是1955年瑞典建成的斯特罗姆海峡

图 1-17　金门大桥

图 1-18　明石海峡大桥

桥,其主跨 182.6 m。1978 年,美国建成的 PK 桥,跨径 299 m,是世界上第一座密索体系的预应力混凝土斜拉桥。2004 年建成通车的法国米约高架桥(见图 1-19),全长 2 460 m,为七塔单索面钢斜拉桥($L=342$ m);2 号墩高 245 m,加 90 m 塔高及其他,总高 343 m,是连接巴黎和地中海地区的重要纽带。2012 年完工的俄罗斯海参崴俄罗斯岛跨海大桥全长 3 150 m,跨径布置为 60 m+72 m+3×84 m+1 104 m+3×84 m+72 m+60 m,是目前世界上最大跨径的斜拉桥。

　　拱桥方面,圬工拱桥在国外已有 100 多年的历史。1946 年在瑞典建成的绥依纳松特桥,是一座混凝土圬工拱桥,跨度达 15 m。由于石料开采和加工砌筑费工巨大,国外已很少修建大跨度石拱桥。

　　钢筋混凝土拱桥从 20 世纪初到 20 世纪 50 年代间,得到了很大的发展,后因支架问题,应用受到一定的限制。直到 1979 年,南斯拉夫用无支架悬臂施工法建成跨度达 390 m 的克尔克大桥(见图 1-20),该桥跨径保持了 18 年的世界纪录。无支架悬臂施工法目前在大跨度拱桥施工中被广泛采用。

　　目前世界上最高的钢桥是美国弗吉尼亚州的新河峡桥,主跨 518 m。著名的悉

图 1-19 米约大桥

图 1-20 克尔克大桥

尼港湾大桥(见图 1-21),是一座中承式桁架钢拱桥,跨径 503 m,建于 1932 年。

图 1-21 悉尼港湾大桥

梁式桥方面,由于梁式桥的力学特征是以受弯为主,而钢筋混凝土结构抵抗弯拉引起开裂的能力较弱,故普通钢筋混凝土梁式桥的跨径一直较小。预应力技术的成熟,促进了预应力混凝土梁式桥的迅速发展。1977 年奥地利建成了跨径达 76 m 的阿尔姆桥,该桥通过在梁的下缘张拉和在上缘顶压预应力(称为双预应力)的技术,将梁高降至 2.5 m,高跨比仅 1/30。

目前世界上跨度最大的预应力混凝土连续梁桥是挪威的伐罗德桥($L=260$ m,1994 年),连续刚构桥是挪威的斯托尔马桥($L=301$ m,1998 年),斜腿刚架桥是法国的博诺姆桥($L=186.3$ m,1974 年)。

本章练习

一、填空题

1. 桥梁由(　　)、(　　)、(　　)、(　　)组成。

2. 桥梁受力体系分为(　　)、(　　)、(　　)、(　　)、(　　)5 种。

3. 斜拉桥由(　　)、(　　)、(　　)组成。

4. 涵洞可以分为(　　)、(　　)、(　　)、(　　)4 种。

二、选择题

1. 梁桥相邻两个支座中心线间的距离称为(　　)。

　　A. 净跨径　　　　　B. 计算跨径　　　　　C. 标准跨径　　　　　D. 总跨径

2. (　　)指桥面与低水位间的高差。

　　A. 桥高　　　　　　　　　　　　　B. 桥下净空高度

　　C. 桥下容许建筑高度　　　　　　　D. 桥梁建筑高度

第 **2** 章

桥梁施工前的准备工作及测量

从本章开始,我们将基于工程实践,学习桥梁施工前的一系列施工准备工作及测量工作。

2.1 节:施工技术准备

介绍钢筋工程、模板工程以及混凝土工程,主要包括材料进场检验、质量控制以及技术细节。

2.2 节:施工测量

介绍桥梁工程施工中用到的测量控制方法。

学习目标

能力目标	知识要点
掌握施工前准备工作的内容及实施的方法	钢筋检验进场、模板工程、混凝土工程
测量技术	测量控制及复核

知识导读

各类桥梁施工之前都需要做大量的准备工作,正所谓"兵马未动,粮草先行"。良好的施工准备工作是工程得以顺利实施的必要条件,否则工程质量、安全都得不到保

障。本章学习桥梁施工前的系列准备工作。

2.1 施工技术准备

2.1.1 钢筋工程

1. 钢筋分类、保管与鉴别

(1) 钢筋分类

1) 按生产工艺分

热轧钢筋:经热轧成型并自然冷却后的钢筋称为热轧钢筋,有光圆钢筋和带肋钢筋两种。热轧光圆钢筋按照屈服强度可分为 HPB235 和 HPB300 两个级别;热轧带肋钢筋按屈服强度可分为 HRB335、HRB400 和 HRB500 三个级别。钢筋可按直条或盘卷交货。

冷拉钢筋:将热轧钢筋在常温下拉到屈服点以上、极限强度以下的一定强度,卸荷后原钢筋的屈服点、极限强度和硬度都得到提高,这样得到的钢筋称为冷拉钢筋。

冷拔低碳钢丝:将直径 6.5~8 mm 的热轧光圆钢筋在常温下通过拔丝磨具,多次强力冷拔后,钢筋直径减小,塑性降低,极限强度提高,这样得到的钢筋称为冷拔钢筋。

热处理钢筋:将热乳带肋钢筋经淬火和回火的调质热处理后而成的钢筋称为热处理钢筋。

预应力混凝土用钢丝:通常称为高强度钢丝,是用优质碳素结构钢经冷拉或再回火的工艺处理制成的。按加工状态分,有冷拉钢丝和消除应力钢丝两类。消除应力钢丝按松弛性能又分为低松弛级钢丝(WLR)和普通松弛级钢丝(WNR),按外形可分为光圆钢丝(P)、螺旋肋钢丝(H)和刻痕钢丝(1)3 种。

钢绞线:指以数根直径为 2.5~5.0 mm 的优质碳素结构钢钢丝,经绞捻和消除内应力的热处理而制成的钢丝束。

2) 按化学成分分

碳素钢筋:含碳量低于 0.25% 的称为低碳钢钢筋,含碳量为 0.25%~0.6% 的称为中碳钢钢筋,含碳量为 0.6%~1.4% 的称为高碳钢钢筋。低碳钢钢筋、中碳钢钢筋和高碳钢钢筋统称为碳素钢筋。

普通低合金钢筋:在低碳钢或中碳钢中掺入合金元素 Si(硅)、Mn(锰)、V(钒)、Ti(钛)、B(硼)等轧制而成的钢筋。由于加入了合金元素,普通低合金钢虽然含碳量高,强度高,但是其拉伸应力-应变曲线仍具有明显的流幅。

3) 按使用性能和力学性能分

普通钢筋:仅作为非预应力钢筋使用,按其机械强度大小分为 I ~ IV 级。

预应力混凝土用钢:用作预应力钢筋的钢材。目前使用的有:热处理钢筋、矫直回火钢丝、冷拉钢丝、刻痕钢丝、钢绞丝等。

4)按轧制外形分

可分为圆钢筋(圆钢丝)、变形钢筋和刻痕钢丝 3 种。变形钢丝有螺旋形、人字形和月牙形 3 种。

5)按供应形式分

可分为圆盘钢筋(直径 6～10 mm)和直条钢筋(直径 6～12 m)2 种。

6)按直径大小分

可分为钢丝(直径 3～5 mm)、细钢筋(直径 6～10 mm)、中粗钢筋(直径 12～20 mm)和粗钢筋(直径大于 20 mm)4 种。

7)牌号表示方法和符号

钢的牌号由代表屈服强度的字母、屈服强度数值、质量等级符号、脱氧方法符号等 4 部分组成。例如 Q235AF,其中 Q 代表钢材屈服强度"屈"字汉语拼音的首字母;235 代表材料屈服强度,主要有 195、215、235、275 几种;A 代表质量等级,目前质量等级有 A、B、C、D 四种(A 级最差,D 级最优);F 表示脱氧方法(F 代表沸腾钢,Z 表示镇静钢,TZ 表示特殊镇静钢)。

(2)钢筋保管与鉴别

1)钢筋保管

在现场,钢筋应按照牌号、炉罐号、规格、检验状态分别标志存放。

钢筋应尽量堆入仓库或料棚内;当限于条件必须露天堆放时,应选择在地势较高、较为平坦、土质坚实的地方,并采取排水措施,钢筋下面还要设置垫木。装卸钢筋时不得从高处抛掷。

已弯轧、焊接成型的钢筋,应按工程名称和构件名称编号顺序堆放。

钢筋不得与酸、盐、油类等物品堆放在一起,并应避免与产生有害气体的车间靠近。

2)钢筋鉴别

钢筋的品种多,在运输和保管中稍有疏忽,就可能使外形相似的钢筋品种混淆;如果有混淆,可以根据端部轧记的标志来区分。如果钢筋经多次运转或其他原因标志不清楚,可以采用火花实验来鉴别。

(3)钢筋检验

钢筋在进场时应具有出厂质量证明书或实验报告单,每捆(盘)钢筋均应有标牌,并按照牌号和直径分别验收。验收内容按照桥涵施工技术规范或施工指南中规定的内容进行。

2. 钢筋加工与安装

(1)钢筋加工

钢筋加工时应设置在专用加工场地。场内钢筋应按牌号、炉罐号、规格、检验状

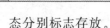

态分别标志存放。

钢筋的加工过程一般有调直、除锈、冷拉、时效、下料、弯钩、焊接、绑扎等工序。下面介绍其中的几个工序。

1）钢筋调直与除锈

钢筋加工前应清除表面的油渍、漆污、水泥浆，并用锤敲击能剥落的浮皮、铁锈等。钢筋应平直，无局部折曲。当钢筋需要调直时，调直后的钢筋表面不应有削弱钢筋截面强度的伤痕。

钢筋调直方法主要根据设备条件决定：对于直径小于 12 mm 的圆盘钢筋，一般用铰磨扬机或调直机调直；大直径钢筋可用卷扬机、弯曲机、平直机调直。

钢筋除锈方法有手工除锈、机械除锈和化学除锈。

① 手工除锈可以采用榔头、铲刀、刮刀、钢丝刷等工具进行。手工除锈劳动强度大，除锈效率低，工作环境恶劣，难以除去氧化皮等污物，除锈效果不佳，难以达到规定的清洁度和粗糙度，已逐步被机械方法和化学方法所替代。

② 机械方法除锈工具和工艺较多，主要有小型风动或电动除锈、喷丸（砂）除锈、高压水磨除锈、抛丸除锈等。

③ 化学方法除锈是利用酸与金属氧化物发生化学反应，从而除掉金属表面锈蚀产物的一种除锈方法，即通常所说的酸洗除锈，只能在车间内操作。

2）钢筋的冷拉及时效强化

冷拉是将钢材于常温下进行张拉使其产生塑性变形从而提高屈服强度的过程。时效处理是指将经过冷拉的钢筋于常温下存放 10～20 d 或加热到 100～200 ℃ 并保持一段时间的过程。前者称为自然时效，后者称为人工时效。冷拉以后再经时效处理的钢筋，其屈服强度进一步提高，抗拉极限强度也有所提高，但是塑性降低。由于时效过程中内应力的削减，故弹性模量可基本恢复。工地或预制工厂常用这一原理，对钢筋或低碳钢盘条按一定工序进行冷拉加工以提高屈服强度，节约钢材。冷拉时钢筋被拉直，表面锈渣剥落，因此冷拉可同时完成调直、除锈工作。

冷拉时，钢筋的应力和延伸率是影响钢筋冷拉质量的两个主要参数。在冷拉时最好采用同时控制钢筋应力和延伸率的方法，即"双控"，但以应力控制为主，以延伸率控制为辅。

3）钢筋的下料与切断

钢筋加工应根据施工图将不同直径、不同长度的钢筋按规格和编号顺序填制配料单，然后按规格型号分别配料加工。

◆ 钢筋的弯钩

为了增加铁路桥梁钢筋在混凝土内的抗滑移能力和锚固作用，所有受拉光圆钢筋（HPB235）的末端都应制成180°的半圆形弯钩，弯钩的内径不得小于 $2.5d$，钩端应留有不小于 $3d$ 的直线段（见图 2-1）。

受拉带肋（月牙肋、等高肋）钢筋的末端应采用直角形弯钩，弯钩的内侧半径不得小于 2.5d（HRB335）或 3.5d（HRB400），钩端应留有不小于 3d（HRB335）或 5d（HRB400）的直线段（见图 2 - 2）。

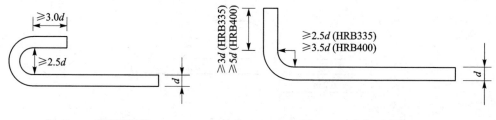

图 2 - 1　半圆形弯钩　　　　　　　　　图 2 - 2　直角形弯钩

弯起钢筋应弯成平滑的曲线，HPB235 钢筋的最小曲率半径应为 10d，HRB335 钢筋的最小曲率半径应为 12d，HRB400 钢筋的最小曲率半径应为 14d（见图 2 - 3）。

用光圆钢筋制成的箍筋，其末端应有弯钩（半圆形、直角形或斜弯钩）（见图 2 - 4）。弯钩的弯曲内直径应大于受力钢筋直径，且不应小于箍筋直径的 2.5 倍。对一般结构，箍筋弯钩的弯折角度不应小于 90°，弯钩平直部分的长度不宜小于箍筋直径的 5 倍。对有抗震设防要求的结构构件，圆形箍筋的接头必须采用焊接，焊接长度不应小于 10 倍箍筋直径；矩形箍筋端部应有 135°弯钩，弯钩伸入核心混凝土的平直部分长度不应小于 20 cm。

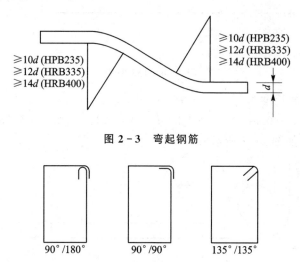

图 2 - 3　弯起钢筋

图 2 - 4　箍筋末端弯钩

◆ 钢筋弯钩的计算

① 180°弯钩，如图 2 - 5 所示。

计算公式如下：

半圆弯钩全长：

$$3d + 3.5\pi d/2 = 8.5d$$

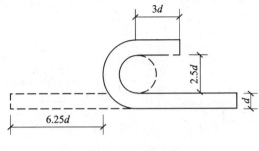

图 2 - 5 180°弯钩

半圆弯钩增加长度为

$$8.5d - 2.25d = 6.25d$$

② 135°弯钩,如图 2 - 6 所示。

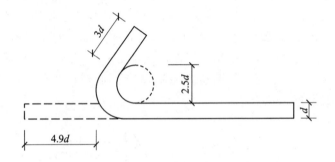

图 2 - 6 135°弯钩

所增加的钢筋长度为

$$3d + 0.375 \times 2\pi \times (2.5d/2 + d/2) - 2.25d = 4.9d$$

③ 90°弯钩,如图 2 - 7 所示。

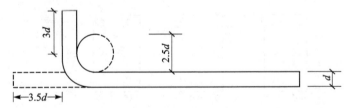

图 2 - 7 90°弯钩

所增加的钢筋长度为

$$3d + 0.25 \times 2\pi \times (2.5d/2 + d/2) - 2.25d = 3.5d$$

④ 量度差。

钢筋经过弯曲,因塑性变形引起的长度增加,称为量度差(钢筋弯曲伸长值)。

量度差取值:弯钩 30°时取 $0.3d$,45°时取 $0.5d$,60°时取 $1d$,90°时取 $2d$,135°时取 $3d(2.5d)$。

◆ 钢筋下料长度计算

$$直钢筋下料长度=构件长度-保护层厚度+弯钩增加长度$$
$$弯起钢筋下料长度=直段长度+斜段长度-弯曲量度差+弯钩增加量$$
$$箍筋下料长=箍筋周长+箍筋调整值$$

3. 钢筋连接与安装

(1) 钢筋连接

钢筋连接可分为焊接连接、机械连接和绑扎连接三种。钢筋机械连接接头和焊接连接接头的类型及质量应符合国家和铁道部现行有关标准的规定。

1) 焊接连接

钢筋连接方式、接头位置应符合设计要求。轴心受拉及小偏心受拉杆件中的钢筋接头均应采用焊接连接。

◆ 闪光接触对焊

钢筋对焊机理是:先将钢筋夹入对焊机的两电极中(钢筋与电机接触处应清除锈污,电极内应通以循环冷却水),闭合电源,使钢筋两端轻微接触,这时即有电流通过。由于接触轻微,钢筋端面不平,接触面积小,故电流密度与接触电阻很大,因此接触点很快融化,形成"金属过梁"。过梁进一步加热,产生火花飞溅(火花般的熔化金属微粒自钢筋两端面的间隙中喷出,此称为烧化),形成闪光现象,故称闪光对焊。通过烧化使钢筋端部温度升高到要求的温度后便快速将钢筋挤压(称顶锻),然后断电,即形成对焊接头。

闪光对焊具有生产效率高、操作方便、节约钢材、焊接质量高、接头受力性能好等优点,同时避免了钢筋的拥挤,故一般电焊均以采用闪光对焊为宜。

为保证对焊接头的质量,被焊钢筋的焊接端应裁切平整,端部断面应与钢筋轴线垂直,两焊接端面应彼此平行。焊接时被挤出接头外的熔渣应予以去除。

钢筋对焊的质量检查应分批切取试件进行力学性能试验。当每次改变钢筋类型、直径或调换焊工时,应用同批的钢筋制作两个试件以检查焊接质量。

闪光对焊接头的外观质量应符合下列规定:

① 接头周缘应有适当的镦粗部分,并呈均匀的毛刺外形。

② 钢筋表面不得有明显的烧伤或裂纹。

③ 接头弯折的角度不得大于 3°。

④ 接头轴线的偏移不得大于 $0.1d$,且不得大于 2 mm。

◆ 电弧焊

在缺乏闪光对焊条件时,可采用电弧焊。

电弧焊是将一根导线接在被焊钢筋上,另一根导线接在夹有焊条的焊钳上,合上开关,将接触焊件接通电流,此时立即将焊条提起 2～3 mm,产生电弧。电弧温度高达 4 000 ℃。将焊条和钢筋熔化并汇合成一条焊缝,至此焊接过程结束。

在钢筋接头采用搭接或帮条电弧焊时,宜采用双面焊缝;在双面焊缝困难时,可采用单面焊缝。采用电弧焊接头时除应满足强度要求外,还应符合下列规定:

① 在加工场地进行电弧焊接时,均应采用双面焊缝;仅在脚手架上施焊时,方可采用单面焊接。

② 不同牌号、不同直径钢筋帮条的长度、搭接的长度应符合规定。

③ 焊缝长度不应小于帮条或搭接长度。

④ 钢筋搭接、帮条焊接的焊缝计算厚度 h 应不小于 $0.3d$,焊缝宽度应不小于 $0.8d$。

⑤ 搭接接头钢筋的端部应预先折向一侧,搭接钢筋的轴线应位于同一直线上。

⑥ 帮条和被焊钢筋的轴线应在同一平面上。

⑦ 焊接地线应与钢筋接触良好,不得因接触不良而烧伤主筋。

⑧ 采用电弧搭接焊、帮条焊的接头,应逐个进行外观检查,并应符合下列规定:

a. 用小锤敲击接头时,钢筋发出与基本钢材同样的清脆声。

b. 电弧焊焊接接头的焊缝表面应平顺,无缺口、裂纹、较大的金属焊瘤和其他缺陷。

2)绑扎连接

当没有条件采用焊接时,直径≤25 mm 的螺纹钢筋和光圆钢筋可采用铁丝绑扎接头;但对轴心受拉构件和小偏心受拉构件中的主筋均应焊接,不得采用绑扎接头。

钢筋的焊接与绑扎接头应满足下列要求:

① 光圆钢筋末端应做成彼此相对的 180°弯钩,带肋钢筋应做成彼此相对的 90°弯钩。在钢筋搭接部分的中心及两端共三处,应采用铁丝绑扎结实。

② 绑扎接头的最小搭接长度应符合表 2-1 所列的要求。

表 2-1　钢筋绑扎接头的最小搭接长度

钢筋类别	受拉区		受压区	
	<C30	≥C30	<C30	≥C30
光圆钢筋 HPB235 级	$35d$	$30d$	$25d$	$20d$
带肋钢筋 HRB335 级	$45d$	$35d$	$35d$	$25d$
带肋钢筋 HRB400 级	$55d$	$40d$	$40d$	$30d$

注:① d 为钢筋直径,C30 为混凝土强度等级。

　　② 绑扎接头的搭接长度除应符合表中的规定外,在受拉区不得小于 300 mm,在受压区不得小于 200 mm。

　　③ 对环氧树脂涂层的带肋钢筋,其最小搭接长度应按相应数值乘以系数 1.25 取用。

　　④ 对有抗震设防特殊要求的结构构件,其受力钢筋的最小搭接长度应按有关抗震设计规范进行加长。

3）钢筋的机械连接

以承受静力为主（动应力幅不大于 35 MPa）的混凝土结构，钢筋可采用机械连接。但当机械连接不能满足连接件之间的横向净距小于 25 mm 要求时，不得采用机械连接。

最常用的机械连接方法有两种：套筒挤压连接法和螺纹套筒连接法。它们不受季节影响，不被钢筋可焊性所制约，具有工艺性能良好和接头性能可靠度高等特点。

◆ 套管挤压连接

钢筋套管挤压连接是一种冷压机械连接方式。其基本原理是：将两根待接长的钢筋插入钢制的连接套管内，采用专用液压压接钳侧向挤压连接套管，使套管产生塑性变形，变形的套管内壁嵌入变形钢筋的螺纹内，由此产生抵抗剪力来传递钢筋连接处的轴向力。套管挤压连接特别适用于连接不可焊钢筋、进口钢筋。其接头强度高，质量稳定可靠；安全，无明火，不受气候条件影响；适应性强，可用于垂直、水平、倾斜、高空、水下等各方位的钢筋连接。其主要缺点是设备移动不便，连接速度较慢。

套管挤压连接适用于 HRB335、HRB400。RRB400 级直径为 18～40 mm 的带肋粗钢筋，异径差≯5 mm。

要求套筒材料规格合格，屈服、极限强度比钢筋相应强度大 10% 以上；钢筋无污、肋纹无损。

◆ 螺纹套管连接

螺纹套管连接分锥螺纹连接和直螺纹连接两种。它是把钢筋的连接端加工成螺纹（简称丝头），通过螺纹连接套把两根带丝头的钢筋按规定的力矩值连接成一体的钢筋接头。

① 锥螺纹连接。利用锥螺纹能承受拉、压两种作用力及自锁性、密封性好的特点，将钢筋的连接端加工成锥螺纹，按规定的力矩值把钢筋连接成一体的接头。

特点：工艺简单，可以预加工，连接速度快，同心度好，不受钢筋含碳量和有无花纹的限制等。

适用范围：适用于工业与民用建筑及一般构筑物的混凝土结构中的直径为 16～40 mm 的 Ⅱ、Ⅲ 级竖向、斜向或水平钢筋的现场连接施工。

② 直螺纹连接。直螺纹连接是用直螺纹套管将两根钢筋端头对接在一起，利用螺纹的机械咬合力传递拉力或压力。直螺纹连接适用于连接 HPB235～HRB400 级直径为 16～40 mm 的竖向、水平、斜向的钢筋，异径差≯9 mm。优点是工序简单，速度快，不受气候因素影响和钢筋种类的限制。

受力钢筋焊接或绑扎接头应设置在内力较小处，并错开布置。对于绑扎接头，两接头间的距离不小于 1.3 倍搭接长度。对于焊接接头，在接头长度区段内，同一根钢筋不得有两个接头，配置在接头长度区段内的受力钢筋，其接头的截面面积占总截面面积的百分比应符合相关的规定。

（2）钢筋骨架安装

1）一般规定

钢筋骨架应具有足够的刚度和稳定性，以便运输和安装；为使骨架不变形、不发生松散，必要时可在钢筋的某些交叉点处加以焊接或添加辅助钢筋（斜杆、横撑等）。

焊接钢筋网片宜采用电阻点焊。所有焊点应符合设计要求。当设计无要求时，可按下列规定进行点焊：

① 焊接骨架的所有钢筋交叉点必须焊接。

② 当焊接网片只有一个方向受力时，受力主筋与两端边缘的两根锚固横向钢筋的全部相交点必须焊接；当焊接网为两个方向受力时，四周边缘的两根钢筋的全部交点均应焊接，其余的相交点可间隔焊接。

钢筋骨架的焊接应在坚固的工作支架上进行，拼装骨架应按设计图纸放大样，放大样时应考虑焊接变形和预留拱度。

拼装前应检查所有焊接接头的焊缝有无开裂，如有开裂应及时补焊。拼装时可在需要焊接点位置设置楔形卡卡住，防止焊接时局部变形。待所有焊点卡好后，先在焊缝两端点定位，然后再施焊。

2）钢筋骨架和钢筋网的运输

为保证安装质量和加快施工进度，常将钢筋网或钢筋骨架分块或分段绑扎，然后运到现场拼装。分块或分段的大小应根据结构配筋特点和起重运输能力而定。一般钢筋网的分块面积为 6～20 m²，钢筋骨架的分段长度为 6～12 m。

为防止钢筋网或钢筋骨架在运输过程中发生歪斜变形，应采取临时加固措施。跨度小于或等于 6 m 的钢筋骨架一般采用两点起吊，跨度大于 6 m 的钢筋骨架一般采用四点起吊。

3）钢筋骨架的安装

为保证混凝土保护层厚度，应在钢筋与模板之间采用垫块支垫。垫块应互相错开，分散布置，不得横贯保护层的全部截面；垫块数量不得少于 4 个/m²，绑扎垫块和钢筋的铁丝头不得伸入保护层内。保护层垫块的尺寸应保证钢筋混凝土保护层厚度的准确性，其形状（宜为工字形或锥形）应有利于钢筋的定位。

垫块的耐久性和抗压强度应不低于构件本体混凝土，且细石混凝土水胶比不大于 0.4。不得采用砂浆垫块。

安装钢筋骨（网）架时，应保证其在模板中的正确位置，不得倾斜、扭曲，不得改变保护层的规定厚度。在混凝土浇筑过程中安装钢筋骨（网）架时，不应妨碍浇筑工作正常进行，也不应造成施工缝。

钢筋骨（网）架经预制、安装就位后，应进行检查，作出记录并妥善保护，不得在其上行走和递送材料。

2.1.2　模板工程

1. 模板与支架

模板系统主要由模板和支撑系统组成。模板主要是为了使混凝土能够按照设计要求的结构尺寸、形状和大小浇筑成型,同时还能为混凝土构件提供较为光滑的表面;在冬期施工中,模板还可以起到一定的保温作用。

模板、支架是桥梁施工中的临时结构,对梁体的制作十分重要。模板、支架不仅控制着梁体尺寸的精度,直接影响施工进度和混凝土的浇筑质量,而且还影响到施工安全。在我国桥梁施工中,曾出现许多由于支架坍塌造成重大安全事故的事件,因此在桥梁施工中必须高度重视支架的安全问题。

(1) 对模板的基本要求

① 模板应具有足够的承载能力、刚度和稳定性,能可靠地承受浇筑混凝土的重量、侧压力以及施工荷载。

② 能够保证工程结构和构件各部分形状尺寸和相互位置的正确。

③ 构造简单,装拆方便,并便于钢筋的绑扎、安装,以及混凝土的浇筑、养护等。

④ 模板的接缝不应漏浆,模板与混凝土的接触面应涂隔离剂。

⑤ 对模板及其支架应定期维修,钢模板及钢支架应防止锈蚀。

(2) 模板的分类

1) 按制作材料分类

按照所使用的材料不同,可分为木模板、钢模板、钢木结合模板、胶合板模板、塑料模板、玻璃钢模板等。目前,竹胶合板和钢模板的应用比较广泛。

◆ 木模板

木模板是传统模板的使用形式,目前除了有些中、小工程或工程的某些部位使用木模板以外,基本上以使用钢模板和竹胶合板为主。但是其他形式的模板在构造上可以说是从木模板演变而来的。

木模板主要由紧贴混凝土表面的面板、支撑面板的肋木和立柱组成,基本构造如图 2-8 所示。木模板制作工艺简单,但木材耗损大,成本较高。

◆ 钢模板

钢模板一般为具有一定形状和尺寸的定型模板,由钢板和型钢焊接而成。钢模板包括平面模板、阴角模板、阳角模板和连接角模板等 4 种,如图 2-9 所示。

施工现场常用定型组合钢模板,它是一种工具式定型模板,由钢模板和配件组成,配件包括连接件和支撑件,如图 2-10 所示。

◆ 胶合板模板

胶合板模板可分为木胶合板和竹胶合板,现已成为我国模板工程的主材,广泛应用于现浇混凝土结构中。用于面板的竹胶合板是用竹片或竹帘涂胶黏剂,纵横向铺

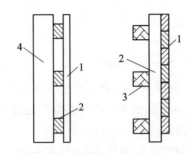

1—木面板；2—肋木；3—横挡；4—立柱

图 2-8　木模板构造

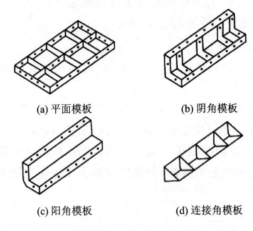

(a) 平面模板　　　　　(b) 阴角模板

(c) 阳角模板　　　　　(d) 连接角模板

图 2-9　组合钢模板类型

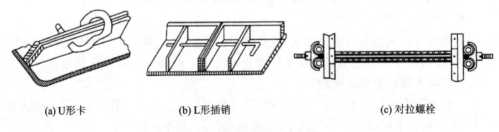

(a) U 形卡　　　　(b) L 形插销　　　　(c) 对拉螺栓

图 2-10　钢模板连接配件

放，组坯后热压成型，板面光滑平整，便于脱模和增加周转次数。竹胶合板表面一般采用涂料或浸胶纸复面处理，以利于防水。

　◆ 钢木结合模板

钢木结合模板用角钢作支架，木模板用平头开槽螺栓连接于角钢上，表面钉以黑铁皮。这种模板节约木料，成本较低，同时具有较大的刚度和稳定性。钢木结合模板如图 2-11 所示。

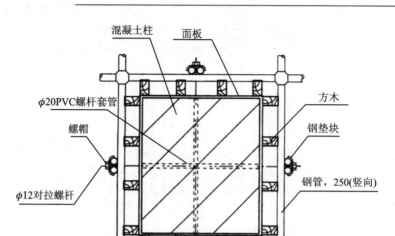

图 2 - 11　混凝土柱中的钢木结合模板及连接件

2）按施工方法分类

◆ 拼装式模板

常备拼装式模板主要是钢模板。钢模板由钢面板和加劲骨架焊接而成。通常钢板厚度为 4～8 mm，骨架由水平肋和竖向肋构成，肋由钢板或角钢制成。另外，为保证浇筑混凝土时的整体稳定及尺寸准确，横向应设置一定数量的拉杆或支撑。图 2 - 12、图 2 - 13 所示为 T 形梁、箱形梁钢模板构造示意图。

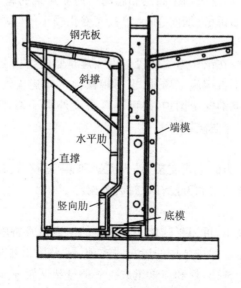

图 2 - 12　T 形梁钢模板

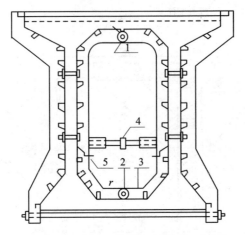

1—上铰；2—下铰；3—轨道；4—伸缩杆；5—接缝

图 2-13 箱形梁钢模板

◆ 整体吊装模板

将模板水平或者竖直分成若干段，每段模板组成一个整体，在地面拼装后吊装就位，分段高度视起吊能力而定。整体吊装模板的优点是：安装时间短，无需设施工缝，加快施工进度，提高施工质量；将拼装模板的高空作业改为平地操作，有利于施工安全；模板刚度较大，可少设拉筋或不设拉筋，节约钢材；可利用模外框架作简易脚手架，不需另搭施工脚手架；结构简单，装拆方便。

◆ 滑升模板

滑升模板（简称滑模），是一种随混凝土的浇筑，利用液压提升设备向上滑升的模板装置。滑模施工工艺广泛应用于高层和超高层房屋建筑的施工中；此外，还多应用于高耸构筑物的施工，如桥塔、烟囱、桥墩等截面变化较小的混凝土结构。

◆ 爬升模板

它与滑动模板一样，在结构施工阶段依附在建筑竖向结构上，随着结构施工而逐层上升，这样模板可以不占用施工场地，也不用其他垂直运输设备。另外，它装有操作脚手架，施工时有可靠的安全围护，故可不需搭设外脚手架，特别适用于在较狭小的场地上建造多层或高层建筑。

(3) 支 架

支架按照构造可分为满堂式支架、梁式支架和梁-立柱式支架；按材料可分为木支架、钢支架、钢木结合支架和万能杆件拼装支架等。

1）支柱式支架

支柱式支架构造简单，可用于陆地和不通航的河道以及桥墩不高的小跨径桥梁。

支架可采用由万能杆件拼装成的满布式支架，或采用由排架和纵梁等构件组成的支架。排架由枕木和桩、立柱和盖梁组成。一般排架间距 4 m，桩的入土深度按施工设计确定，但一般不少于 3 m。当水深大于 3 m 时，桩要用拉杆加强，同时要在纵梁下安装卸架装置。

2）梁式支架

根据跨径的不同,梁可采用工字梁、钢板梁或钢桁梁。一般工字梁用于跨径小于 10 m 的桥梁,钢板梁用于跨径小于 20 m 的桥梁。

当桥梁较高、跨径较大或桥下有通航、泄洪及行车要求时,可采用梁-支柱式支架。

(4) 模板的安装

模板和钢筋安装工作应配合进行,妨碍绑扎钢筋的模板应待钢筋安装完毕后安设。模板不应与脚手架连接,避免引起模板的变形。安装侧模板时应采取可靠的措施予以固定,防止模板移位和凸出。

模板运至现场后应检验模板及其支架的承载能力、刚度和稳定性,以及是否能可靠地承受浇筑混凝土的重量、侧压力以及施工荷载,模板与支架的材料质量及结构必须符合施工工艺设计要求。模板安装必须稳固牢靠,接缝严密,不得漏浆。

模板、支(拱)架安装完成后,在浇筑混凝土前以及浇筑过程中,应对模板、支(拱)架、钢筋骨架、预埋件及梁支座等加以检查。检查内容包括:

① 模板的高程、位置及截面尺寸,施工的预留拱度;

② 模板、支架、支撑、支柱等结构的可靠性;

③ 隔离剂涂刷情况;

④ 桥梁支座、锚定螺栓、压浆管、塞子等预埋件的安装位置和高程。

(5) 模板的拆除

模板拆除的时间与结构构件的特性、施工气温、混凝土施工中采取的措施等有关。模板拆除必须结合具体的施工情况,以设计要求的或施工规范规定的混凝土强度为拆模依据。确定混凝土构件强度是否达到要求的途径是:检验混凝土同条件试块强度的高低。

1）侧模板的拆除

侧模板的拆除,只需要混凝土强度达到能保证其表面及棱角不会因拆除模板而损坏即可。一般当混凝土强度达到 2.5 MPa 后,就能保证混凝土不会因拆除模板而损坏,但是拆除模板时一定不能猛打猛敲。

2）底模板的拆除

底模板的拆除,如设计无具体要求,应在混凝土强度达到规定值后才能进行。

3）拆模顺序与要求

模板及其支架拆除的顺序及安全措施应按照事先编制的施工技术方案进行。

拆模顺序一般是先支的后拆,后支的先拆,先拆除非承重模板,后拆除承重模板。重大复杂的模板拆除,应编制好专门的拆除方案。

已拆除模板及其支架的结构,应在混凝土强度达到设计的混凝土强度标准值后才能承受全部使用荷载。当承受施工荷载产生的效应比使用荷载更为不利时,必须经过核算,加临时支撑。

(6) 模板设计计算

1) 设计内容

模板设计包括以下主要内容:

① 绘制模板的总装图和细部构造图;

② 在计算荷载作用下,对模板、支架、脚手架(板)结构按受力程序分别验算其强度、刚度(挠度)及稳定性;

③ 制定模板、支架和脚手架结构的安装、使用、拆装及保养等有关技术安全措施,并说明需要特别注意的事项;

④ 编制模板、支架和脚手架的材料数量表;

⑤ 编制模板、支架和脚手架设计说明书。

2) 设计荷载

以铁路工程为例。根据《铁路混凝土工程施工技术指南》的规定,铁路桥梁施工作用于模板的荷载如下:

① 竖向荷载:

a. 模板及支架的密度:按照设计图纸计算,钢材的密度取 7 800 kg/m^3,木材的密度取 780 kg/m^3。

b. 新浇筑钢筋混凝土放入密度:粗骨料为卵石或碎石时取 2 500 kg/m^3;为其他骨料时,可根据实际情况确定。

c. 钢筋混凝土的密度可取 2 600 kg/m^3。

d. 人及运输机具作用在模板或支架铺板上的荷载:

• 对模板及直接支撑模板的拱架或梁的楞木的支架,可取 2.5 kPa;

• 对支撑拱架或梁的楞木,可取 1.5 kPa;

• 对支架立柱或支撑拱架的其他构件,可取 1.0 kPa;

• 对模板、铺板的板材或直接支撑这些板材的梁,除上述规定外还应该加算双轮手推车的荷载 2.5 kN,其他运输机的荷载不小于 1.4 kN。

e. 滑升模板与混凝土之间的摩擦力:钢模板可按 1.5~2.0 kPa 计算,木模板可按 2.5 kPa 计算。

② 水平荷载:

a. 新浇筑混凝土对模板的侧压力,可按照下式计算:

$$P_{\max} = \lambda H$$

式中:$P_{\max}$——新浇筑混凝土对模板的最大侧压力(kPa);

λ——混凝土的重度(kN/m^3);

H——混凝土浇筑层(在水泥初凝时间内)的厚度(m)。

b. 倾倒混凝土时因振捣产生的荷载,可按照表 2-2 的规定计算。

表 2-2　倾倒混凝土时产生的水平荷载

向模板中的供料方式	水平荷载/kPa
用溜槽、串桶或导管输出	2
用容量为 0.2 m³ 或小于 0.2 m³ 的运输器具倾倒	2
用容量为 0.2～0.8 m³ 的运输器具倾倒	4
用容量大于 0.8 m³ 的运输器具倾倒	6

2. 容许挠度和杆件长细比

模板、支架的设计除按强度考虑外,还应验算其挠度和杆件长细比,不得超过规定的值。

(1) 容许挠度

① 结构表面外露模板,为模板构件跨度的 1/400。

② 结构表面隐蔽的模板,为模板构件跨度的 1/250。

③ 拱架、支架受荷载后承受挠曲的杆件(盖梁、纵梁),其弹性挠度或下沉度为相应结构自由跨度的 1/1 000。

④ 钢模板的面板或单块模板为 1.5 mm。

⑤ 钢模板的钢楞、柱箍为 3.0 mm。

⑥ 钢模板的结构体系,为相应结构跨度的 1/1 000。

⑦ 脚手架、板的容许挠度可按照上述要求放宽一些。

(2) 容许长细比

① 主要受压杆件(立柱)的长细比为 150。

② 次要受压杆件的长细比为 200。

2.1.3　混凝土工程

1. 混凝土搅拌机械

混凝土搅拌机是把水泥、砂石骨料和水混合并拌制成混凝土混合料的机械,其主要由拌筒、加料和卸料机构、供水系统、原动机、传动机构、机架和支承装置等组成。

混凝土搅拌机按工作性质分间歇式(分批式)和连续式;按搅拌原理分自落式和强制式;按安装方式分固定式和移动式;按出料方式分倾翻式和非倾翻式;按拌筒结构形式分梨式、鼓筒式、双锥式、圆盘立轴式和圆槽卧轴式等。

自落式混凝土搅拌机的拌筒内壁上有径向布置的搅拌叶片。工作时,拌筒绕其水平轴线回转,加入拌筒内的物料被叶片提升至一定高度后,借自重下落,这样周而复始地运动,达到均匀搅拌的效果。自落式混凝土搅拌机的结构简单,一般以搅拌塑性混凝土为主。

强制式混凝土搅拌机拌筒内的转轴臂架上装有搅拌叶片,加入拌筒内的物料在搅拌叶片的强力搅动下,形成交叉的物流。这种搅拌方式远比自落搅拌方式作用强烈,主要适于搅拌干硬性混凝土。

连续式混凝土搅拌机装有螺旋状搅拌叶片,各种材料分别按配合比经连续称量后送入搅拌机内,搅拌好的混凝土从卸料端连续向外卸出。这种搅拌机的搅拌时间短,生产率高,其发展引人瞩目。

随着混凝土材料和施工工艺的发展,又相继出现了许多新型结构的混凝土搅拌机,如蒸汽加热式搅拌机、超临界转速搅拌机、声波搅拌机、无搅拌叶片的摇摆盘式搅拌机和二次搅拌的混凝土搅拌机等。

2. 混凝土搅拌站

混凝土搅拌站主要由搅拌主机、物料称量系统、物料输送系统、物料贮存系统和控制系统 5 大系统及其他附属设施组成。由于楼骨料计量与站骨料计量相比,减少了 4 个中间环节,并且是垂直下料计量,节约了计量时间,因此大大提高了生产效率,同型号的情况下,搅拌楼生产效率比搅拌站生产效率提高 1/3。比如:HLS90 楼的生产效率相当于 HZS120 站的生产效率,HLS120 楼的生产效率相当于 HZS180 站的生产效率,HLS180 楼的生产效率相当于 HZS240 站的生产效率。

连续式搅拌站工艺过程:开始生产后各原材料按其距搅拌机进口的距离顺序启动均匀配料过程,同步到达拌缸口;各料按比例均匀进入搅拌机进口;搅拌机在回旋搅拌的同时将料向前推进,料从进口开始搅拌/推进到出口即变为成品。生产到预先设定方量后,各材料按距搅拌机进口的距离顺序停止。从启动生产到生产结束,配料、搅拌、推进、出料是连续进行的。

连续式搅拌站的特点:主机工作平稳,原材料在相对较长的时间段均匀进入搅拌机,无间歇式突发投料过程;成品进车平稳,混凝土在较长时间段均匀进车,无间歇式突发卸料过程;空间占用较少,减少了大成品斗及骨料中储斗,高度低、占地面积小;耐磨件磨损小,无冲击平稳搅拌;能耗低,装机功率小,同时搅拌量少,原材料少量均匀进入搅拌机而极易混合均匀;使用及维护费用低,结构环节少,皮带短,工作平稳。

连续强制式水泥混凝土搅拌站的优势:产量大,效率高,连续平稳工作,连续式搅拌站的单机产量高;搅拌均匀,进入搅拌机的混合料为均匀料,混合料在搅拌机内的搅拌过程为拌和及水化过程,因而搅拌时间可缩短;不漏浆,磨损小,连续式搅拌机进料端为干料搅拌以及两轴端均加有反螺旋,因此不存在漏浆问题;搅拌机对耐磨材料的要求也不高,故障率低,连续式搅拌站所有设备启停次数仅为间隙式搅拌站的 1/7~1/3,因此设备寿命长、故障率低。

间歇式搅拌站系统的组成:搅拌系统为国外关键元件多维组装的双卧轴搅拌机。计量系统如下:

• 骨料计量:标准型采用增量法计量,改进型采用电子棒减量法计量;
• 粉料计量:搅拌机上方设水泥计量和粉煤灰计量斗,标准型搅拌站用交流接

触器控制提升螺旋,无精配装置,改进型搅拌站用变频器实现配料粗、精配;
- 水计量:采用三点悬挂式称量机构,配有粗、精配回路等装置,确保计量精度;
- 外加剂计量:采用传感器载荷直接作用,配有粗、精配回路及计量箱,管路单独布置,保证计量精确。

除尘系统:搅拌站设独立集中除尘器进行集中处理,除尘效果好,且避免了搅拌机腔内形成负压影响粉料计量精度。

3. 混凝土输送泵和混凝土泵车

混凝土输送泵又名混凝土泵,由泵体和输送管组成,是一种利用压力将混凝土沿管道连续输送的机械,主要应用于房建、桥梁及隧道施工。目前主要分为闸板阀混凝土输送泵和 S 阀混凝土输送泵;另一种就是将泵体装在汽车底盘上,再装备可伸缩或曲折的布料杆而组成的泵车。混凝土大型输送装备用于高楼、高速公路、立交桥等大型混凝土工程的混凝土输送工作。

混凝土输送泵的性能特点如下:
① 采用三泵系统,液压回路互不干扰;
② 具有反泵功能,利于及时排除堵管故障,并可短时间停机待料;
③ 采用先进的 S 管分配阀,可自动补偿磨损间隙,密封性能好;
④ 采用耐磨合金板和浮动切割环,使用寿命长;
⑤ 长行程的料缸,延长了料缸和活塞的使用寿命;
⑥ 优化设计的料斗,便于清洗,吸料性能更好;
⑦ 自动集中润滑系统,保证机器在运行中得到有效润滑;
⑧ 具有远程遥控作用,操作更加安全方便。

混凝土泵车是利用压力将混凝土沿管道连续输送的机械。它是在载重汽车底盘上进行改造而成的,在底盘上安装有运动和动力传动装置、泵送和搅拌装置、布料装置以及其他一些辅助装置。混凝土泵车的动力通过动力分动箱将发动机的动力传送给液压泵组或者后桥,液压泵推动活塞带动混凝土泵工作,然后利用泵车上的布料杆和输送管,将混凝土输送到一定的高度和距离。

4. 混凝土振捣设备

混凝土振动器按其传递振动的方式分为:内部式振动器和外部式振动器。

(1) 内部式振动器

内部式振动器又称为插入式振动器(振动棒),多用于振捣现浇基础、柱、梁、墙等结构构件和大体积基础的混凝土。采用插入式振动器捣实混凝土时,振动棒应垂直插入混凝土中,为使上下层混凝土接合成整体,振动棒应插入下层混凝土 50 mm。振动器移动间距不宜大于作用半径的 1.5 倍,振动器距离模板不应大于振动器作用半径的 1/2,振动器应避免碰撞钢筋、模板、芯管、吊环或预埋件。

（2）外部式振动器

外部式振动器又称为平板式振动器、附着式振动器，是将振动器安装在预制构件模板底部或侧部，振捣时将振动器放在浇好的混凝土结构表面，振动力能够通过振动器的底板传给混凝土。使用时振动器底板与混凝土接触，振捣到混凝土不再下沉，表面返出水泥浆时即可，之后再移动到下一个位置。平板式振动器、附着式振动器的移动间距应保证振动器的底板可以覆盖到已振实部分的边缘。

5．混凝土运输

（1）运输机具

混凝土运输机具设备的选择，应根据结构物特点、混凝土灌注量、运距、现场道路情况以及现有机具设备等条件确定。混凝土水平运输，短距离多用双轮手推车、机动翻斗车和轻便翻斗车；长距离则用自卸汽车、混凝土搅拌运输车等。垂直运输可用各种升降机、缆索吊车（并做短距离水平运输）、卷扬机、混凝土搅拌运输车和混凝土泵车等进行。

混凝土搅拌运输车一般与混凝土泵车配合使用，具有准备工作时间短、机动灵活、施工方便、浇灌速度快、效率高、能量大、节省人力和设备、能保证混凝土性能不变等优点，国内已逐步采用。

采用泵送混凝土时，混凝土的供应必须保证输送混凝土的泵能连续工作；输送管线宜直，转弯宜缓，接头应加密，当管道向下倾斜时，应防止混入空气而产生阻塞；泵送前应先用适量的、与混凝土内成分相同的水泥浆润滑输送管的内壁；混凝土出现离析现象时，应立即用压力水或其他方法冲洗管内残留的混凝土；泵送间歇时间不宜超过 15 min；在泵送过程中，受料斗内应有足够的混凝土，以防止吸入空气产生阻塞。

（2）运输质量控制

混凝土在运输过程中，应保持其均质性，做到不分层、不离析、不漏浆。混凝土运到浇灌地点时，应具有规定的坍落度。如有离析或初凝现象，须在灌注前进行二次搅拌均匀后，方可入模。

混凝土的运输能力应与搅拌、灌注能力相适应，并以最少的转载次数、最短的时间从搅拌地点运往灌注地点。

（3）混凝土养护与拆模

1）混凝土养护

混凝土浇筑后，如气候炎热、空气干燥，不及时进行养护，混凝土中水分会蒸发过快，形成脱水现象，会使已形成凝胶体的水泥颗粒不能充分水化，不能转化为稳定的结晶，缺乏足够的黏结力，从而会在混凝土表面出现片状或粉状脱落。此外，在混凝土尚未具备足够的强度时，水分过早地蒸发还会产生较大的收缩变形，出现干缩裂纹，影响混凝土的耐久性和整体性。所以混凝土浇筑后初期阶段的养护非常重要，混凝土终凝后应立即进行养护，干硬性混凝土应于浇筑完毕后立即进行养护。混凝土的养护可分为自然养护和蒸汽养护两种。

① 自然养护：

在施工现场,对混凝土进行自然养护时,根据所采取的保湿措施的不同,可分为覆盖浇湿养护和塑料薄膜保湿养护两类。

a. 覆盖浇水养护：

一般情况下,对塑性混凝土应在浇筑后 12 h 以内,干硬性混凝土应在浇筑后 1～2 h 以内,用湿麻袋、草帘或湿砂遮盖,并经常洒水,以保证构件经常处于湿润状态。养护期间,包覆物应完好无损,彼此搭接完整,内表面应具有凝结水珠。有条件的地段应尽量延长混凝土的包覆保湿养护时间。每日浇水次数视具体情况而定,能保持混凝土经常处于足够的湿润状态即可。当日平均气温低于 5 ℃时,不得浇水。

b. 塑料薄膜保湿养护：

塑料薄膜保湿养护是用防蒸发材料将混凝土表面予以密封,阻止混凝土中的水分蒸发使混凝土保持或接近饱水状态,保证水泥水化反应正常进行的养护方法。它与一般保湿养护法相比,可改善施工条件,节省人工,节约用水,保证混凝土的养护质量。根据所用密封材料的不同,保湿养护可分为塑料布养护和薄膜养护剂养护。

喷涂薄膜养生液养护适用于不易洒水养护的高大桥梁墩台等大面积混凝土结构。它将过氯乙烯树脂料溶液用喷枪喷涂在混凝土表面上,溶液挥发后在混凝土表面形成一层塑料薄膜,将混凝土与空气隔绝,阻止其中水分的蒸发以保证水化作用的正常进行。

自然养护法经济,但混凝土强度增长较慢、模板占用时间长。为了加速模板周转和施工进度,可采用蒸汽养护法。

② 蒸汽养护：

蒸汽养护法是热养护方法中最常用的一种。在冬期施工或需要混凝土温度快速升高时常采用蒸汽养护。蒸汽养护一般分为 4 阶段:静停、升温、恒温和降温。静停是指混凝土浇筑完毕后在常温下凝固一段时间(3～4 h)。升温速度与结构表面系数有关,一般不得超过 10～151 ℃/h。恒温时间视养护温度和要达到的强度而定,一般在 8～12 h。降温速度与升温速度相同。养护最高温度与水泥的种类有关。

2）混凝土拆模

① 拆模强度：

混凝土浇筑完成后,为加速模板的周转,混凝土达到一定强度后即可拆除模板。但是拆模时间不可过早,以防止混凝土结构损坏、变形。拆模时间一般依据水泥的类别、结构形状、荷载状况及环境气温等因素综合确定,一般规定如下:

a. 不承重的侧模,应该在混凝土能够保证其表面及棱角不因拆模而受损伤破坏时拆模,一般抗压强度应达到 2.5 MPa。

b. 采用活动内膜时,应在混凝土强度能够保证混凝土不塌陷、不裂缝时拆模,拆除的时间一般可按照侧模的时间来确定。

c. 承重的模板、拱架、支架,应在混凝土强度能够承受其本身重力及叠加荷载时才能拆除。拆除时混凝土必须达到一般规定的强度:对跨径<3 m 的梁或拱,不低于混凝土设计强度的 50%;对于跨径≥3 m 的梁或拱,或跨径<2 m 的悬臂梁,不低于混凝土设计强度的 70%;对于跨度≥8 m 的梁、拱以及跨径大于 2 m 的悬臂梁,不低于混凝土设计强度的 100%。

② 拆模时的注意事项:

a. 拆除模板时应先拆除非承重的侧模和端模,并对混凝土结构及支撑结构的支柱进行仔细的检查,确定一切正常后方可逐步地拆除承重的立柱、支架及模板。

b. 拆除大跨度拱架、拱圈及梁的模板时,须缓慢;分阶段地松土降落其支架,在支架松动和降落之后,方可拆除支架和模板。一般可采用卸落设备卸落。

c. 拆除支架、模板时,应防止混凝土结构受到振捣、损伤。

d. 已拆除模板的结构,应在混凝土达到设计要求的强度后,才能承受全部的计算荷载。

e. 不能野蛮拆除,在拆模过程中,不能硬砸猛撬,模板坠落应该采取缓冲措施;注意保护定型模板和组合钢模板不变形。

f. 将拆下的模板清理干净,板表面应该涂刷隔离剂。分类堆放整齐,做出标志,以便于再利用。

(4) 混凝土质量检查与缺陷修补

1) 质量检查

应经常对各种材料、各工程项目和各个工序进行检查,保证它们符合设计和施工规范的要求。

检查项目和次数的规定如下:

① 浇筑混凝土前的检查:

a. 检查施工设备;

b. 检查混凝土各组成材料及配合比(包括外加剂);

c. 检查混凝土凝结速度等性能;

d. 检查基础、钢筋、预埋件等隐蔽工程,以及支架、模板的安装位置;

e. 检查养护方法及安全设施。

② 搅拌和浇筑混凝土时的检查:

a. 检查混凝土拌和物的外观及配料、拌制,每一工作班至少进行 2 次,必要时随时抽试样;

b. 检查混凝土的和易性(坍落度等),每工作班至少进行 2 次;

c. 检查砂石材料的含水率,每日开工前进行 1 次,气候有较大变化时随时检测,当含水率较大将使配料偏差超过规定时,应及时调整;

d. 检查钢筋、模板、支架等的稳固性和安装位置;

e. 检查混凝土的运输、浇筑方法和质量;

f. 检查外加剂使用效果。

③ 浇筑混凝土后的检查：

a. 检查养护情况；

b. 根据实际情况确定混凝土强度、拆模时间；

c. 检查混凝土外露面质量。

④ 结构外形尺寸、位置、变形和沉降的检查：

a. 隐蔽工程检查、分部工程检查。工程变更设计、施工技术修改、施工方案变更、质量问题的发生和处理等事项，应按有关规定及时通知有关人员。

b. 对混凝土的强度，应制取试件，检验其在标准养护条件 28 d 龄期的抗压极限强度，试件制取组数应符合下列规定：

- 不同强度及不同配合比的混凝土应分别制取试件，应在浇筑地点或拌和地点随机制取试件。
- 在浇筑一般体积的结构物（如基础、墩台等）时，每一单元结构物应制取 2 组。

连续浇筑大体积混凝土结构物时，每浇筑 $80 \sim 200$ m³ 制取 1 组试样，或每一工作班制取 2 组试样。

梁长 16 m 以下每片应制取 1 组，$16 \sim 30$ m 制取 2 组，$31 \sim 50$ m 制取 3 组，50 m 以上不少于 5 组。

就地浇筑混凝土小桥涵，每一座或每一工作班制取不少于 2 组；当原材料和配合比相同，并由同一拌和站拌制时，可几座合并制取 2 组。

根据施工需要，应制取与结构物同条件养护的试件，作为考核混凝土在拆模、出池、吊装、预施应力、承受载荷等阶段强度的依据。

2）混凝土缺陷修补

混凝土结构拆模后，应从其外观上检查其表面有无麻面、蜂窝、漏筋、孔洞等缺陷，预留孔道是否畅通无堵塞，如有上述问题应加以修正。

① 麻面：

结构表面密布小凹坑。主要原因为模板表面不光、模板不够湿润、混凝土表面水分被吸走后模板隔离剂涂抹不均匀、混凝土表面泥浆被粘掉等。

② 蜂窝：

结构表面呈现蜂窝状窟窿的主要原因为混凝土分层下料和振捣不密实，水泥砂浆分布不均匀，模板接缝不严密，水泥浆流失，混凝土入模时投料方法不当，石子和砂浆分离或混凝土坍落度过小，分布不均匀等。

③ 露筋：

钢筋局部裸露在结构表面。主要原因为保护混凝土漏振，振捣不密实，钢筋密集处粗料集中在其外部，混凝土或砂浆分布不均匀，钢筋骨架发生移动，保护层厚度不足等。

④ 空洞：

结构中有较大空洞。主要原因为在钢筋较密的部位，由于振捣不够或结构断面复杂、模板内空气排不出去以致混凝土没有填充进去。

⑤ 表面裂纹：

结构表面出现网状裂纹。主要原因为混凝土浇筑完成后未及时覆盖和养护，受日晒和风吹后表面急剧收缩。

⑥ 深裂纹：

主要原因为混凝土用量过大、施工接缝处不良或支架有不均匀沉降。

对于面积较小且数量不多的蜂窝、露筋、露石的混凝土表面，可在表面进行修补。具体办法是，先用钢丝刷或压力水洗刷基层，再用 1∶2～1∶2.5 的水泥砂浆抹平即可。

对于较大面积的蜂窝、露筋、露石，应按其全部深度凿去薄弱的混凝土层和个别突出的混凝土颗粒，然后用钢丝刷或压力水将表面冲洗干净，再用比原混凝土强度高一级的细集料混凝土堵塞，并仔细振捣密实。

表面裂纹，可用水泥浆或环氧树脂黏合剂压注或将表面封闭。较深的裂纹一般须压注环氧树脂黏合剂或水泥浆。

(5) 混凝土冬期施工

1) 一般规定

铁路施工规范中规定，当工地昼夜平均气温连续 3d 低于 5 ℃ 或最低气温低于 −3 ℃ 时，按冬期施工处理。冬期施工除应满足相应工程的规定外，还应该满足：

① 冬期施工的工程，应预先做好冬期施工的组织计划及准备工作，对各项设施和材料应采取防雪、防冻等措施，还应专门制定钢筋的冷拉和张拉施工工艺要求及安全措施。

② 冬期施工期间，用硅酸盐水泥或普通硅酸盐水泥配制的混凝土，在抗压强度达到设计强度的 40% 或达到 5 MPa 前，可用矿渣硅酸盐水泥配制的混凝土，在抗压强度达到设计强度的 50% 前，不得受冻。未采取抗冻措施的浆砌砌体，在砂浆抗压强度达到 70% 前不得受冻。

③ 基础的地基（永冻地区除外），在工程施工时和完工后，均不得受冻。

④ 冬期铺设防水层时，应先将结构物表面加热至一定温度，并按防水层冬期施工时的相关规定执行。

⑤ 冬期施工时，应制定防火、防冻、防煤气中毒等安全措施，并与当地气象部门取得联系，做好气温观测工作。

2) 处理措施

① 钢筋的焊接、冷拉及张拉的技术要求是：焊接钢筋宜在室内进行。当必须在室外进行时，最低温度不宜低于 −20 ℃，并应采取防雪挡风措施以减小焊件温度差，焊接后的接头严禁立刻接触冰雪。

② 冷拉钢筋时，温度不宜低于 −15 ℃，当采取可靠的安全措施时可不低于

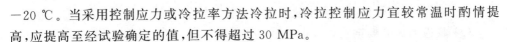

—20 ℃。当采用控制应力或冷拉率方法冷拉时,冷拉控制应力宜较常温时酌情提高,应提高至经试验确定的值,但不得超过 30 MPa。

③ 张拉预应力钢材时的温度不宜低于—15 ℃。

④ 应根据实际使用时的环境温度选用钢筋的冷拉设备、预应力钢材张拉设备以及仪表工作油液,并在使用时的环境温度条件下进行配套校验。

6. 混凝土配置和搅拌的技术要求

配制混凝土时,应优先选用硅酸盐水泥、普通硅酸盐水泥,水泥的强度等级不宜低于 42.5 MPa,水灰比不宜大于 0.5。采用蒸汽养护时,应优先选用矿渣硅酸盐水泥。用加热法养护掺加外加剂的混凝土时,严禁使用高铝水泥。使用其他品种的水泥时,应注意掺和材料对混凝土强度、抗冻、抗渗等性能的影响。

为提高混凝土的抗冻性,在浇筑混凝土时宜掺用引气剂、引气型减水剂等外加剂。在钢筋混凝土中掺入氯盐类防冻剂时,氯离子含量不得超过相应的规定,且不宜采用蒸汽养护。当采用素混凝土时,氯盐掺量不得大于水泥质量的 3%。

拌制混凝土的各种材料的温度,应满足混凝土拌和物拌成后所需的温度。当材料原有温度不能满足需要时,应先考虑对拌和用水加热,再考虑对集料加热。水泥只能保温,不得加热。

冬期搅拌混凝土时,骨料不得带有冰雪和冻结团块。严格控制混凝土的配合比和坍落度;投料前,应先用热水或蒸汽冲洗搅拌机,投料顺序为骨料、水、搅拌,再加水泥搅拌,时间应较常温时延长 50%。混凝土拌和物的出机温度不宜低于 10 ℃,入模温度不得低于 5 ℃。

(1) 混凝土养护的技术要求

① 应根据技术经济比较和热工计算确定混凝土的养护方法。当气温较低、结构表面系数较大、蓄热法不能适应温度增长速度的要求时,可根据具体情况,选用蒸汽加热、暖棚加热或电加热等方法。

② 用蓄热法养护混凝土时,应符合下列规定:

- 根据环境条件,经过计算在能确保结构物不受冻害的条件下,可采用蓄热方法。
- 应采取加速混凝土硬化和降低混凝土冻结温度的措施。
- 混凝土应采用较小的水灰比。
- 对容易冷却的部位,应特别加强保温。
- 不应向混凝土和覆盖物上洒水。

③ 用暖棚法加热养护混凝土时,应符合下列规定:

- 暖棚应坚固、不透风,靠内墙宜采用非易燃性材料。
- 在暖棚中用明火加热时,须特别加强防火、防煤气中毒等措施;
- 暖棚内气温不得低于 5 ℃;

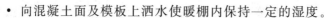

- 向混凝土面及模板上洒水使暖棚内保持一定的湿度。

（2）模板的拆除规定

① 根据与结构同条件养护试件的试验，证明混凝土已达到要求的抗冻强度及拆模强度方可拆除模板。

② 加热养护结构的模板和保温层，在混凝土冷却至 5 ℃以后方可拆除。当混凝土与外界气温相差大于 20 ℃时，拆除模板后的混凝土应加以覆盖，使其缓慢冷却。

（3）掺用防冻剂的混凝土养护规定

① 在负温度条件下严禁洒水，外露表面必须覆盖养护。

② 养护温度不得低于防冻剂规定的温度，当达不到规定温度且混凝土强度小于 3.5 MPa 时，应采取加热保温措施。

③ 当拆模后混凝土的表面温度与环境温度差大于 15 ℃时，混凝土表面应覆盖保温膜养护。

2.2 施工测量

桥梁施工测量的基本任务是：根据设计文件，按照规定的精度，将图纸上设计的桥梁标定于地面，据此指导施工，确保建成的桥梁在平面位置、高程位置和外形尺寸等方面均符合设计要求。对于可利用线路中线点直接测设的一般特大桥、大桥及中小桥，施工前应对桥址中线进行复测，之后对桥址中线点进行调整，据此进行墩台中心定位。对于水中不能直接测设的桥梁或水面较宽且有高墩、大跨、深水基础，或基础施工难度较大、梁部结构类型复杂的特大桥和大桥，需要建立施工平面控制网，据此精确确定桥轴线长度，进行墩台中心定位。桥梁施工阶段，为高程放样，还要建立高程控制。此外，墩台纵横轴线的测设、墩台细部放样等也是桥梁施工测量的重要工作。

桥梁施工测量的工艺流程为：测量桩位交接—桩位复测—建立桥区控制网—桥梁墩、台定位—基础施工测量—墩、台施工测量—上部结构施工测量—竣工测量。

1. 测量桩位交接与桩位复测

（1）测量桩位交接

交接桩工作一般由建设单位组织，设计或勘测单位向施工单位交桩，施工单位应由测量负责人接桩。交接桩应在施工现场进行，并附有桩位平面布置图、坐标和高程成果表等交桩资料，交接桩后办理手续。接桩时应检查桩位是否完好，交接桩数量能否满足定位测量需要，如果桥梁与施工线路连接，则应在连接处向桥区外多交至少一个坐标点，以便于和线路进行联测，并根据现场通视情况，向相关单位提出补桩加密的要求。

接桩时应在现场进行桩位标注，并做好标记。接桩后应及时进行桩位保护，必要时可采取混凝土加固、砌井、钉设防护栏杆等措施。

（2）桩位复测

接桩后依据设计图纸和交桩资料进行内业校核，检查成果表中的各项计算是否合格。控制桩的坐标复测应采用附合导线测量方法，高程复测应采用附合水准测量方法。复测精度不应低于原控制桩的测量精度等级。复测后发现问题应及时与交桩单位联系解决，并向监理或建设单位提交复测报告，复测成果得到确认后方可使用。

2. 桥梁施工控制网布设

（1）施工控制网技术要求

对于河道较宽、桥跨度较大的桥梁，一般用三角测量或导线测量来布设控制网，其中三角测量应用较普遍。控制网的布设要求如下：

① 控制点应选在便于施工控制及永久保存的地方。构成三角网的各点，应便于采用前方交汇法进行墩台放样，同时要求各点间能互相通视。

② 桥轴线应作为控制网的一边，与基线一端相连并尽量正交。

③ 控制网力求简单，网中所有角度都应在 $30°\sim120°$ 之间。

④ 每岸至少埋设三个高程控制点，并与国家水准点联测。

（2）基线设置要求

① 基线位置的选择，应当满足相应测量距离方法对地形因素的要求；一般都应该设置在坚实、地形平坦且便于准确丈量的地方；同时与桥梁轴线接近垂直。

② 为了提高三角网的测量精度，通常设置两条基线，以便具有较多的校核条件；一般是两岸各设置一条基线，若地形不允许，亦可以在同一河岸设置两条基线。

③ 当采用电磁测距仪器时，其基线宜选择在地面覆盖物相同的地段，且基线上下不应有树枝、电线等障碍物；同时还应该避开高压线等磁场的干扰。

④ 基线的长度一般不小于桥轴线长度的 0.7 倍，困难地段也不小于 0.5 倍，以避免三角网的内角太小。

（3）控制网的精度及测量

1）控制网的精度要求

桥梁三角控制网的精度要满足施工规范的要求。对精度有特殊要求的桥梁，其桥轴线和基线的精度应按照设计要求执行。通常是根据桥梁架设误差和桥墩定位的精度要求来计算桥梁三角网的必要精度。为了安全可靠，通常可以采用其中精度较高者作为桥梁三角网控制精度的要求，也可以按照桥轴线需求精度的 1.5 倍计算。

2）距离测量

距离测量的方法有钢尺量距、红外光电测距仪测距、全站仪测距等。当基线精度要求不超过 1/100 000 时，可使用普通钢尺进行丈量；当基线精度超过 1/100 000 时，可使用红外光电测距仪或全站仪测距。

3）角度测量

角度测量的方法比较多，应根据仪器的性能和需要的测角精度来具体选择测角方法。测角方法有：

① 单测法：在水平观测时，对每一个角度都要单独进行测量的方法。

② 复测法：在水平不同度盘的不同处，从某一角度进行两次以上的观测，取其平均值求得水平角。

③ 全测回法：是一种消除测量仪器自身结构误差的观测方法。用望远镜正镜和倒镜观测同一目标，求得其正镜和倒镜的平均角度，称为一测回。全测回法可以消除以下误差：视准轴误差、横轴误差、不同心误差、读盘偏心误差和水平度盘的刻划误差。

3. 桥轴线长度测量

两岸桥头中线上埋设的控制桩称为桥轴线控制桩，它的作用是保证墩台间相对位置的正确，并使之与相邻线路在平面位置上正确衔接。两岸桥轴线控制桩间的水平距离叫作桥轴线长度。

桥梁轴线的位置是在桥位勘测时根据线路的总走向、桥位地形条件、地质条件以及河床情况综合选定的，在施工前必须在现场恢复桥梁轴线的位置，并进行桥梁墩台中心的定位。对于干涸的河流或浅水河流中的中、小桥，一般可采用直接丈量法进行桥轴线长度的标定，同时定出墩台中心位置；对跨越江河的大桥或特大桥，通常利用三角控制网来测算桥梁轴线的长度，并利用三角控制网放样桥梁墩台。

(1) 直接丈量法

当桥位处地势平坦、通视良好时，可采用直接丈量法测量桥梁轴线。直接丈量法是自桥轴线一端向另一端逐跨进行，并与桥梁轴线另一端控制桩闭合的方法。

该方法设备简单，精度较可靠，是中小型桥梁常用的测量方法。

丈量方法如下：

① 清理中心范围内的场地，便于测量。

② 根据桥轴线控制桩和墩台的里程，计算出其间的距离。

③ 在控制桩上设置经纬仪，找准中心方向，用检定过的钢尺沿中线依次放出各段距离，将墩台中心位置用大木桩标定出来，并在木桩顶面钉一个铁钉。

④ 用水平仪器测量各桩高程，计算出各桩的高程差，用以计算倾斜改正。

(2) 直接丈量精度要求

① 桥梁中心线位置与桩间的距离在 200 m 以内者为 1/5 000。

② 桥梁中心线位置与桩间的距离在 200～500 m 者为 1/10 000。

③ 桥梁中心线位置与桩间的距离在 500 m 以上者为 1/20 000。

(3) 三角网法

在深水大河上测量桥轴线的长度，三角测量是一种传统的方法，如图 2-14 所示，将桥轴线作为三角网的一个边长，测量基线长度 $ACBD$，利用三角网的原理测量并计算，即可得出桥轴线的长度 AB。

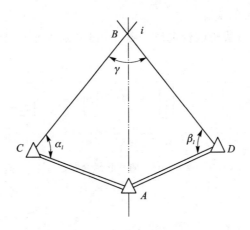

图 2 – 14　桥梁三角网

4. 墩台定位

桥梁墩台定位是指桥梁施工测量工作中准确确定墩台中心位置和纵横轴线。

直线桥梁的墩台定位根据设计资料所提供的控制桩的里程、墩台中心的设计里程,通过计算它们之间的距离即可定出墩台中心的位置。对于曲线桥,除了控制桩及墩台中心里程外,还需确定桥梁的偏角、偏距及中心距等参数。

墩台定位的方法,根据河宽、水深及墩台等具体情况确定,如果墩位在干涸或浅水河床上,可用直接定位法;如果墩位处于水深急流部位,则采用前方交会法。

(1) 直线桥梁墩台定位

直线桥梁,其墩台中心位于桥轴线上,如 2 – 15 图所示。根据桥轴线上控制桩及各墩台中心的里程,即可求得其间的距离。墩位的测设,根据实际条件可采用直接量距法、前方交会法。

1) 直接量距法(全站仪测距或直接丈量)

若桥墩位于干涸的河道上,且水面较窄,可采用钢尺直接丈量或者采取全站仪测量,丈量方法同测定桥轴线方法。不同的只是此处是测设已知长度,所以应根据地形情况将已知长度(水平长度)化为设置的斜距,同时考虑尺长和温度修正。

2) 前方交会法

如果桥墩处地形复杂或位于深水区,无法直接丈量,也不便于架设反光镜,则可采用前方交会法测设墩位。前方交会法既可用于直线桥的墩台定位测量,也可用于曲线桥的墩台定位测量。

用交会法测设墩位,需要在河的两岸布设平面控制网,如导线、三角网、边角网、测边网等。

前方交会法是根据控制点坐标和墩台坐标,反算交会放样元素 a_i、β_i,在相应控制点上安置仪器并后视另一已知控制点,分别测设水平角 a_i、β_i,得到两条视线的交点,从而确定墩台中心的位置。

图 2-15 所示为直线桥墩台定位。图 2-16 所示为前方交会法。

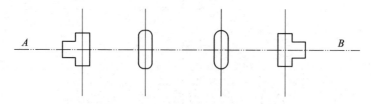

图 2-15 直线桥墩台定位

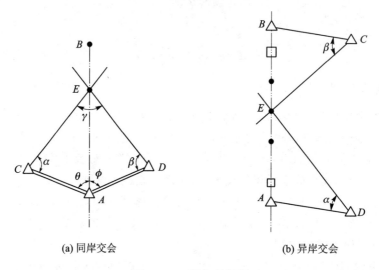

(a) 同岸交会　　　　　　　　(b) 异岸交会

图 2-16 前方交会法

为了保证测设精度,当置镜点位于桥轴线两侧时,交会角应在 90°～150°之间;当置镜点位于桥轴线一侧时,交会角应在 60°～110°之间。在桥梁控制网形设计和布网时,应充分考虑每个墩台中心交会时交会角的大小,必要时,可根据情况增设插入点或精密导线点作为次级控制点。

如图 2-16(a)所示,设 E 是河中待交会的桥墩,A 与 B 是两岸的控制桩。选两岸布设基线 AC 和 AD,测出基线的长度,并测出 θ 和 φ 两角的值。然后根据控制桩里程及桥墩里程算出 AE 距离,即可用三角法计算 a、β 角的数值。用三台经纬仪分别置于 A、C、D 三点,根据 a、β 角就可交会出桥墩 E 的中心位置。当河面较宽时,为了调高精度,宜采用四边形进行两岸交会,如图 2-16(b)所示。

通常将三台经纬仪分别安置于三个控制点上,用三条方向线同时交会。

理论上三条方向线应交于一点,而实际上由于控制点误差和交会测设误差的共同影响,三条方向线一般不会交于一点,而是形成一个小三角形,该三角形的大小反映交会的精度,故称其为示误三角形。

示误三角形(见图 2-17)的最大边长或两交会方向与桥中线交点间的长度,在墩台下部(承台、墩身)不应大于 25 mm,在墩台上部(托盘、顶帽、垫石)不应大于 15 mm。

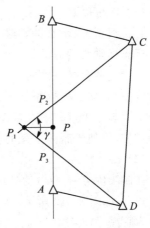

若交会的一个方向为桥轴线,则以其他两个方向线的交会点 P_1 投影在桥轴线上的 P 点作为墩台中心。

当交会方向中不含桥轴线方向时,示误三角形的边长不应大于 30 mm,并以示误三角形的重心作为桥墩台中心。

图 2-17 示误三角形

(2) 曲线桥墩台定位

1) 曲线桥的特点

曲线桥梁体一般做成直线形,而铁路线路中线为曲线。

于是各孔梁中线的连接线成为折线,以适应梁上曲线线路的需要。若是按如图 2-18 中虚线所示布置,使线路中线与梁的中线在梁端相交,则可看出线路中线总是偏在梁跨中线的外侧。当列车过桥时,外侧那片梁必然受力较大,况且列车运行时要产生离心力,使外侧梁受力加大的现象更加严重;为了使两片梁受力较为均衡,合理的布置是把梁的中线向曲线外侧适当移动距离。这样各孔梁跨中线连接起来的折线基本与线路中线重合,该折线称为桥梁工作线。如图 1-18 所示,桥墩中心一般位于工作线转折角的顶点上。梁缝、梁台缝变成内窄外宽的楔形。

2) 墩台定位的方法

曲线桥测设墩台中心位置,根据不同条件可采用直接丈量法、前方交会法、极坐标法等。

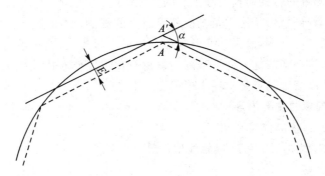

图 2-18 曲线桥中线外移图

5. 墩台纵横轴线的测设

墩台中心测设定位以后,需测设墩台的纵横轴线,作为墩台细部放样的依据。

（1）直线桥梁

在直线桥上，墩台的轴线与桥轴线重合，且各墩台一致，可利用桥轴线两端控制桩来标志横轴线的方向。

在测定墩台纵轴线时，将经纬仪安置在墩台的中心点上，盘左、盘右以桥轴线方向作为后视，然后根据桥梁设计角度（正交、斜交）拨角，取其平均位置即作为纵轴线方向。因为施工过程中经常在墩台上恢复纵轴线的位置，故应于桥轴线两侧布设固定的护桩，以便于后续工程的使用。

（2）曲线桥梁

在曲线桥梁上，墩台的纵轴线位于梁的工作线顶点处的角平分线上，而横轴线与纵轴线垂直，如图 2-19 所示。因此测设时，应将仪器置于墩台中心点上，以相邻墩中心方向为后视，测设$(180°-\alpha)/2$角即得纵轴线方向；自纵横轴方向转 90°角即得横轴线。

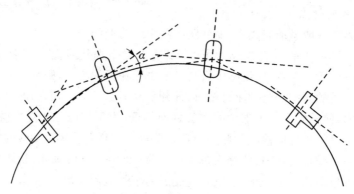

图 2-19　曲线桥梁墩台纵横轴线图

6. 桥梁竣工测量与变形观测

桥梁竣工测量的目的是检查竣工后的实际情况，检查质量是否满足设计要求。

在桥梁运营阶段，由于受力及其他外界因素的影响，墩台会产生位移、下沉及倾斜，所以要定期进行观测，监视其变形规律。如果变形过大，会影响行车安全和使用寿命，需及时采取补救措施。变形观测的资料与竣工资料对比才能发现桥梁位置和高程的变化，所以竣工测量是一项十分重要的工作。

（1）竣工测量的主要内容

① 测量墩距、各部位尺寸和高程。

② 测定主梁线形、跨径净空、轴线偏位等。

（2）变形观测

在使用过程中定期观测墩台及上部结构的垂直位移、倾斜距离和水平位移，以及主梁竖向挠度；掌握其变形规律，以便制定维修加固措施。

7. 施工放样

放样的目的是将设计图纸上所设计的结构物的位置、形状、大小和高低，在实地上标定出来,作为后续施工的依据。

在进行放样之前,测量人员首先要熟悉结构物的总体布置图和细部结构设计图,然后根据由整体到局部的原则,以三角控制网为基础,找出结构物的轴线和主要点的设计位置,以及各部分之间的几何关系,再结合现场的实际情况与控制点的分布情况,综合确定所需的放样方法。

(1) 施工放样常用的基本方法

放样已知长度的直线:一般采用经纬仪标定直线,然后用钢尺沿地面丈量出倾斜距离,最后加入倾斜距离、温度、尺长等改正值,放出正确的水平距离。

放样已知数值的水平角:通常采用正镜、倒镜分中法来放样。

放样已知点的方法:常用的方法有直角坐标法、极坐标法、角度交会法和距离交会法。

(2) 桥梁施工放样的主要工作内容

- 确定墩台纵横向轴线的位置。
- 基坑开挖和墩台扩大基础放样。
- 桩基础的桩位放样。
- 承台及墩身结构尺寸和位置放样。
- 墩帽及支座垫石结构尺寸和位置放样。
- 各种结构中线及细部尺寸放样。
- 桥面系结构的位置和尺寸放样。
- 各施工阶段的高程放样。

(3) 墩台纵横向十字线的测设

1) 旱地直线桥梁的墩台纵横向十字线测设方法

在定出的桥台中心位置上设置一个大木桩,在桩顶面钉一颗铁钉代表桥台中心位置;然后在铁钉位置上安置经纬仪,以桥轴线为基准,放出与桥轴线重合的墩台纵向直线和与桥台垂直的墩台横向直线,并在开挖线外的纵横向十字线的每端方向上设置两个以上的方向桩,这些方向桩是施工中恢复墩台中心点的依据,必须妥善保存好。

2) 水中桥梁的墩台纵横向十字线测设方法

采用交会法设置,一般可在交会点围堰上设置镜子,根据墩台纵横向十字线的方位与前方线的方位关系控制施工。

墩台纵横十字线确定后,可以根据墩台设计的尺寸选择适宜的方法进行放样。

(4) 基础放样

基础放样工作是以实地标定的墩台中心位置为基础来进行的。对于无水地点,可以直接将经纬仪架设在墩台中心位置,用木桩准确地固定基础纵横和基础边缘尺寸。对河水不深而采用围堰施工的桥梁,可以待围堰施工完成后,再进行详细放样。

8．桥梁施工水准测量

（1）水准基点设置的原则和方法

1）设置原则

水准基点的精度直接影响桥梁施工的精度，因此水准基点设置中需要遵循以下原则：

① 中、小桥和涵洞水准测量按五等水准要求设置水准基点。

② 大桥、特大桥施工水准基点测设精度应不低于四等水准测量要求，桥头两岸应设置不少于两个水准点，每岸至少设置1个稳固的水准基点。

③ 水准基点设置的位置应该在桥址附近并且安全稳固，同时还要便于施工观测。

④ 如果施工需要或地质条件不良以及破坏地段应增设辅助水准基点，其精度要符合五等水准要求，同时还要满足下列要求：

a．辅助点与基准点间转换镜的次数不得超过两次；

b．高差不得超过2 m且应在同一地质或结构物基础上。

2）设置方法

基准点和施工水准基点可采用混凝土、钢管、钻孔桩或基岩来标示；对于中、小桥和涵洞及工期短、桥型简单、精度要求较低的大桥，可以在附近建筑物上设立标点，或者埋设木桩设立铁钉标志，作为辅助施工水准基点，但是应注意要加强复核；对于小桥和涵洞，可以利用线路测量的水准基点。

（2）高程放样的方法

桥涵结构的高程放样，主要采用以下几种方法：几何水准测量法、三角高程测量法、悬挂钢尺测量法和钢尺直接丈量法。

① 几何水准测量法。首选将高程控制点以内的精度引测到施工区域，建立临时水准基点。临时水准基点的密度要保证架设一次仪器就可以放样出所需的高程，如图2-20所示。

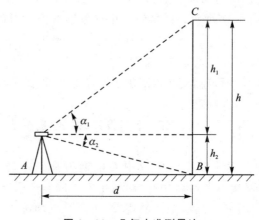

图2-20　几何水准测量法

② 三角高程测量法。当高差不是很大时，为了保证精度，可以采用三角高程测

量法,如图2-21所示。

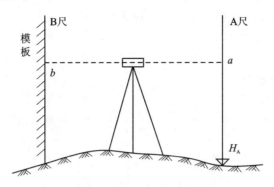

图2-21   三角高程测量法

③ 悬挂钢尺测量法。通常在深基坑的高程放样和高桥墩施工中采用,如图1-22所示,图(a)为深基坑高程放样,图(b)为高桥墩放样。

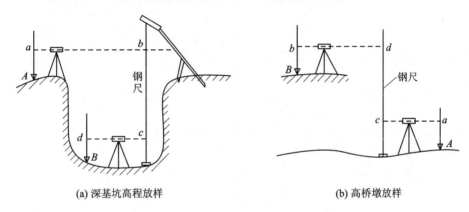

(a) 深基坑高程放样   (b) 高桥墩放样

图2-22   悬挂钢尺测量法

本章练习

一、填空题

1. 施工准备一般包括(   )、(   )、(   )、(   )等工作。

2. (   )技术准备是施工准备的重点工作。

3. 钢筋进场验收检查(   )是重点工作。

4. 技术交底一般由(   )主持。

二、选择题

1. 各等级三角控制网应布设为近似(   )。

    A. 等边三角形   B. 等腰三角形

    C. 直角三角形   D. 任意三角形

2. 同一个公路工程项目应采用(　　　)高程系统。

    A. 三个   B. 两个

    C. 同一   D. 不同

3. 桥梁平面控制网宜布置为(　　　)。

    A. 五边形   B. 三角形

    C. 四边形   D. 任意多边形

第**3**章

桥梁基础施工

本章导读

从本章开始,我们将基于工程实践,学习桥梁基础工程的各类施工方法。

3.1 节:扩大基础施工

介绍基坑开挖技术,扩大基础结构特征,扩大基础主体施工。

3.2 节:钻孔灌注桩基础施工

介绍钻孔灌注桩基础施工技术。

学习目标

能力目标	知识要点
扩大基础施工	基坑开挖要点、大体积混凝土浇筑技术
钻孔灌注桩基础施工	正反循环钻施工技术

知识导读

桥梁基础是将桥梁墩台所承受的各种荷载传递到地基上的构造物。桥梁基础按照构造和施工方法的不同分为明挖扩大基础桩基础、沉井基础、管桩基础和地下连续墙等类型桥梁基础。根据埋置深度的不同,可分为浅基础和深基础。桥梁浅基础主要包括明挖扩大基础。明挖扩大基础是将墩(台)及上部结构传递来的荷载直接传递至较浅的支承地基的一种基础形式。其一般采用明挖基坑的方法进行施工,故又称为明挖扩大基础或浅基础。桥梁深基础按照施工方法的不同,分为钻孔灌注桩挖孔桩、沉入桩、沉井基础及地下连续墙。桩基础是深入土层中的柱形结构,其作用是将作用于桩顶以上的结构物传来的荷载传到地层中去。本章主要学习明挖扩大基础及钻孔灌注桩基础的施工技术。

3.1 扩大基础施工

3.1.1 基础定位放样和基坑开挖

1. 基础定位放样

基坑开挖前,应做好复核基坑中心线、方向和高程,并应按地质水文资料,结合现场情况,决定开挖坡度、支护方案,以及地面的防水、排水措施。

基础定位放样是根据桥梁中心线与墩台的纵横轴线,推算出基础边线的定位点,再放线画出基坑的开挖范围,如图 3 - 1 所示。基坑底部的尺寸一般较基础设计平面尺寸每边各增加 0.5～1.0 m,以便于支撑、排水与立模板。坑壁垂直的无水基坑坑底,可不必加宽,直接利用坑壁作基础模板。

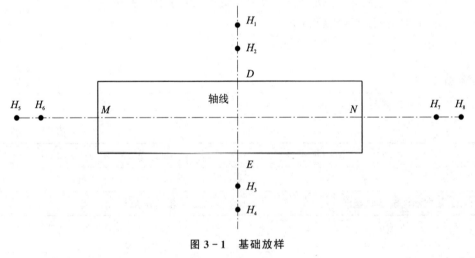

图 3 - 1 基础放样

2. 基坑开挖

(1) 一般规定

① 基坑顶面应设置防止地面水流入基坑的排水设施及各种拦水设施,基坑顶有动荷载时,坑边缘与动荷载间应留有不小于 1 m 宽的护道。

② 基坑深度较小,坑壁土层稳定时,可直接放坡开挖。

③ 基坑坑壁坡度不易稳定并受地下水影响时,应对坑壁进行支护。

④ 基坑开挖时,必须保证施工时的安全。

(2)坑壁不加支护的基坑开挖

① 对于在干涸的河滩、河沟,或经改河或筑堤能排除地表水的河沟,在地下水位低于基底或渗透量少、不影响坑壁稳定,以及基础埋置不深、施工期较短的工程中挖基坑时,在不影响邻近建筑物安全的场所,可选用坑壁不加支撑的基坑。

② 基坑坑壁坡度应根据地质条件、基坑深度、施工方法等情况确定,在无水基坑且土层构造均匀时,基坑坑壁坡度应满足表 3-1 的要求。若土的湿度有可能使坑壁不稳定而引起坍塌,则基坑坑壁坡度应缓于该湿度下的天然坡度。

表 3-1 基坑坑壁坡度

坑壁土类别	坑壁坡度		
	坡顶无荷载	坡顶有静荷载	坡顶有动荷载
砂类土	1:1	1:1.25	1:1.5
卵石、砾类土	1:0.75	1:1	1:1.25
粉质土、黏质土	1:0.33	1:0.5	1:0.75
极软岩	1:0.25	1:0.33	1:0.67
软质岩	1:0	1:0.1	1:0.25
硬质岩	1:0	1:0	1:0

③ 若基坑为渗水的土质基底,则坑底平面尺寸应根据排水要求和基础模板设计所需基坑大小而定。一般基底应比基础的平面尺寸增宽 0.5~1.0 m。

④ 基坑深度在 5 m 以内,土的湿度正常时,采用斜坡坑壁开挖或按坡度比值挖成阶梯形坑壁,每梯高度以 0.5~1.0 m 为宜,可作为人工运土出坑的台阶。当基坑深度大于 5 m 时,坑壁坡度应适当放缓或加做平台,如图 3-2 所示。

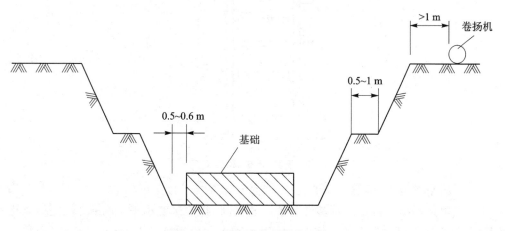

图 3-2 不加支护的基坑开挖

(3) 坑壁有支护的基坑

当基坑壁坡不易稳定并有地下水,或放坡开挖场地受到限制,或基坑较深、工程数量较大时,可采取加固坑壁措施,如挡板支撑、钢木结合支撑、混凝土护壁及锚杆支护等。基坑开挖中的加固方法包括挡板支护和喷射混凝土及用锚杆加固。

1) 钢板支护

① 当基坑较浅且渗水量不大时,可采用竹排、木板、混凝土板或钢板对坑壁进行支护。木板、钢板支护如图 3-3 所示。

② 当基坑深度小于或等于 4 m 且渗水量不大时,可采用槽钢、H 形钢、工字钢进行支护。

③ 当地下水位较高,基坑开挖深度大于 4 m 时,宜用锁口钢板桩或锁口钢管桩围堰进行支护。

④ 在条件许可时,可采用水泥土墙、混凝土围圈或桩板墙进行支护。

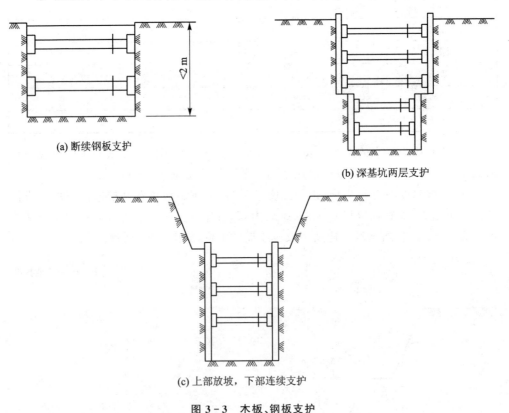

(a) 断续钢板支护

(b) 深基坑两层支护

(c) 上部放坡,下部连续支护

图 3-3 木板、钢板支护

2) 喷射混凝土、锚杆喷射混凝土、预应力锚索及土钉支护加固

① 喷射混凝土护壁。对基坑受条件的限制,开挖深度小于 10 m 的较完整风化基层,可直接喷射混凝土加固坑壁。喷射混凝土前应将坑壁上的松散层或岩渣清理干净,一般喷护厚度为 5~8 cm,一次喷护需 1~2 h。若一次喷护达不到设计厚度,

应等第一层喷层终凝后再补喷,直至达到厚度要求为止。喷射混凝土护壁施工如图 3 - 4 所示。

图 3 - 4　喷射混凝土护壁

②　锚杆喷射混凝土护壁。当基坑为不稳定的强风化岩质地基或淤泥质黏土时,可用锚杆挂网喷射混凝土护壁,如图 3 - 5 所示。采用锚杆挂网喷射混凝土护壁时,当孔深小于或等于 3 m 时,应采用先灌浆、后插入锚杆的施工工艺;当孔深大于 3 m 时,应采用先插入锚杆、后灌浆的施工工艺。锚杆应居中固定,注浆应采用孔底注浆法,其注浆管应插至距离孔底 50~100 mm 处,注浆压力不应小于 0.2 MPa。

图 3 - 5　锚杆挂网喷射混凝土护壁

③　喷射混凝土的强度、厚度应不小于设计值。混凝土应该用机械搅拌并使用专用机械。

④　当用锚杆挂网喷射混凝土支护时,各层锚杆或锚索要求进入稳定层的长度和间距、钢筋的直径或钢绞线的束数应符合设计要求。

⑤　喷射作业前,应对机械设备、各种管路、电线等进行检查并试运转。喷射或锚杆喷射加固基坑坑壁应按设计要求,逐层开挖、逐层加固,在坑壁或边坡上有明显出水点处,应设置导管排水。

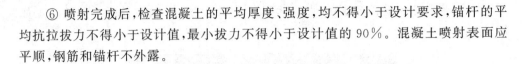
⑥ 喷射完成后,检查混凝土的平均厚度、强度,均不得小于设计要求,锚杆的平均抗拉拔力不得小于设计值,最小拔力不得小于设计值的 90%。混凝土喷射表面应平顺,钢筋和锚杆不外露。

3.1.2 围堰与排水

水中开挖基坑,必须先沿基坑周围修筑围堰,以便排水挖基和砌筑基础坞工。

1. 土石围堰一般要求

土石围堰的高程、平面尺寸及填筑应满足下列要求:

围堰顶面的高程应高出施工期间可能出现的最高水位 0.5~0.7 m。其外形尺寸应考虑河流断面被压缩后,流速增大引起水流对围堰、河床的集中冲刷及影响通航、导流等不利因素。堰内平面尺寸应满足基础施工的要求(包括坑内集水沟、排水井、工作余裕空间等所必需的工作面)。应满足堰身强度和稳定性要求,不得任意压缩。围堰填筑应分层进行,要求防水严密,尽量减少渗漏,以减轻排水工作,为此需注意堰身修筑质量。除工程本身需要外,一般情况下宜充分利用枯水期施工,如在洪水、高潮时期,应做好周密保护。围堰材料尽量就地取材。

2. 围堰种类和适用条件

(1) 围堰种类

围堰包括土围堰,土袋围堰,竹笼、木笼、铅丝笼及钢笼围堰,以及膜袋围堰四种类型。

(2) 围堰适用条件

1) 土围堰

① 适用条件。适合水深 1.5 m 以内、水流流速 0.5 m/s 以内、河床土质渗水较小时采用。

② 施工要求。筑堰宜用黏性土或砂夹黏土,超出水面后应进行夯实。筑堰时由上游开始至下游合龙,筑堰前应将堰底河床上的树根、石块、杂物清除干净。堰外坡面受水流冲刷时,应及时进行防护。土围堰施工如图 3-6 所示。

2) 土袋围堰

① 适用条件。适合水深在 3 m 以内、流速在 1.5 m/s 以内、河床土质渗水性较小时采用。

② 施工要求。围堰中心部分可填筑黏土及黏性土芯墙,堆码的土袋的上下层和内外层应相互错缝,尽量堆码密实、平整。袋内填黏性土,装填量为 60%。流速较大时,过水面及迎水面袋内可装填粗砂或卵石。堰外边坡 1:1.5~1:1,堰内边坡 1:1~1:0.2,如图 3-7 所示。

3) 竹笼、木笼、铅丝笼及钢笼围堰

① 适用条件。当流速较大而水深在 4 m 以内,且能满足泄洪要求时,采用竹笼、

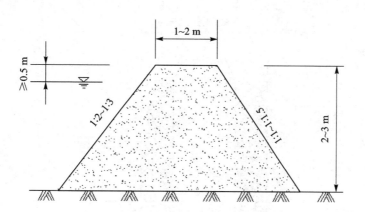

图 3-6　土围堰施工

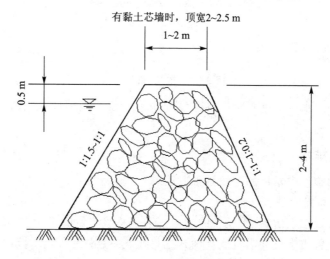

图 3-7　土袋围堰

木笼、铅丝笼及钢笼围堰。当水深超过 4 m 时,采用钢笼围堰。

　　② 施工要求。各种笼体制作应坚固,应满足使用要求。围堰可采用钢筋串联、螺栓连接以及铁丝捆扎的方式。可以用单层或双层竹、铅丝笼围堰,单层时在围堰内填土袋,在外侧堆土袋;双层时在两层之间填土,防止渗漏;也可在竹、铅丝笼的一侧绑附防水胶布等防渗。围堰层数应根据水深、流速、基坑大小及防渗要求确定,竹笼、木笼、铅丝笼的宽度为水深的 1.0～1.5 倍,如图 3-8 所示。竹、铅丝笼可用浮运、吊装或滑移就位,就位后填石(装土)下沉,填黏土墙芯。

　　4) 膜袋围堰

　　① 适用条件。当水深在 5 m 以内、水流流速在 3.0 m/s 以内、河床较平缓时采用。

　　② 施工要求。膜袋的结合应牢固、严密,袋内填充沙或水泥固化土材料,并采取

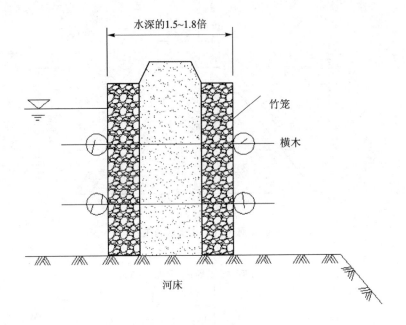

图 3-8 竹笼、铅丝围堰

措施降低膜袋内水分。施工时应待围堰沉降稳定后才能进行基坑的排水，排水时应控制水位的降速。

3．基坑排水

桥梁基础施工中常用的基坑排水方法有：

（1）集水坑排水法

集水坑宜设在上游，排水设备的能力宜大于总渗水量的 1.5～2.0 倍。在坑底基础范围之外设置集水坑并沿坑底周围开挖排水沟，使水流入集水坑内，再排出坑外。除严重流沙外，一般情况下均适用。

（2）井点降水法

具体要求是：

① 当土质为粉、细砂、地下水位较高、有承压水、挖基较深、坑壁不易稳定的土质基坑，用普通排水方法难以解决时，可采用井点降水法。井点类别的选择，宜按照土壤的渗透系数、降低水位深度及工程特点选用。黏质土中不宜使用井点降水法。基础施工完成后应及时拆除或回填井点，防止人畜坠入。

② 井管的成孔可根据土质的不同采用射水成孔法、冲击钻机成孔法、旋转钻机成孔法及水压钻探机成孔法。其井点降水曲线至少应深于基底设计高程 0.5 m。

③ 降水过程中应加强井点降水系统的检修和维护，以确保降水效果，保证基坑表面无积水。

（3）其他排水法

对于土质渗透性较大、挖掘较深的基坑，可采用板桩法或沉井法，还可采用帷幕法。帷幕法是在基坑边线外设置一圈隔水幕，用以隔断水源，减少渗流水量，防止流砂、突涌、管涌、潜蚀等地下水的作用。

4. 挖 基

① 挖基施工宜安排在枯水或少雨季节进行，开挖后应连续快速施工。

② 应精确测定基础的轴线、边线位置及基底高程，检查无误后方可施工。

③ 应避免超挖。挖基废方宜放于下游位置，不得污染环境。阻塞河道、影响泄洪，不得施工。弃土的坡脚到坑顶缘的距离不宜小于基坑深度。

④ 挖基至设计高程要求的土质基坑，不得长期暴露、扰动或浸泡，应及时检查基坑尺寸，高程、基底承载力满足要求后，立即进行基础施工。

3.1.3 地基检验

1. 地基检验内容

① 检查基底平面位置、尺寸大小、基底高程。

② 检查基底地质情况和承载力是否与设计资料相符。

③ 检查基底处理和排水情况是否符合规范要求。

④ 检查施工记录及有关试验资料等。

2. 基底检验方法

按桥梁及涵洞大小、地基土质复杂程度，如溶洞、断层、软弱夹层、易溶岩等情况以及结构对地基有无特殊要求，可采用以下检查方法。

（1）小桥和涵洞的地基检验

可采用直观或触探方法，必要时可进行土质试验。

（2）大、中桥基底检验

① 对于大、中桥和地基土质复杂，以及结构对地基有特殊要求的地基检验，一般采用触探和钻探，钻深至少 4 m，取样做土工试验，或按设计的特殊要求进行荷载试验。

② 在地质特别复杂，或在设计文件中有特殊要求必须做载荷试验时，才做载荷试验。必要时还应做土工试验以与载荷试验核对。

③ 在特殊地基上已经加固处理又经触探、密实度检验后，若尚有疑问，则应再做载荷试验。确认符合设计要求后，才能进行基础圬工的施工。

3. 基底平面位置和高程允许偏差

① 平面周线位置不小于设计要求。

② 基底高程不得超过的数值：土质为±50 m；石质为＋50 mm，−200 m。

3.1.4　知识拓展

1. 地基处理的要求

① 地基处理的范围至少应宽出基础之外 0.5 m。

② 当地基需加固或现场开挖后地质情况与设计不符时,应按设计要求进行施工。

③ 符合设计要求的细粒土、特殊土基底,地基处理后,应尽快修建基础。

2. 地基处理方法

(1) 粗粒土和巨粒土地基的处理方法

① 对于粗粒土及巨粒土基底,当强度和稳定性满足设计要求时,应将其承重面平整夯实。

② 若基底有水不能彻底排干,则应堵塞或将水引至排水沟,然后修筑基础。

(2) 细粒土及特殊土地基的处理方法

对于细粒土、特殊土、饱和软弱黏土层、粉砂土层、湿陷性黄土、膨胀土和黏土、季节性冻土,其强度低,稳定性差,应采取固结处理,以满足设计要求。

3. 岩层基底的处理方法

① 对于风化的岩层,应挖至地基承载力满足要求为止。

② 对于未风化的岩层,应先将淤泥、苔藓、松动的石块清除干净,并洗净岩石。

③ 对于坚硬倾斜的岩层,应将岩层面凿平或凿成多级台阶,台阶的宽度不小于 0.3 m。

4. 溶洞地基的处理

① 不得堵塞溶洞水路。

② 干溶洞可用砂砾石、碎石、干砌或浆砌片石及灰土等回填密实。

③ 当基底干溶洞较大时,可采用桩基处理。

5. 泉眼地基的处理

① 堵眼。将有螺口的钢管紧紧打入泉眼,盖上螺母并拧紧,阻止泉水流出,也可向泉眼内压注速凝的水泥砂浆,再打入木塞堵眼。

② 引流。若堵眼有困难,可采用导管塞入泉眼,将水引流至集水坑排出。在基底下设盲沟引流至集水坑排出,待基础圬工施工完成后,向盲沟压注水泥浆堵塞。

6. 冻土地基的处理

① 桥涵基础不应设置于季节冻融土层上,不得直接与冻土接触。基底修筑于多年冻土层上时,基底之上应设置隔温层或保温层材料。

② 明挖基础,当多年平均地温等于或高于−3 ℃时,应于冬季施工并采取冬季施工措施;当多年平均地温低于−3 ℃时,可在其他季节施工,但应避开高温季节,并

应满足下列条件：

　　a. 严禁地表水流入基坑，并应搭设遮阳棚和防雨棚。

　　b. 及时排除季节冻层内的地下水和冻土融化水。

3.2　钻孔灌注桩基础施工

　　钻孔灌注桩基础是采用不同的钻孔方法，在土中形成一定直径的井孔，达到设计高程后，将钢筋笼(骨架)吊入井孔中，灌注混凝土，形成桩基础。钻孔灌注桩适用于黏性土、砂土、碎石、岩石、砾卵石等各类土层。

3.2.1　桥梁基础放样

　　桥梁施工放样的目的是将桥梁图上所设计的结构物的位置、大小及高低，在实地标定出来，以作为施工的依据。

　　桥梁基础施工放样前，测量人员必须熟悉结构物的总体布置图及细部结构设计图，按照由整体到局部的原则，以控制网作为放样依据，找出主要点及主要轴线的设计位置及各部分间的几何关系，并结合现场条件，来确定所采用的放样方法。桥梁基础放样是以实地标定的墩台中心位置为依据进行的，无水时可直接将经纬仪安置在中心位置，用木桩准确固定基础纵横轴线和基础边缘位置。当水流不深时，可先进行围堰，然后进行放样。

1. 桩基放样

　　如图 3 - 9 所示，桩位应根据设计桩位与墩台中心十字线相对位置设放。在旱地施工时，可采用坐标法直接测定桩位。水中施工时，可用经纬仪交会出上游一排迎水桩，再以迎水桩为基准测定其他桩位。也可在水中桩位附近立脚手桩，搭设测量平台，在平台上测定直线 AB 与桥梁中线平行，然后在 AB 线上定出各排桩位延长线的交点，在平台上定出各行桩位的中心线，直接丈量桩位。

2. 基础高程放样

　　基础高程放样测量分干处和水下两种方法，对于装配式钢筋混凝土 T 形梁桥所采用的钻孔灌注桩基础，一般采用测绳下悬重物施测，即采用水下基础高程的放样方法。

　　对于钻孔灌注桩基础，其桩底高程的放样应按如下方法进行。如图 3 - 10 所示，A 为已知高程的水准点，施测时先将 A 处水准点高程引至护筒 B 处，并在 B 处作一标志，注意 B 处高程需常复测。钻孔过程中可根据该标志以下的钻杆长度判定是否已经钻到设计高程。清孔结束后、浇筑混凝土前可用测绳检测孔底高程。可在测绳零端悬挂一重物，从 B 处放测绳，当感觉测绳变轻后，读取测绳读数，则桩底 C 点高程为

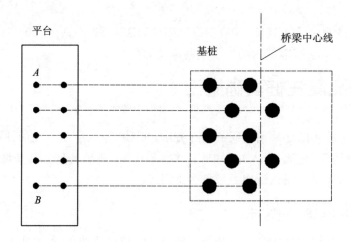

图 3-9 桩基放样

桩底 C 点高程 $H_C=$ 护筒 B 处高程 H_B- 测绳长度 L

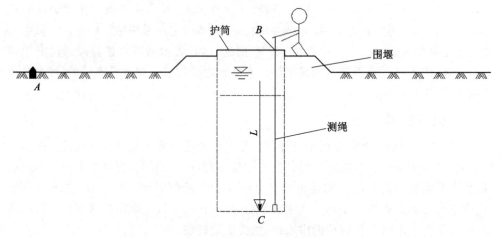

图 3-10 基础高程放样

3.2.2 钻孔灌注桩施工工艺

钻孔灌注桩施工的主要工序有:钻孔场地准备及桩位放样→埋设护筒→制备泥浆→钻孔→清孔→钢筋笼制作与吊装→灌注水下混凝土。

1. 钻孔场地准备

① 场地为旱地时,应清除杂物,换除软土,整平夯实。

② 场地为陡坡时,可用枕木、型钢等搭设工作平台。

③ 场地为浅水时,宜采用筑岛施工,筑岛面积应根据钻孔、设备大小等要求确定。

④ 场地为深水或淤泥层较厚时,可搭设工作平台,平台须牢固稳定,能承受工作时所有静、动荷载,并考虑施工机械能安全进出。

2. 埋设护筒

(1) 护筒种类

护筒有木料护筒、钢制护筒和钢筋混凝土护筒几种类型。木料护筒的构造如图 3 - 11(a)所示,钢制护筒的构造如图 3 - 11(b)所示,钢筋混凝土护筒的构造如图 3 - 11(c)所示。

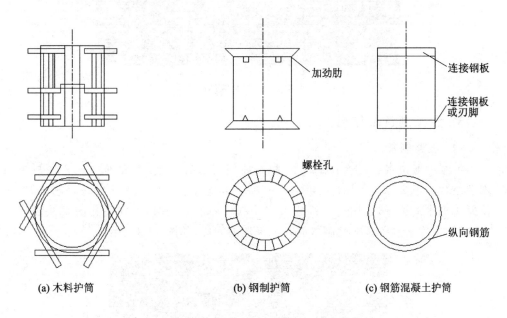

(a) 木料护筒　　　　　(b) 钢制护筒　　　　　(c) 钢筋混凝土护筒

图 3 - 11　护筒构造

(2) 护筒作用

护筒能稳定孔壁,防止坍孔,还有隔离地表水、保护孔口地面、固定桩孔位置和起到钻头、导向等作用。

(3) 埋设护筒要求

护筒要求坚固耐用,不漏水,一般常用钢护筒,其内径应比钻孔直径大 200～400 m。旋转钻约大 20 m,潜水钻、冲击或冲抓锥约大 40 m,每节长度为 2～3 m。护筒中心竖直线应与桩中心线重合,护筒平面位置的偏差不得大于 50 mm,倾斜度不得大于 1%。护筒高度宜高出地面 0.3 m 或高出水面 1.0～2.0 m。当钻孔内有承压水时,应高于稳定后的承压水位 2.0 m 以上。护筒埋置深度应根据设计要求或桩位的水文地质情况确定,一般情况埋置深度宜为 2～4 m;有冲刷影响的河床,应沉入局部冲刷线以下不小于 1.0～1.5 m。护筒连接处要求筒内无突出物,应耐拉、耐压,不漏水。护筒埋设如图 3 - 12 所示。

图 3 - 12 埋设护筒

3. 泥浆制备及作用

（1）泥浆制备

泥浆一般由水、黏土（或膨润土）和添加剂按适当配合比配制而成。一般可采用塑性指数大于 25、粒径小于 0.005 mm、黏粒含量大于 50% 的黏土制浆。制浆时，应将黏土加水浸透，然后用搅拌机或人工拌制。冲击钻进时，可在钻孔内直接投放黏土，以钻锥冲击制备。泥浆制备应在泥浆池内完成，如图 3 - 13 所示。

图 3 - 13 泥浆制备

（2）泥浆作用

钻孔泥浆具有悬浮钻渣、冷却钻头、增大静水压力、形成孔壁泥皮和隔断孔内外渗流防止塌孔的作用。

4. 钻孔方法和机具设备

根据井孔中钻渣的取出方法不同，常用的钻孔方法分为：正循环回转钻孔法、反循环回转钻孔法、潜水钻机钻孔法、冲抓钻孔法、冲击钻孔法、旋挖钻孔法、螺旋钻孔法等。冲击钻钻头如图 3 - 14 所示。

图 3 - 14 冲击钻钻头

（1）正循环回转钻孔法

如图 3 - 15 所示，利用钻具旋转切削土体钻进，泥浆泵将泥浆压进泥浆龙头，通过钻杆中心从钻头喷入钻孔内，泥浆挟带钻渣沿钻孔上升，从排浆孔排出至沉淀池，钻渣在此沉淀，泥浆流入泥浆池循环使用。其特点是钻进与排渣同时连续进行，在适用的土层中钻进速度较快，但需设置泥浆槽、沉淀池等；施工占地较多，机具设备较复杂。

（2）反循环回转钻孔法

如图 3 - 16 所示为反循环回转法钻孔。与正循环法不同的是，泥浆输入钻孔内，从钻杆的下口吸进，通过钻杆中心排出至沉淀池。其特点是钻进与排渣效率较高，钻渣容易堵塞管路，且孔壁坍塌的可能性较正循环法大，为此需用较高质量的泥浆。

（3）冲击钻孔法

冲击钻孔灌注桩适用于黄土、黏性土、粉质黏土及人工杂填土层，特别适合在有孤石的砂砾石层、漂石层、硬土层、岩层中使用。施工中应根据现场地质状况，合理选择冲击钻。冲击成孔的关键点是泥浆护壁，护壁泥浆含砂量一定要小，泥浆浓度应满足要求，泥浆太浓，钻孔速度慢；泥浆太轻，护壁容易坍塌。开始钻进时宜慢不宜快，钻进过程中随时检查钻机、钢丝绳等，防止掉钻。钻孔整个过程控制应严谨，防止刃脚穿孔、塌孔、偏孔、十字孔、卡钻、埋钻、掉钻等事故发生。

（4）钻孔注意事项

① 不论采用何种方法钻孔，开孔的孔位都必须准确。开钻时均应慢速钻进，待

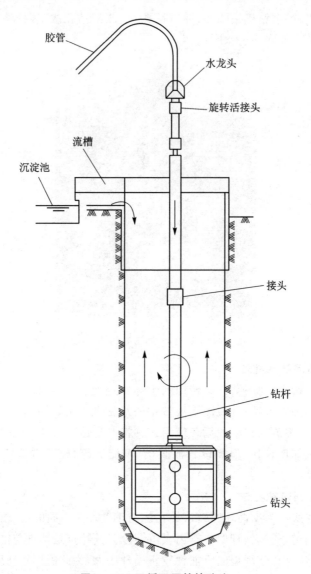

图 3 - 15　正循环回转钻孔法

导向部位或钻头全部进入地层后，方可加速钻进。

②正、反循环钻孔（含潜水钻）均应采用减压钻进。每孔开钻前应检查钻锥直径，不宜在钻进中焊补，以免卡钻。

③起、落钻锥速度应均匀，不得突然加速，以免碰撞孔壁，形成塌孔。

④在排渣或停钻时，应保持孔内具有规定的水位、泥浆相对密度和黏度等，以防塌孔。

⑤停钻时，孔口应加护盖，并严禁钻锥留在孔内，以防埋钻。

⑥钻孔作业应分班连续进行，填写钻孔施工记录，交接班时应交代钻进情况及

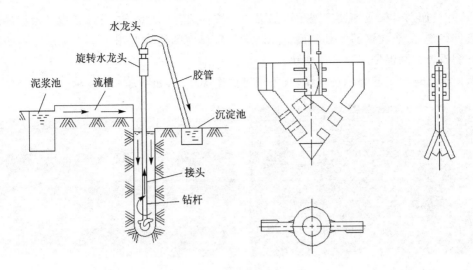

图 3 - 16　反循环回转钻孔法

下一班应注意的事项。应经常对钻孔泥浆进行检测和试验,不符合要求时,应随时改正。

⑦ 钻头的直径要求:对于回旋钻,钻头不宜小于设计桩径;对于冲击钻,冲锤直径小于设计桩径 20 mm 为宜。

5. 清　孔

(1) 成孔检查

钻孔的直径、深度和孔形直接关系到成桩的质量,是钻孔桩成败的关键。因此,在钻孔达到设计深度后,应对孔深、孔径、孔形等进行检查,并填写"终孔检查表"。

(2) 清孔方法

清孔的方法有抽浆清孔法、换浆清孔法、掏渣清孔法、喷射清孔法、砂浆置换钻渣清孔法、空气吸泥机清孔法及离心吸泥泵清孔法等。选用哪种方法,应根据设计要求、钻孔方法、机具设备和土质条件决定。其中抽浆清孔法清孔较为彻底,适用于各种钻孔方法的灌注桩。

(3) 清孔注意事项

① 不论采用何种清孔方法,在清孔排渣时,都必须注意保持孔内水头,防止塌孔。

② 不论采用何种方法清孔,清孔后都应从孔底提出泥浆试样,进行性能指标试验,试验结果应符合规定的要求。灌注水下混凝土前,孔底沉淀土厚度应符合规定的要求。

③ 不得用加深孔底深度的方法代替清孔。

6. 钢筋骨架的制作与吊装

钢筋骨架宜在胎架上制作,并用卡盘法定位。螺旋箍筋的绑扎宜采用螺旋卷制机,并设加劲骨架或加劲撑架予以加强。长桩骨架宜分段制作,分段长度应根据吊装条件确定,注意在钢筋笼外侧设置控制保护层厚度的垫块。图 3-17 所示为钢筋笼外侧设置控制保护层厚度的垫块。

钢筋骨架主筋的现场连接,宜采用机械连接接头,如图 3-18 所示。

图 3-17　混凝土垫块图

图 3-18　钢筋机械连接

7. 灌注水下混凝土

(1) 水下混凝土的质量要求

① 水泥。可采用粉煤灰水泥、火山灰水泥、普通硅酸盐水泥或硅酸盐水泥,使用矿渣水泥时应采取防离析措施。水泥的初凝时间不宜早于 2.5 h,水泥的强度等级不宜低于 32.5。

② 粗集料。应优先选用卵石,采用碎石时应适当增加混凝土配合比的含砂率。集料的最大粒径不应大于导管内径的 1/6～1/8 和钢筋最小净距的 1/4,同时不应大于 40 mm。

③ 细集料。宜采用级配良好的中砂。

④ 混凝土。含砂率应控制在 0.4～0.5,水灰比宜采用 0.5～0.6。混凝土拌和物应有良好的和易性,在运输和灌注过程中应无离析、泌水现象。应有足够的流动性,其坍落度宜为 180～220 mm。混凝土中宜掺用外加剂、粉煤灰等材料。每立方米水下混凝土的水泥用量不宜小于 350 kg,混凝土拌和物的配合比应保证水下混凝土顺利灌注。

(2) 灌注水下混凝土应满足的要求

① 混凝土拌和物运至灌注地点时,应检查其均匀性和坍落度等,如不符合要求,应进行第二次拌和;二次拌和后仍不符合要求时,不得使用。

② 水下灌注混凝土的泵送机具宜采用混凝土泵,距离稍远时应采用混凝土搅拌运输车。采用普通汽车运输时,运输容器应严密坚实,不漏浆、不吸水,便于装卸,混凝土不应离析。

③ 灌注水下混凝土的搅拌机能力应能满足桩孔在规定时间内灌注完毕的要求。

灌注时间不得长于首批混凝土的初凝时间。若估计灌注时间长于首批混凝土初凝时间，则应掺入缓凝剂。

④ 水下混凝土一般用钢导管灌注，导管内径为 200～350 mm，使用前应进行水密承压和接头抗拉试验，严禁用压气试压。导管应定时进行水密试验，以确保桩基施工质量。

⑤ 首批灌注混凝土的数量应能满足导管首次埋置深度（≥1.0 m）和填充导管底部的需要。首批灌注混凝土拌和物下落后，混凝土应连续灌注，严禁有夹层和断桩，如图 3-19 所示。

⑥ 在灌注过程中，导管的埋置深度宜控制在 2～6 m，应经常测探井孔内混凝土面的位置，及时调整导管埋深及导管位置，如图 3-20 所示。

⑦ 为防止钢筋骨架上浮，当灌注的混凝土顶面距钢筋骨架底部 1 m 左右时，应降低灌注速度；当混凝土拌和物上升到距骨架底口 4 m 以上时，提升导管，使其底口高于骨架底部 2 m 以上，即可恢复正常灌注速度。

⑧ 灌注的桩顶高程应比设计高程高出一定高度，一般为 0.5～1.0 m，以保证混凝土的强度。多余部分接桩前必须凿除，桩头应无松散层。

⑨ 在灌注过程中，应注意保持孔内水头，并将孔内溢出的水或泥浆引流至适当地点处理，不得随意排放。

⑩ 混凝土灌注至桩顶时，应注意管内混凝土的压力，避免因桩顶泥浆密度过大而产生泥团或桩顶混凝土不密实、松散等现象。

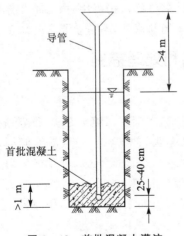

图 3-19　首批混凝土灌注

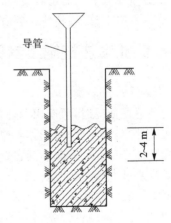

图 3-20　导管位置

3.2.3　钻孔灌注桩的质量控制要点

1. 基本要求

① 桩身混凝土所用的水泥、砂、石、水、外掺剂及混合材料的质量和规格，必须符

合有关规范的要求,按规定的配合比施工。

② 成孔后必须清孔,测量孔径、孔深、孔位和沉淀层的厚度,确认满足设计或施工技术规范要求后,方可灌注水下混凝土。

③ 水下混凝土应连续灌注,严禁有夹层和断桩。

④ 嵌入承台的锚固钢筋长度不得低于设计规范规定的最小锚固长度要求。

⑤ 应选择有代表性的桩用无破损法进行检测,重要工程或重要部位的桩宜逐根进行检测。当设计有规定或对桩的质量有怀疑时,应采取钻取芯样法对桩进行检测。

⑥ 凿除桩头预留混凝土后,桩顶应无残余的松散混凝土。

2. 钻孔灌注桩的混凝土质量检测

① 桩身混凝土抗压强度应符合设计规定;每桩试件组数为 2～4 组,检验方法和数量应符合设计要求。一般选有代表性的桩用无破损法进行检测,重要工程或重要部位的桩宜逐根进行检测。当设计有规定或对桩的质量有疑问时,应采用钻取芯样法对桩进行检测,对柱桩应钻到桩底 0.5 m 以下。

② 当检测后发现桩身质量不符合要求时,应研究确定处理方案,报监理单位处理。

3. 钻孔成孔质量标准

钻孔成孔质量标准应满足相关规范要求。

4. 外观鉴定

① 无破损检测桩的质量有缺陷,但经设计单位确认仍可用时,应减 3 分。

② 桩顶面应平整,桩柱连接处应平顺且无局部修补,不符合要求时减 1～3 分。

3.2.4　钻孔灌注桩施工常见缺陷和处理措施

1. 坍　孔

当发生下述情况时,可改用深埋护筒,将护筒周围用回填土夯实,重新钻孔:护筒位置过浅,周围封填不密水;操作不当,如提升钻头,冲击(抓)锥或渣筒倾倒,钢筋骨架碰撞孔壁;泥浆稠度小,起不到护壁作用;泥浆水位高度不够,对孔壁压力小;向孔内加水时流速过大,直接冲刷孔壁;在松软砂层中钻进,进尺太快,均易造成塌孔,塌孔部位不深。轻度塌孔,可加大泥浆相对密度和提高水位;严重塌孔,用黏土泥膏投入,待孔壁稳定后采用低速钻进。汛期或潮汐地区水位变化过大时,应采取升高护筒,增加水头或用虹吸管等措施保证水头相对稳定。提升钻头,下放钢筋管架应保持垂直,尽量不要碰撞孔壁。在松软砂层钻进时,应控制进尺速度,并用较好的泥浆护壁。

2. 断　桩

成桩后,桩身局部没有混凝土,存在泥夹层或截面断裂的现象,是最严重的一种成桩缺陷,直接影响结构基础的承载力。

(1) 原因分析

① 混凝土坍落度太小,集料太大,运输距离过长,混凝土和易性差,致使导管堵塞,疏通堵管再浇筑混凝土时,中间形成夹泥层。

② 钢筋笼卡住导管,在混凝土初凝前无法提起,使泥浆混入混凝土中,形成断桩。

③ 盲目提升导管,使导管下口离开混凝土面,当再浇筑混凝土时,中间形成夹泥层。

④ 导管接口渗漏,致使泥浆进入导管内,在混凝土内形成夹层,造成断桩。

⑤ 机械故障停电、塌孔等造成混凝土供应中断、混凝土浇筑不连续、中断时间超过混凝土初凝时间等,造成堵管现象,形成断桩。

(2) 处理措施

① 当导管堵塞混凝土且尚未初凝时,可吊起导管,再吊起一节钢轨或其他重物在导管内冲击,把堵管的混凝土冲散或迅速提出导管,用高压水冲掉堵管混凝土后,重新放入导管浇筑混凝土。

② 当断桩位置在地下水位以下时,可用直径较原桩直径稍小的钻头,在原桩位处钻孔,钻至断桩部位以下适当深度时,重新清孔,并在断桩部位增设一节钢筋笼,钢筋笼的下半截埋入新钻的孔中后继续浇筑混凝土。

③ 当断桩位置在地下水位以上时,若桩的直径大于 1 m,可抽掉桩孔内的泥浆,在钢筋笼的保护下,人下到桩孔中,对先浇混凝土面进行凿毛处理并清洗钢筋,之后继续浇筑混凝土。

④ 当导管被钢筋笼挂住时,若钢筋埋入混凝土中不深,可提起钢筋笼,转动导管,使导管脱离。若钢筋笼埋入混凝土中很深,则只好放弃导管。

⑤ 灌注桩因严重塌方而断桩或导管拔出后重新放入导管时均形成断桩,是否需要在桩外侧补桩,需经检测后与有关单位商定。

3. 混凝土离析

混凝土搅拌不均、水灰比过大或导管漏水均会产生混凝土离析。

4. 扩径、缩径

扩径是因孔壁坍塌或钻锥摆动过大所致。缩径的原因是钻锥磨损过甚,焊补不及时或因地层中有软塑土,遇水膨胀后使孔径缩小。施工时注意采取防止塌孔和防止钻锥摆动过大的措施,注意及时焊补钻锥,并在软塑地层采用失水率小的优质泥浆护壁。已发生缩孔时,宜在该处用钻锥上下反复扫孔以扩大孔径。

5. 钢筋笼上浮

其原因是混凝土在进入钢筋笼底部时速度太快,钢筋笼未采取固定措施。

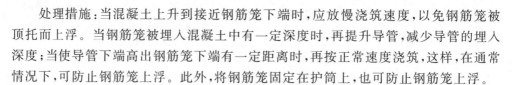

处理措施：当混凝土上升到接近钢筋笼下端时，应放慢浇筑速度，以免钢筋笼被顶托而上浮。当钢筋笼被埋入混凝土中有一定深度时，再提升导管，减少导管的埋入深度；当使导管下端高出钢筋笼下端有一定距离时，再按正常速度浇筑，这样，在通常情况下，可防止钢筋笼上浮。此外，将钢筋笼固定在护筒上，也可防止钢筋笼上浮。

6. 钻孔偏斜

桩架不稳，钻杆导架不垂直，钻机磨耗，部件松动；土层软硬不匀，致使钻头受力不均；钻孔中遇有较大孤石、探头石；扩孔较大处，钻头摆动偏向一方；钻杆弯曲，接头不正等，均易造成钻孔偏斜。施工时需检查、纠正桩架，使之垂直安置稳固，并对导架进行水平与垂直校正和对钻孔设备加以检修；偏斜过大时，填入土石（砂或砾石）重新钻进，控制钻速；如有探头石，宜用钻机钻透；用冲孔机时，用低速将石打碎；倾斜基岩时，可用混凝土填平，待其凝固后再钻，以避免施工时产生钻孔偏斜。

3.2.5　钻孔灌注桩完整性检验

桩身完整性检测方法，主要有高应变动测法、低应变反射波法、声波透射法和取芯法等。

1. 高应变动测法

高应变动测法主要分析桩侧和桩端土阻力，推算单桩轴向抗压极限承载力，检测桩身缺陷位置、类型及影响程度，判定桩身完整性类别，对打桩及打桩应力进行监测。

2. 低应变反射波法

低应变反射波法是在桩身顶部进行竖向激振产生弹性波，弹性波沿着桩身向下传播，当桩身存在明显波阻抗差异的界面（如桩底、裂缝、断桩和严重离析等）时或在桩身截面积变化（如缩径或扩径）部位，将产生反射波，通过分析实测桩顶速度响应信号的特征，来判断桩身的完整性、桩身缺陷位置及影响程度、桩端嵌固情况以及完整性类别。

3. 声波透射法

声波透射法是通过预埋在桩身的声测管，用声波的发射和接收，测出被测混凝土介质的声学参数，分析声测管之间混凝土的缺陷位置及影响程度，判定桩身完整性类别。还可利用桩身钻孔取芯来检测取芯孔周围混凝土的缺陷及影响程度。

4. 取芯法

取芯法是利用钻孔取芯机械设备，直接对桩身钻孔取芯，检测混凝土灌注桩的桩长、桩身混凝土的强度、桩底沉渣厚度和桩身完整性，判定或鉴别桩端持力层岩土性状。

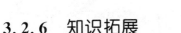

3.2.6　知识拓展

1. 特殊地区钻孔灌注桩施工技术

特殊地区一般指岩溶地区、采空区等。

(1) 一般规定

① 地工前,应有植位处的地质勘察资料,特别是对岩溶发育泥与来空区状况必须进行评探。当对地质情况有疑问时,应当补充地质钻孔,探明植位处译细地质情况。

② 钻孔时,须专门对孔内的泥就面高程进行观测,并做好安全管理工作。

③ 施工前,必须准备足够的轴土、水泥及配块石等孔回填料,并制定可行的应急预案。

(2) 施工工艺要求

1) 成　孔

① 成孔工艺宜采用冲孔工艺或钻冲结合工艺。

② 泥浆密度要比一般地区所用泥浆密度大,确保有效护壁。

③ 护筒的埋重深度应尽量进入不透水层。钻孔过程中要注意观察,避免孔口塌陷。

④ 施工中若出现漏浆及塌孔,应及时进行补水和回填,避免出现大面积塌孔现象,确保平台、钻机、施工人员的安全。

2) 清　孔

① 清孔宜采用反循环或气举反循环工艺。

② 应适当加大清孔时的泥浆密度,泥浆相对密度可控制在 1.03～1.10,以减少清孔时间。

③ 清孔过程中应对孔壁的安全性进行观测,清孔前要做好应急预案。

(3) 混凝土灌注

① 清孔及安装钢筋骨架后,应尽快灌注混凝土,灌注混凝土时应当提高桩顶高程。

② 对岩溶严重的部位,应在钢筋骨架的外侧加设钢丝网保护层,防止因混凝土压力增大出现塌孔现象。

③ 对已经出现过严重坍孔的桩基,应适当控制混凝土的灌注速度。

2. 大直径钻孔灌注桩、超长桩施工技术

(1) 基本概念

① 大直径桩。将直径大于或等于 2.5 m 的钻孔灌注桩称为大直径桩。

② 超长桩。将桩长大于或等于 90 m 的钻孔灌注桩称为超长桩。

（2）一般规定

1）泥　浆

钻孔泥浆宜选用 PHP 泥浆。PHP 泥浆由水、钠质膨润土、纯碱和水解聚丙烯酰胺（PHP）按照一定比例配制而成。

泥浆的配比应通过试验确定。泥浆应适应不同的地质变化和成孔成桩要求。膨润土水解后宜静置 12～24 h。不同施工阶段泥浆指标应满足规范要求。

2）护　筒

大直径钻孔灌注桩、超长桩施工时应采用钢护筒。

当钢护筒长度大于 10 m 时，钢护筒的径厚比应不大于 20。

铜护筒加工质量应满足下列要求：钢护筒直径允许偏差，任何位置的外直径和最小直径之差不大于 0.3％公称直径，最大直径与最小直径之差小于 20 mm；钢护筒端面的倾斜度最大允许偏差为 3 mm。

3）临时加劲撑架

钢护筒在制作、运输、安装过程中，在每节钢护筒内壁径向上下口都应布置一组或多组单向水平临时加劲撑架，以防止钢护筒变形。

（3）施工工艺要求

1）钻孔施工

① 钻机的选择：大直径、超长桩成孔宜选用大扭矩的正反循环回旋钻机。

② 开钻前应制定详细的施工作业指导书，并对各项准备工作进行检查。

③ 钻机就位应牢固平稳，保证钻塔（架）天车、转盘中心、桩孔中心三者在同一铅垂线上，钻机在钻进过程中不应产生沉陷或位移。

④ 钻孔作业时，应根据不同土层、不同的钻孔深度，采用不同的钻压、转速、进尺速度、配重及泥浆指标，钻孔成孔倾斜率小于 0.5％。

2）钢筋骨架的制作、运输及吊装就位

① 钢筋骨架宜在胎架上制作，并用卡盘法定位。螺旋箍筋的绑扎应采用螺旋卷制机，并设加劲骨架或加劲撑架。主筋的现场连接，应采用机械连接接头。

② 钢筋骨架吊装时，宜采用专门的起重设备。

3）灌注水下混凝土

水下混凝土灌注除应符合前述钻孔灌注植施工的规定外，还应符合以下要求：

① 导管接头宜采用卡口式螺纹连接法或法兰盘螺栓连接法。若采用法兰盘螺栓连接，则应使用法兰盘端面带刻槽的 O 形密封。

② 在导管下端离孔内泥浆面 1～2 m 的位置，导管的两侧应设置出气孔，出气孔高于孔内水面 1～2 m。

③ 混凝土灌注前，应采用相对密度为 1.08～1.10 的 PHP 泥浆循环置换孔内泥浆。

④ 首批混凝土灌注时，应采用管径大小相同的导管，导管的出口应能方便快捷

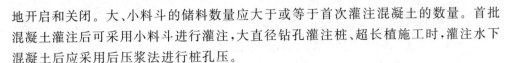

地开启和关闭。大、小料斗的储料数量应大于或等于首次灌注混凝土的数量。首批混凝土灌注后可采用小料斗进行灌注,大直径钻孔灌注桩、超长植施工时,灌注水下混凝土后应采用后压浆法进行桩孔压。

(4) 后压浆技术

1) 压浆方法

桩基后压浆技术有桩底后压浆、桩侧后压浆、桩底与桩侧联合后压浆等方式,压浆工艺有开放式压浆、封闭式压浆两种。

2) 压浆施工的主要材料

① 浆液。它由纯水泥、水泥浆掺外加剂及掺和料的水泥浆、化学浆液等组成。水泥的强度等级不宜低于 42.5。

② 压浆管。压浆管应采用符合《低压流体输送用焊接钢管》(GB/T 3091—2001)的压液体输送管,也可利用声测管作为压浆管。

3) 后压浆技术要求

① 压浆管必须随钢筋骨架一起下沉,保证连接牢靠,压浆管密封性好,不得渗漏。

② 植身混凝土灌注后应及时用高压水冲洗打通压浆管,疏通压浆通道。

③ 压浆工作应在混凝土灌注完 3～7 d 并待混凝土强度达到设计强度的 75% 且在桩的声测工作结束后进行。压浆时应保持每桩的压浆孔同时均匀压浆,同时测定压浆流量、压浆压力。

④ 压浆管的布置应保证压浆的均匀性。桩基压浆时,应注意观测桩顶的位移和桩周土层的变化。

⑤ 每次循环压浆完成后,应立即用清水彻底清洗干净,再关闭阀门。压浆停顿时间超过 30 min 时,应对管路进行清洗。每管 3 次循环压浆完毕,阀门封闭的时间超过 40 mn 后,方可拆卸阀门。

⑥ 压浆工作过程中,应记录压浆的起止时间、注入的浆量、压力、桩的上抬量。

本章练习

一、填空题

1. 土围堰用于水深(　　)、水流速度(　　)、河床土质渗水较小的情况下。

2. 桥梁基础基坑排水常用的方法有(　　)、(　　)、(　　)。

3. 钻孔灌注桩循环钻机有(　　)、(　　)两种。

4. 泥浆一般由(　　)、(　　)、(　　)配制而成。

二、选择题

1. 灌注水下混凝土,导管埋置深度一般控制在( )。

    A. 1～2 m   B. 2～3 m   C. 2～6 m   D. 5～10 m

2. 钢导管使用前应进行( )。

    A. 水密承压   B. 气密承压

    C. 接头抗压   D. 抗拔试验

第 **4** 章

桥梁墩台施工

本章导读

从本章开始,我们将基于实际工程,学习桥梁各类墩台的施工方法。

4.1节:普通墩台施工

介绍普通桥墩的施工技术,主要包括现浇桥墩台及装配式桥墩台两大类。

4.2节:高桥墩施工

主要讲述采用自提升模板施工方法。

学习目标

能力目标	知识要点
普通墩台施工	墩台构造、现浇技术、装配式技术
高桥墩施工	自提升模板技术

知识导读

桥梁墩台是桥梁结构中非常重要的组成部分,无论桥型如何变化,墩台都起到关键的作用,支撑起桥梁结构,并且将荷载传递到基地中去。因此,墩台施工尤为重要,它关乎整个桥梁结构的安全,并影响桥梁结构的功能发挥。下面我们将学习常见桥梁墩台的施工方法。

4.1 普通墩台施工

4.1.1 混凝土墩台施工

就地浇筑的混凝土墩台施工有两个主要工序:一是制作与安装墩台模板,二是混凝土浇筑。

1. 墩台模板

模板一般采用木材、钢材或其他符合设计要求的材料制成。木模重量轻,便于加工成结构物所需要的尺寸和形状,但装拆时易损坏,重复使用率低。对于大量或定型的混凝土结构物,则多采用钢模板。钢模板造价较高,但可重复多次使用,且拼装拆卸方便。

常用的模板类型有以下几种。

(1) 拼装式模板

拼装式模板是用各种尺寸的标准模板利用销钉连接,并与拉杆、加劲构件等组成墩台所需形状的模板。将墩台表面划分为若干小块,尽量使每部分板扇尺寸相同,以便于周转使用。板扇高度通常与墩台分节灌注高度相同,一般可为 3~6 m,宽度可为 1~2 m,具体视墩台尺寸和起吊条件而定。拼装式模板由于在工厂加工制造,因此板面平整、尺寸准确、体积小、重量轻、拆装容易、快速,运输方便,故得到广泛应用。

(2) 整体吊装模板

将墩台模板水平分成若干段,每段模板组成一个整体,在地面拼装后吊装就位。分段高度可视起吊能力而定,一般为 2~4 m。整体吊装模板的优点有:安装时间短,无需设施工接缝,加快了施工进度,提高了施工质量;将拼装模板的高空作业改为平地操作,有利于施工安全;模板刚度大,可少设拉筋或不设拉筋,节约钢材;可利用模板外框架作简易脚手架,不需另搭设施工脚手架;结构简单,装拆方便,对建造较高的桥墩较为经济。

(3) 组合型钢模板

以各种长度、宽度及转角标准构件,用定型的连接件将钢模拼成结构用模板,具有体积小、重量轻、运输方便、装拆简单、接缝紧密等优点,适用于在地面拼装、整体吊装的结构。

(4) 滑动钢模板

滑动钢模板适用于各种类型的桥墩。

各种模板在工程上的应用,可根据墩台高度、墩台形式、机具设备、施工期限等条件,因地制宜,合理选用。模板安装前应对模板尺寸进行检查;安装时要坚实牢固,以免振捣混凝土时引起跑模漏浆,安装位置要符合结构设计要求。

2. 混凝土浇筑施工要点

墩台身混凝土施工前,应将基础顶面冲洗干净,凿除表面浮浆,整修连接钢筋。灌注混凝土时,应经常检查模板、钢筋及预埋件的位置和保护层的尺寸,确保位置正确,不发生变形。混凝土施工中,应切实保证混凝土的配合比、水灰比和坍落度等技术性能指标满足规范要求。

(1) 混凝土的运送

墩台混凝土运送采用水平运输与垂直运输相互配合的方式。如混凝土数量大,浇筑振捣速度快,可采用混凝土皮带运输机或混凝土输送泵。运输带速度应不大于 $1.0 \sim 1.2$ m/s。其最大倾斜角是:当混凝土坍落度小于 40 mm 时,向上传送为 $18°$,向下传送为 $12°$;当坍落度为 $40 \sim 80$ mm 时,向上、向下则分别为 $15°$与 $10°$。

(2) 混凝土的灌注速度

为保证灌注质量,混凝土的配制、输送及灌注的速度应满足:

$$v \geqslant Sh/t \tag{4-1}$$

式中:v——混凝土配料、输送及灌注的容许最小速度,m^3/h;

S——灌注的面积,m^2;

h——灌注层的厚度,m;

t——所用水泥的初凝时间,h。

如混凝土的配制、输送及灌注需时较长,则应采用下式计算:

$$v \geqslant Sh/(t - t_0) \tag{4-2}$$

式中:t_0——混凝土配制、输送及灌注所消耗的时间,h;

h——混凝土灌注层的厚度,m,可根据捣固方法按规定数值选取。

(3) 混凝土浇筑

当浇筑的平面面积过大,不能在前层混凝土初凝或重塑前浇筑完成次层混凝土时,为保证结构的整体性,宜分块浇筑。分块时应注意:各分块面积不得小于 50 m^2;每块高度不宜超过 2 m;块与块间的竖向接缝面应与墩台身或基础平截面短边平行,与平截面长边垂直;上、下邻层间的竖向接缝应错开位置做成企口,并应按施工接缝处理。

墩台身钢筋的绑扎应和混凝土的灌注配合进行。在配置第一层垂直钢筋时,应有不同的长度,同一断面的钢筋接头应符合施工规范的规定。水平钢筋的接头也应内外、上下互相错开。钢筋保护层的净厚度应符合设计要求。如无设计要求,则可取墩台身受力钢筋的净保护层不小于 30 mm,承台基础受力钢筋的净保护层不小于 40 mm。墩台身混凝土宜一次连续灌注,否则应按桥涵施工规范的要求处理好连接缝。墩台身混凝土未达到终凝前,不得泡水。

3. 石砌墩台的施工

石砌墩台具有就地取材和经久耐用等优点,在石料丰富地区建造墩台时,在施工期限许可的条件下,为节约水泥,应优先考虑石砌墩台方案。

(1)石料、砂浆与脚手架

石砌墩台是用片石、块石及粗料石以水泥砂浆砌筑的,石料与砂浆的规格要符合有关规定。浆砌片石一般适用于高度小于 6 m 的墩台身、基础、镶面以及各种墩台身填料;浆砌块石一般用于高度大于 6 m 的墩台身、镶面或应力要求大于浆砌片石砌体强度的墩台;浆砌粗料石则用于磨耗及冲击严重的分水体及破冰体的镶面工程以及有整齐美观要求的桥墩台身等。

将石料吊运并安砌到正确位置是砌石工程中比较困难的工序。当重量小或距地面不高时,可用简单的马凳跳板直接运送;当重量较大或距地面较高时,可采用固定式动臂吊机或桅杆式吊机或井式吊机,将材料运到墩台上,然后再分运到安砌地点。用于砌石的脚手架应环绕墩台搭设,用以堆放材料,并支撑施工人员砌镶面定位行列及勾缝。脚手架一般常用固定式轻型脚手架(适用于 6 m 以下的墩台)、简易活动脚手架(能用在 25 m 以下的墩台)以及悬吊式脚手架(用于较高的墩台)。

(2)墩台砌筑施工要点

在砌筑前应按设计图放出实样,挂线砌筑。砌筑基础的第一层砌块时,如基底为土质,则只在已砌石块的侧面铺上砂浆即可,不需坐浆;如基底为石质,则应将其表面清洗、润湿后,先坐浆再砌石。砌筑斜面墩台时,斜面应逐层放坡,以保证规定的坡度。砌块间用砂浆黏结并保持一定的缝厚,所有砌缝要求砂浆饱满。形状比较复杂的工程应先作出配料设计图,注明块石尺寸;形状比较简单的工程也要根据砌体高度、尺寸、错缝等,先行放样配好料石再砌。

砌筑方法:同一层石料及水平灰缝的厚度要均匀一致,每层按水平砌筑,丁顺相间,砌石灰缝互相垂直。

砌石顺序为先角石,再镶面,后填腹。填腹石的分层高度应与镶面相同;圆端、尖端及转角形砌体的砌石顺序,应自顶点开始,按丁顺排列接砌镶面石。

4. 墩台帽施工

用以支撑桥跨结构的墩台帽,其位置、高程及垫石表面平整度等,均应符合设计要求,以避免桥跨结构安装困难,或使顶帽、垫石等出现碎裂或裂缝,影响墩台的正常使用功能与耐久性。墩台帽施工的主要工序如下。

(1)墩台帽放样

当墩台混凝土(或砌石)灌注至离墩台帽底下 30～50 cm 高度时,即需测出墩台纵横中心轴线,并开始竖立墩台帽模板,安装锚栓孔或安装预埋支座垫板、绑扎钢筋等。在台帽放样时,应注意不要以基础中心线作为台帽背墙线,浇筑前应反复核实,以确保墩台帽、支座垫石等构造的位置、方向、水平标高等不出差错。

(2)墩台帽模板

墩台帽是支撑上部结构的重要部分,其尺寸位置和水平标高的准确度要求较严,浇筑混凝土应从墩台帽下 30～50 cm 处至墩台帽顶面一次浇筑,以保证墩台帽底有足够厚度的紧密混凝土。台帽背墙模板应特别注意纵向支撑或拉条的刚度,防止浇筑混凝土时发生鼓肚,侵占梁端空隙。

(3) 钢筋和支座垫板的安设

墩台帽钢筋绑扎应遵照《公路桥涵施工技术规范》有关钢筋工程的规定。墩台帽上的支座垫板的安设一般采用预埋支座垫板和预留锚栓孔的方法。前者须在绑扎墩台帽和支座垫石钢筋时,将焊有锚固钢筋的钢垫板安设在支座的准确位置上,即将锚固钢筋和墩台帽骨架钢筋焊接固定,同时将钢垫板作一木架,固定在墩台帽模板上。此法在施工时垫板位置不易准确,应经常检查与校正。后者须在安装墩台帽模板时,安装好预留孔模板,在绑扎钢筋时注意将锚接孔位置留出。此法安装支座施工方便,支座垫板位置准确。

4.1.2　装配式墩台施工

1. 砌块式墩台施工

砌块式墩台的施工大体上与石砌墩台相同,只是预制砌块的形式因墩台形状不同而有很多变化。壳块按平面形状分为 Ⅱ 型和 Ⅰ 型两大类,再按其砌筑位置和具体尺寸又分为 5 种型号,每种块件等高,均为 35 cm,块件单元重量为 900～1 200 N,每砌三层为一段落。该桥采用预制砌块建造桥墩,不仅节约混凝土数量约 26%,节省木材和大量铁件,而且砌缝整齐,外形美观,更重要的是加快了施工速度,避免了洪水对施工的威胁。

2. 柱式墩台施工

装配式柱式墩台是将桥墩台分解成若干轻型部件,在工厂或工地集中预制,再运送到现场装配成桥梁。其形式有双柱式、排架式、板凳式和刚架式等。

装配式柱式墩施工工序为预制构件、安装连接与混凝土填缝养护等。其中,拼装接头是关键工序,既要牢固、安全,又要结构简单,便于施工。常用的拼装接头有以下几种。

(1) 承插式接头

将预制构件插入相应的预留孔内,插入长度一般为 1.2～1.5 倍的构件宽度,底部铺设 2 cm 厚的砂浆,四周以半干硬性混凝土填充,常用于立柱与基础的接头连接。

(2) 钢筋锚固接头

构件上预留钢筋或型钢,插入另一构件的预留槽内,或将钢筋互相焊接,再灌注半干硬性混凝土,多用于立柱与顶帽处的连接。

(3) 焊接接头

将预埋在构件中的铁件与另一构件的预埋铁件用电焊连接,外部再用混凝土封闭。这种接头易于调整误差,多用于水平连接杆与主柱的连接。

（4）扣环式接头

相互连接的构件按预定位置预埋环式钢筋，安装时柱脚先坐落在承台的柱心上，上、下环式钢筋互相错接，扣环间插入 U 形短钢筋焊牢，四周再绑扎一圈钢筋，立模浇筑外围接头混凝土。要求上、下扣环预埋位置正确，施工较为复杂。

（5）法兰盘接头

在相连接构件两端安装法兰盘，连接时用法兰盘连接，要求法兰盘预埋位置必须与构件垂直。接头处可不用混凝土封闭。

装配式柱式墩台应注意以下几点：

① 墩台柱构件与基础顶面预留杯形基座应编号，并检查各个墩台高度和基座标高是否符合设计要求；基杯口四周与柱边的空隙不得小于 2 cm。

② 墩台柱吊入基杯内就位时，应在纵横方向测量，使柱身竖直度或倾斜度以及平面位置均符合设计要求；对重大、细长的墩柱，需用风缆或撑木固定，方可摘除吊钩。

③ 在墩台柱顶安装盖梁前，应先检查盖梁口预留槽眼位置是否符合设计要求，如不符合，则应先修凿。

④ 柱身与盖梁（顶帽）安装完毕并检查符合要求后，可在基杯空隙与盖梁槽眼处灌注稀砂浆，待其硬化后，撤除楔子、支撑或风缆，再在楔子孔中灌填砂浆。

在基础或承台上安装预制混凝土管节、环圈做墩台的外模时，为使混凝土基础与墩台联结牢固，应由基础或承台中伸出钢筋插入管节、环圈中间的现浇混凝土内，插入钢筋的数量和锚固长度应按设计规定或通过计算确定。

3. 后张法预应力混凝土装配墩施工

装配式预应力钢筋混凝土壤分为基础、实体墩身和装配墩身三大部分。装配墩身由基本构件、隔板、顶板及顶帽四种不同形状的构件组成，用高强钢丝穿入预留的上下贯通的孔道内，张拉锚固而成。实体墩身是装配墩身与基础的连接段，其作用是锚固预应力钢筋、调节装配墩身高度及抵御洪水时漂流物的冲击等。

构件装配的水平拼装缝采用 M5 水泥砂浆，砂浆厚度为 15 mm，以便于调整构件水平标高，不使误差积累。安装构件的操作要领是平、稳、准、实、通五个关键，即起吊平、构件顶面平、内外壁砂浆接缝要抹平；起吊、降落、松钩要稳；构件尺寸准、孔道位置准、中线准及预埋配件位置准；接缝砂浆要密实；构件孔道要畅通。张拉预应力的钢丝束分两种：一种是直径为 5 mm 的高强度钢丝，用 $18\phi5$ 锥形锚；另一种用 7 桐钢绞，用 JM12-6 型锚具，采用一次张拉工艺。

张拉位置既可以在顶帽上张拉，亦可在实体墩下张拉，两者各有自己的特点。一般多在顶帽上张拉。孔道压浆前先用高压水冲洗。采用纯水泥浆时，为了减少水泥浆的收缩及泌水性能，可掺入占水泥重量 0.8/10 000～1.0/10 000 的铝粉。压浆最好由下而上压注。压浆分初压与复压，初压后，约停 1 h，待砂浆初凝即进行复压。

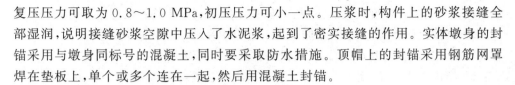

复压压力可取为 0.8～1.0 MPa,初压压力可小一点。压浆时,构件上的砂浆接缝全部湿润,说明接缝砂浆空隙中压入了水泥浆,起到了密实接缝的作用。实体墩身的封锚采用与墩身同标号的混凝土,同时要采取防水措施。顶帽上的封锚采用钢筋网罩焊在垫板上,单个或多个连在一起,然后用混凝土封锚。

4. 无承台大直径钻孔埋入空心桩墩施工

无承台大直径钻孔埋入空心桩墩系由预钻孔、预制大直径钢筋混凝土桩墩节、吊拼桩墩节并用预应力后张连成整体、桩周填石压浆、桩底高压压浆、吊拼墩节、浇筑或组装盖梁等部分组成,它综合了预制桩质量的可靠性强、钻孔成桩的工艺简便、成本低、适应性强等优越性,摒弃了灌注桩技术设备复杂、成本高、不易穿透砂砾层、桩易偏位及钻孔灌注桩桩身质量难以保证等缺陷,是集当今桩基先进施工技术之大成的技术。

钻埋预应力空心桩墩的技术特点是:

① 直径大,承载力高。桩径一般大于 2.5 m,钻埋空心桩直径已达 5.0 m,沉挖空心桩直径已达 6.0～8.0 m。由于采用了桩周填石压浆、桩底高压压浆,桩节间通过预应力形成整体,故使桩基承受的垂直荷载和水平荷载成倍增大。

② 无承台,空心截面,节省了围堰工程,减小了桩身混凝土的体积,不仅简化了施工工序,而且可将大桥下部结构费用从占全桥费用 50% 以上,降至 30%～40%。

③ 施工快速,工期缩短,并由于采用大直径桩,桩数少,多数情况下可以单桩独柱,加上钻机设备的先进与完善,一个枯水季节就可完成基础工程;预制桩节、墩节与钻孔平行作业,大大加速了工程进度。

④ 钻埋空心桩墩适用于土质地基,沉挖空心桩适用于松散的砂、砾、漂石和风化岩层,且环保效果好,施工振动少、噪声低,城镇区施工对居民干扰少。

⑤ 桩节、墩节预制,桩周、桩底压浆,节间用高强预应力筋连成整体,各项作业技术含量高,桩墩质量完全能得到保证。

4.2 高桥墩施工

道路建设中,为缩短线路,节省造价,提高营运效益,往往需采用高桥墩以跨越深沟宽谷或大型水库。高桥墩可分为实体墩、空心墩与刚架墩。自 20 世纪 70 年代以后,较高的桥墩一般均采用空心墩。

高桥墩的施工设备与一般桥墩所用设备大体相同。为简化模板施工工序、节省模板材料、加快施工进度,模板多采用滑动模板、爬升模板、翻升模板等形式,这些模板都依附于灌注的混凝土墩壁上,随着墩身的逐步加高而向上升高。

滑动模板(简称滑模)施工的主要优点如下:

① 施工速度快。滑模施工模板组装一次成型,减少了模板装拆工序,连续作业,

使竖向结构的施工速度大大加快,在一般气温下,每昼夜平均进度可达 5～6 m。

② 机械化程度高,劳动强度低。施工过程中在地面预先组装好模板系统,其后整套滑模采用机械提升,整个施工过程实现机械化操作,减轻了劳动强度。

③ 结构整体性好,施工质量高。滑模系统的装置都是事先组装的,在混凝土的施工过程中只进行模板的持续提升和混凝土的连续浇筑,减少了施工接缝,施工简单,并可提高墩台质量。

④ 经济效益显著。滑模系统的施工节约模板和脚手架,减少了周转材料的大量占用,现场也不需要大量场地堆放周转材料。若有良好的施工组织作保证,可以大大缩短工期,降低施工成本。

⑤ 施工安全可靠。模板本身附带有内外吊篮、平台与拉杆等,以墩身为支架,墩身混凝土的浇筑随模板缓慢滑升而连续不断地进行,不受风力及建筑物高度的影响,故安全可靠。

滑动模板可用于直坡墩身,也可用于斜坡墩身,以下将重点介绍滑动模板施工方法。

1. 滑动模板的构造

滑模的装置由操作平台系统、模板系统和提升系统以及施工精度控制系统等组成,如图 4-1 所示。

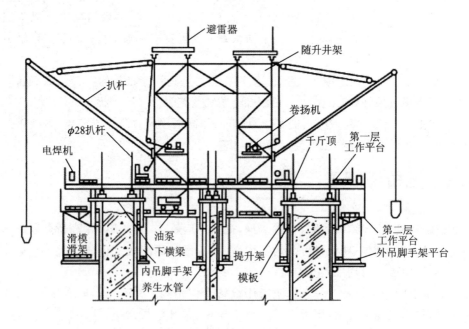

图 4-1　滑动模板构造示意

(1) 操作平台系统

操作平台系统主要包括操作平台,外挑脚手架,内、外吊脚手架,如果施工需要,还可设置辅助平台,以供材料、工具、设备的堆放。

1)操作平台

操作平台又称工作平台,既是绑扎钢筋、浇筑混凝土的操作场所,也是油路、控制系统的安置台,有时还利用操作平台架设起重设备。操作平台所受的荷载比较大,必须有足够的强度和刚度。操作平台一般由钢桁架或梁及铺板构成。

2)外挑脚手架、吊脚手架

外挑脚手架一般由三角挑架、楞木、铺板等组成,其外挑宽度为 0.8~1.0 m,外侧一般需设安全护栏。

吊脚手架是供绑扎钢筋、混凝土脱模后检查混凝土质量并进行修饰、养护等操作之用。吊脚手架要求装卸灵活、安全可靠。外吊脚手架悬挂在提升架外侧立柱和三角挑架上,内吊脚手架悬挂在提升架内侧立柱和操作平台的桁架上。

(2)模板系统

模板系统由模板、围圈、提升架及其附属配件组成。其作用是根据滑模工程的结构特点组成成型结构,使混凝土能按照设计的几何形状及尺寸准确成型,并保证表面质量符合要求;其在滑升施工过程中,主要承受浇筑混凝土时的侧压力以及滑动时的摩阻力和模板滑空、纠偏等情况下的外加荷载。

1)模　　板

模板又称围板,可用钢材、木材或钢木混合以及其他材料制成,目前使用钢模板居多。常用的钢模板制作有薄钢板冷弯成型和用薄钢板加焊角钢、扁钢组合成型两种。如果采用定型组合钢模板,则需在边框增加与围圈固定相适应的连接孔。

模板的高度与混凝土达到出模强度所需的时间和模板滑升速度有关。如果模板高度不够,混凝土脱模过早,则会造成混凝土坍塌。如果模板高度过高,则会增加摩阻力,影响滑升。其高度一般为 1.2~1.6 m。

模板支撑在围圈上的方法有挂在围圈上和搁在围圈上,亦可采用 U 形螺栓(模板背面有模楞)和钩头螺栓(模板背面无模楞)连接。

2)围　　圈

围圈又称围标,用于固定模板,保证模板所构成的几何形状及尺寸,承受模板传来的水平与垂直荷载,所以要具有足够的强度和刚度。围圈横向布置在模板外侧,一般上、下各布置一道,分别支撑在提升架的立柱上,并把模板与提升架联结成整体。为了减少模板的支撑跨度,围圈一般不设在模板的上下两端,其合理位置应使模板受力时产生的变形最小。围圈距模板上口不宜大于 250 mm,以保证模板上口的刚度。

3)提升架

提升架又称千斤顶架或门架,其作用是约束固定围圈的位置,防止模板的侧向变形,并将模板系统和操作平台系统连成一体,将其全部荷载传递给千斤顶和支撑杆。提升架承受的荷载有围圈传来的垂直、水平荷载,以及操作平台、内外挑挂架子传来的荷载等。在承受荷载的情况下,其立柱侧向变形不大于 2 mm。

（3）提升系统

提升系统由支撑杆和提升设备组成。提升设备多采用液压千斤顶,包括液压控制系统和油路等,是液压滑模系统的重要组成部分,也是整套滑模施工装置中的提升动力和荷载传递系统。

1）千斤顶

液压滑动模板施工所用的千斤顶为专用穿心式千斤顶,按其卡头形式的不同可分为钢珠式和楔块式两种,其工作承重质量分别为 3 t、3.5 t 和 10 t,其中 3.5 t 应用较广。

2）支撑杆

支撑杆又称爬杆,它既是千斤顶向上爬升的轨道,又是滑动模板装置的承重支柱,承受着施工过程中的全部荷载。支撑杆的长度一般为 3～5 m,当支撑杆接长时,其相邻的接头要互相错开,使同一断面上的接头根数不超过总根数的 25%。

3）提升原理

提升系统的工作原理是由电动机带动高压油泵,将高压油液通过电磁换向阀、分油器、截止阀及管路输送到液压千斤顶,液压千斤顶在油压作用下带动滑升模板和操作平台沿着支撑杆向上爬升;当控制台使电磁换向阀换向回油时,油液由千斤顶排出并回入到油泵的油箱内。在不断供油、回流的过程中,使千斤顶活塞不断地压缩、复位,将全部滑升模板装置向上提升到需要的高度。

（4）施工精度控制系统

滑模施工的精度控制系统由水平度、垂直度观测与控制装置以及通信联络设施组成,主要起控制滑模施工的水平度和垂直度的作用。

1）滑模施工水平度控制

在模板滑升过程中,由于千斤顶的不同步,数值的累积会使模板系统产生很大的升差,如不及时加以控制,不仅桥墩的垂直度难以保证,也会使模板结构产生变形,影响工程质量。水平度的观测,可采用水准仪、自动安平激光测量仪等设备,精度不应低于 1/10 000。对千斤顶升差的控制,可以根据不同的控制方法选择不同的水平度控制系统。常用的方法有用激光控制仪控制的自动调平控制法、用限位仪控制的限位调平法、限位阀控制法、截止阀控制法等。

2）滑模施工垂直度控制

在滑模施工中,影响垂直度的因素很多,如千斤顶的升差、滑模装置变形、操作平台荷载、混凝土的浇筑方向,以及风力、日照的影响等。为了解决上述问题,除采取一些有针对性的预防措施外,在施工中还应经常加强观测,并及时采取纠偏、纠扭措施,以使桥墩的垂直度始终得到控制。

垂直度的观测主要采用经纬仪、激光铅直仪和导电线锤等设备来进行。垂直度调整控制方法主要有平台倾斜法、顶轮纠偏控制法、双千斤顶法、变位纠偏器纠正法等。常用的垂直度控制系统有顶轮纠偏装置、变位纠偏器等。

2. 滑动模板的施工

滑动模板的施工包括滑模设备的组装、钢筋绑扎、混凝土浇捣、模板提升、模板设备的拆除等。

(1) 滑模组装

在墩位上就地进行组装时,安装步骤如下:

① 在基础顶面搭枕木垛,定出桥墩中心线。

② 在枕木垛上先安装提升架与围圈,并准确定位,再依次安装操作平台、千斤顶、模板等。

③ 提升整个装置,撤去枕木垛,再将模板落下就位,随后安装余下的设施;内外吊架待模板滑升至一定高度,及时安装;模板在安装前,表面需涂润滑剂,以减少滑升时的摩阻力;组装完毕后,必须按设计要求及组装质量标准进行全面检查,并及时纠正偏差。

(2) 浇筑混凝土

滑模宜浇筑低流动度或半干硬性混凝土,浇筑时应分层、分段、对称地进行,分层厚度以 20～30 cm 为宜,表面应在同一水平面上,浇筑后混凝土表面距模板上缘宜有 10～15 cm 的距离。各层浇筑的间隔时间应不大于混凝土的凝结时间,当间隔时间超过凝结时间时,对接处应按施工缝的要求处理。

混凝土入模时要均匀分布,一般从中间部分开始。各层浇筑方向要交错进行,并经常交换方向,防止模板产生扭转和结构倾斜。

混凝土振捣应采用插入式振动器捣固,振捣时应避免触及钢筋及模板,振动器插入下一层混凝土的深度不得超过 5 cm;混凝土的出模强度一般宜控制在 0.2～0.5 MPa,此时混凝土对模板的摩阻力小,出模的混凝土表面易于抹光,后期强度损失小,并能承受上部混凝土的自重,不坍塌、开裂或变形。可根据气温、水泥强度等级经试验后掺入一定量的早强剂,以加速提升;脱模后 8 h 左右开始养生,用吊在下吊架上的环绕墩身的带小孔的水管来进行。养生水管一般设在距模板下缘 1.8～2.0 m 处效果较好。

(3) 提升与收坡

整个桥墩浇筑过程可分为初次滑升、正常滑升和最后滑升三个阶段。

1) 初次滑升阶段

从开始浇筑混凝土到模板首次试升为初次滑升阶段。初浇混凝土的高度一般为 60～70 cm,分三次浇筑,在底层混凝土强度达到 0.2～0.4 MPa 时即可试升。将所有千斤顶同时缓慢起升 5 cm,以观察底层混凝土的凝固情况。现场鉴定可用手指按刚脱模的混凝土表面,基本按不动,但留有指痕,砂浆不沾手,用指甲划过有痕,滑升时能耳闻"沙沙"的摩擦声,这表明混凝土已具有 0.2～0.5 MPa 的脱模强度,可以再

缓慢提升 20 cm 左右。

2）正常滑升阶段

初次滑升后，经全面检查无误，即进入正常滑升阶段。每浇筑一层混凝土，滑模提升一次，使每次浇筑的厚度与每次提升的高度基本一致。在正常气温条件下，提升时间不宜超过 1 h。在滑升中，要求三班连续作业，不得随意停工，同时要严格按计划的滑升速度执行，保证提升垂直且均衡一致，并随时检查模板、支撑杆、液压泵、千斤顶等各部分的情况，如有异常，应及时加以调整、修理或加固。

随着模板的提升，应转动收坡螺杆，调整墩壁曲面的半径，使之符合设计要求的收坡坡度。

3）最后滑升阶段

最后滑升阶段是指混凝土已经浇筑到需要的高度，不再继续浇筑，但模板尚需继续滑升的阶段。浇完最后一层混凝土后，每隔 1～2 h 将模板提升 5～10 cm，滑动2～3 次后即可避免混凝土模板黏结。

4）停　滑

如因气候、施工需要或其他原因而不能连续滑升时，应采取可靠的停滑措施。停滑前，混凝土应浇筑到同一水平面上；停滑过程中，模板应每隔 0.5～1 h 提升一个千斤顶行程，确保模板与混凝土不黏结；当支撑杆的套管不带锥度时，应于次日将千斤顶顶升一个行程；对于因停滑造成的水平施工缝，应认真处理混凝土表面，保证后浇混凝土与已硬化的混凝土之间能黏结良好；继续施工前，应对液压系统进行全面检查。

（4）接长支撑杆、绑扎钢筋

模板每提升至一定高度后，就需要穿插进行接长支撑杆、绑扎钢筋等工作。为了不影响提升时间，钢筋接头均应事先配好，并注意将接头错开。对预埋件及预埋的接头钢筋，滑模滑离后，要及时清理，使之外露。

3．爬升模板施工

爬升模板施工与滑动模板施工相似，不同的是支架通过千斤顶支撑于预埋在墩壁中的预埋件上，待浇筑好的墩身混凝土达到一定强度后，将模板松开，千斤顶上顶，把支架连同模板升到新的位置，模板就位后，再继续浇筑墩身混凝土。如此往复循环，逐节爬升，每次升高约 2 m。

爬升模板施工采用一种特殊钢模板，一般由三层模板组成一个基本单元，并配置有随模板升高的混凝土接料工作平台。当浇筑完上层模板的混凝土后，将最下层模板拆除，翻上来拼装成第四层模板，以此类推，循环施工。爬升模板也能够用于有坡度的桥墩施工。

本章练习

一、填空题

1. 高度小于 10 m 的实心圆柱桥墩宜按照(　　)进行施工。

2. 当混凝土强度达到(　　),表面棱角不受拆模破坏时,可以拆除非承重侧模。

3. 浇筑混凝土前,应检查混凝土(　　)、(　　)、(　　)。

4. 墩顶支座垫石应采用(　　)。

二、选择题

1. 结构功能方面桥台不同于桥墩的是(　　)。

   A. 传力　　　　　　　　　　　　　B. 抵御台后土压力

   C. 调节水流　　　　　　　　　　　D. 支撑上部结构

2. 重力式桥墩主要依靠(　　)平衡外部荷载。

   A. 自重　　　　　　　　　　　　　B. 台后土压力

   C. 锥坡填土　　　　　　　　　　　D. 台内填土

3. 城市高架一般采用(　　)。

   A. 柱式桥墩　　　　　　　　　　　B. 柔性墩

   C. 八字式桥墩　　　　　　　　　　D. 重力式桥墩

第 **5** 章

桥梁上部结构施工

本章导读

从本章开始,我们将基于实际桥梁上部结构的类型,学习其施工方法。

5.1节:梁桥施工

介绍普通梁式桥的施工技术,主要包括现浇及装配式两大类。

5.2节:拱桥施工

主要讲述有支架施工法及无支架施工法。

5.3节:其他桥梁施工

主要讲述斜拉桥、悬索桥及钢结构桥梁的一般施工方法。

学习目标

能力目标	知识要点
梁桥施工	现浇法施工、装配式施工
拱桥施工	有支架施工、无支架施工
其他桥梁施工	斜拉桥施工、悬索桥施工、钢桥施工

知识导读

桥梁上部结构是桥梁结构中的承重构架,起到承受各类荷载的作用。而桥型是多样化的,不同的桥型有着不同的施工方法,并且随着外部环境的变化,施工方法也可能完全不同。因此,其施工尤为复杂,种类繁多,上部结构关乎整个桥梁结构的安全。下面我们将学习常见上部结构的施工方法。

5.1　梁桥施工

5.1.1　就地浇筑施工

就地浇筑法是在桥位处搭设施工支架,在支架上浇筑梁体混凝土,待其达到规定强度后拆除模板、支架。就地浇筑施工无须预制场地,而且不需要大型起吊、运输设备将梁体吊装到预定位置,梁体的主筋可不中断,桥梁整体性好。它的缺点主要是工期长,施工质量不容易控制;对预应力混凝土梁而言,由混凝土的收缩、徐变引起的应力损失比较大;施工中的支架、模板耗用量大,施工费用高;搭设支架影响排洪、通航,施工期间可能受到洪水和漂流物的威胁。

就地浇筑梁体的施工分三个步骤进行:准备工作;混凝土的浇筑;混凝土的养护、预应力筋张拉及模板拆除。

1. 准备工作

现场浇筑施工的梁桥在浇筑混凝土前要进行周密的准备工作和严格的检查。通常,就地浇筑施工时一次浇筑的混凝土工程量大,需要连续作业,因此准备工作相当重要,不可疏忽大意。

(1) 支架与模板的检查

在浇筑混凝土之前,应对支架和模板进行全面、严格的检查,核对设计图纸的要求,支架的接头位置是否准确、可靠,卸落设备是否符合要求,确保支架稳定、不变形;检查模板的几何尺寸是否符合设计要求,模板安装是否密贴、稳固,螺栓、拉杆、撑木是否牢固,模板内壁是否涂抹脱模剂等。

(2) 钢筋和钢索位置的检查

检查钢筋与套管是否正确地按设计图纸规定的位置布置,钢筋骨架绑扎是否牢固,套管端部、连接部分与锚具处应特别注意防止漏浆,检查锚具位置、压浆管和排气孔是否可靠,各种预埋件是否齐备。

(3) 浇筑混凝土前的准备工作

应检查混凝土供料、拌制、运输系统是否符合规定要求,在正式浇筑前对灌注的各种机具设备进行试运转,以防止在使用中发生故障;要依照浇筑顺序布置好振捣设备,检查螺帽紧固的可靠程度;对大型就地浇筑施工结构,必须有备用的机械、动力。

在浇筑混凝土前,应会同监理部门对支架、模板、钢筋、预留管道和预埋件进行检查,合格后,方可进行浇筑混凝土的工作。

2. 混凝土的浇筑

为了保证结构的整体性，应尽量做到一次浇筑完成。当构件几何尺寸较大或工艺上需要分层浇筑时，应防止在浇筑上层混凝土时扰动和破坏下层混凝土，此时增加浇筑层次须有一定的速度，使上层浇筑的混凝土在先浇筑的混凝土初凝之前完成。同时，在确定主梁混凝土浇筑顺序时，不应使模板和支架产生有害的下沉，为了对浇筑的混凝土进行振捣，应采用适宜的分层浇筑厚度。当在斜面或曲面上浇筑混凝土时，一般从低处开始。

3. 混凝土的养护、预应力筋张拉及模板拆除

(1) 混凝土的养护

混凝土浇筑完成后应及时进行养护，确保混凝土在适宜的条件下硬化，在保证混凝土获得规定强度的同时，防止出现裂缝。要防止混凝土受雨淋、日晒、受冻及受荷载的振动、冲击。由于混凝土在硬化过程中发热，在夏季和干燥的气候下应进行湿治养护；而在冬季应保护其不受冻，采用加温的养护方式。

(2) 预应力筋的张拉

后张法预应力混凝土梁，必须待混凝土达到设计要求的强度后才能进行张拉。

(3) 模板拆除与卸架

当混凝土养护达到规定的强度标准后才能拆除侧模。预应力混凝土梁应在预应力筋张拉完毕或张拉到一定数量后才能拆除底模，以免梁体混凝土受拉。

施工支架的拆除必须按照设计规定的程序进行。梁的落架程序应从梁挠度最大处的支架节点开始，逐步卸落相邻两侧的节点，并要求对称、均匀、有顺序地进行，同时要求各节点分多次进行卸落，以使梁的沉落曲线逐步加大，保证施工安全。通常简支梁可从跨中向两端进行。

5.1.2　先张法施工

梁桥采用装配式施工，可使桥梁上、下部结构同时施工，以加快施工速度，缩短工期，大大减少施工现场的模板与支架，降低施工成本。同时，装配式梁桥一般在预制场内进行主要构件的生产制作，使生产作业工厂化，改善了生产作业条件，利于生产的标准化、机械化与自动化，能够提高梁体质量的保证率。但装配式梁桥上部结构的施工需要一定的运输和吊装设备，以进行预制构件的运输和安装工作，并需要通过接头或接缝把预制构件拼装成整体。近年来，随着吊运能力的不断提高、预应力工艺的日益完善，装配式梁桥施工方法在国内外获得了广泛应用。

装配式梁桥上部结构的施工可分为构件预制、运输、安装和集整四个施工过程。

混凝土梁的预制工作可在专业桥梁预制厂内进行，也可在桥位处的预制场内进行。桥梁预制厂一般可生产钢筋混凝土梁、先张法或后张法工艺的预应力混凝土梁、混凝土桥梁的节段构件及其他预制构件。由于运输长度和质量的限制，通常在桥梁

预制厂内以生产中、小跨径预制构件为主,跨径大于 25 m 的后张法预应力混凝土梁以及大跨径混凝土桥的节段构件主要在桥梁预制场内生产。

在预制场或施工现场,可用固定式底座生产钢筋混凝土梁和预应力混凝土梁。预制构件在固定台位上完成各工序,直到构件完全可以移动后再进行下一个构件的制作。

在预制场内,也可采用在流水台车上预制。在场内设置运输轨道,将预制梁的底模设置在活动台车上。流水台车的构造有轨道轮、底板、加劲肋、底模和底模振捣装置。流水台车生产时,预制梁在台上生产,而安装模板、绑扎钢筋、预应力筋组束、浇筑混凝土以及张拉等工序安排在固定车间内,通过台车流动组织生产。它的主要优点在于可组织工厂采用流水台车生产多种规格的后张拉预应力混凝土简支梁;但它需要较大的生产车间和堆放场地,宜在生产量大的大型桥梁预制厂采用。流水台车均为钢质,流水台车和生产线的数量根据预制厂的生产能力确定。

1. 模板工程

桥梁预制生产常采用钢模板和钢木组合模板及充气橡胶胎模。木模板常在没有定型设计的构件或小跨径预制梁上使用,这种模板的制作很容易,但木料消耗量大、成本高。在木模靠混凝土的一面钉上 0.3~0.5 mm 厚的铁皮,使用时表面涂油,可以提高木模板周转使用次数,脱模方便,并获得光滑的混凝土表面。

模板有底模、侧模、端模和内模。底模支撑在底座上或设置在流水台车上,可使用 12~16 mm 的钢板制成。在预制梁时,底模不必拆除,仅在第二次周转使用前进行整平和校准。底模在构造上应注意设置底模与侧模、底模与端模以及底模接长的联系构件,底模还应具有在其下布置振捣器的构造措施(目前已较少用)。预应力混凝土预制梁底模两端在构造上应予以加强,因为在张拉时,整个梁体重力集中支撑在底模两端。此外,还应在底模与台座间设置减振橡皮垫。

侧模沿梁长置于预制构件的两侧。小跨径梁可用整体侧模,通常考虑起吊重力和简化构造,模板单元长度取 4~5 m,可在横隔梁处分割。当横隔梁间距较大时,可再细划分。侧模由侧板、水平加劲筋、竖向斜撑等构件组成。钢侧模板一般选用 4~8 mm 的钢板,加劲角钢常取 5~10 mm,加劲方木取 80~100 mm。侧模板在构造上应考虑可悬挂侧模振捣器,要加强侧模间的连接构造,并设拆卸模板的装置。

端模设置在梁的两端,安装时连接在侧模上,用于形成梁端形状,控制预应力束的孔道位置,一般用 4~8 mm 钢板加工而成。

空心截面梁预制的关键是应考虑内模的立模和拆模方便,又不损坏内模,可以重复使用。在空心板梁中,目前常用四合式活动模板,每根梁使用两节内模,以便搬运装拆。其沿纵向又分成两部分。内模可采用 30 mm 厚的木板,侧面装置铁钗链,使壳板可以转动。每隔 0.7 m 设置一道内模的骨架和活动撑板,撑板下端的半边朝梁端一侧用铁链与壳板连接,另半边及上端均做成榫头,顶紧壳板纵面上、下斜接缝,并在撑板上方设置直径为 20 mm 的圆钢拉杆。撑板将内壳板撑实后,在模壳外用铅丝捆扎,即成定型的整体内模。脱模时抽动拉杆和扁铁拉打,即可拆除内模板。

采用充气橡胶胎模制作的内模施工方便,容易拆除。其缺点是胎模易上浮和偏位,有时甚至漏气。充气橡胶胎膜所充气压的大小与胎膜的直径、新浇筑混凝土的压力、气温等因素有关。当板的空心直径为 0.3 m 时,一般气压采用 $39.2 \sim 49$ kN/m^2。浇筑混凝土时,为防止胎模上浮和偏位,应用定位箍筋、压块等加以固定,并应对称平衡地进行。胎模放气的时间与气温有关,应通过试验确定。当气温为 $5 \sim 15$ ℃时,可在混凝土施工完毕后 $8 \sim 10$ h 进行。施工过程中还应经常观察胎膜是否漏气,发现问题要及时采用补救措施。

此外,内模还可采用不抽拔的心模,如用混凝土管、纸管、钢丝网管、竹笼心模等。箱梁的内模可采用钢模、木模或滑动模板。

2. 先张法施工

先张法是在浇筑混凝土前铺设、张拉预应力筋,并将张拉后的预应力筋临时锚固在台座或钢模上,然后浇筑混凝土,待混凝土养护达到不低于 75% 设计强度后,保证预应力筋与混凝土有足够的黏结,放松预应力筋,借助混凝土与预应力筋的黏结,对混凝土施加预应力的施工工艺。先张法一般仅适用于生产中小型预制构件,多在固定的预制厂生产,也可在施工现场生产。

(1) 台　座

台座是先张法施工中主要的设备之一,它必须有足够的强度、刚度和稳定性,避免因台座的变形、倾覆和滑移而引起预应力值的损失,以确保先张法生产构件的质量。

台座按构造形式的不同可分为墩式台座和槽式台座两类。

1) 墩式台座

墩式台座由承力台墩、台面与横梁三部分组成,其长度宜为 $50 \sim 150$ m。目前,常用的是台墩与台面共同受力的墩式台座。台座的宽度主要取决于构件的布筋宽度、张拉与浇筑混凝土是否方便,一般不大于 2 m。在台座的端部应留出张拉操作的用地和通道,两侧要有构件运输和堆放的场地。台座的强度应根据构件张拉力的大小,按台座每米宽的承载力为 $200 \sim 500$ kN 来设计。

承力台墩一般埋置在地下,由现浇钢筋混凝土做成。台座的稳定性验算包括抗倾覆验算和抗滑移验算。

台面一般是在夯实的碎石垫层上浇筑一层厚度为 $60 \sim 100$ mm 的混凝土而制成的。台面伸缩缝可根据当地温差和经验设置,约为每 10 m 设置一道;也可采用预应力混凝土滑动台面,不留伸缩缝。预应力滑动台面是在原有的混凝土台面或新浇筑的混凝土基层上刷隔离剂,张拉预应力钢筋、浇筑混凝土面层,待混凝土达到放张强度后切断预应力筋,台面就发生滑动。这种台面使用效果良好。

台座的两端设置有固定预应力筋的横梁。一般用型钢制作,在设计横梁时,除应考虑在张拉力的作用下有一定的强度外,尚应特别注意变形,以减少预应力损失。一般要求横梁受力后,挠度不应大于 2 mm。

2) 槽式台座

槽式台座由钢筋混凝土压杆、上下横梁及台面组成。台座的长度不大于 50 m;宽度随构件外形及制作方法而定,一般不小于 1 m;承载力大于 100 kN。为便于混凝土浇筑和蒸汽养护,槽式台座多低于地面。在施工现场还可利用已预制好的柱、桩等构件装配成简易槽式台座。

(2) 张拉机具和夹具

先张法生产的构件中,常采用的预应力筋有钢丝和钢筋线两种。张拉预应力钢丝时,一般直接采用卷扬机或电动螺杆张拉机。张拉预应力钢筋线时,在槽式台座中常采用四横梁式成组张拉装置,用千斤顶张拉。

预应力筋张拉后用锚固夹具直接锚固于横梁上,锚固夹具可以重复使用。要求锚固夹具工作可靠、加工方便、成本低,并能多次周转使用。预应力筋采用螺丝端杆锚固。

(3) 先张法施工工艺

预应力混凝土先张法施工工艺的特点是:预应力筋在浇筑混凝土前张拉,预应力的传递主要依靠预应力筋与混凝土之间的黏结力。为了获得质量良好的构件,在整个生产过程中,除确保混凝土质量外,还必须确保预应力筋与混凝土之间的良好黏结,使预应力混凝土构件获得符合设计要求的预应力值。

碳素钢丝强度很高,但表面光滑,与混凝土黏结力差,必要时可采取刻痕和压波措施,以提高钢丝与混凝土的黏结力。

(4) 预应力筋的铺设

预应力筋应采用砂轮锯或切断机切断,不得采用电弧切割。为便于脱模,长线台座(或胎模)在铺放预应力前应先刷隔离剂,但需采取措施,防止隔离剂污损预应力筋,影响其与混凝土的黏结。如果预应方筋遭受污染,应使用适宜的溶剂加以清洗。预应力钢丝宜用牵引车铺设。如遇钢丝需要接长时,可借助于钢丝拼接器用 20～22 号铁丝密排绑扎。

(5) 预应力筋的张拉

预应力筋的张拉应根据设计要求采用合适的张拉方法、张拉顺序和张拉程序进行,并应有可靠的质量和安全保证措施。

预应力筋的张拉可采用单根张拉和多根同时张拉的方式,当预应力筋数量不多、张拉设备拉力有限时,常采用单根张拉;当预应力筋数量较多且密集布筋,张拉设备拉力较大时,则可采用多根同时张拉。在确定预应力筋的张拉顺序时,应考虑尽可能减小台座的倾覆力矩和偏心力,先张拉靠近台座截面重心处的预应力筋。

预应力筋张拉时,张拉机具与预应力筋应在一条直线上;同时,在台面上每隔一定距离放一根圆钢筋头或相当于混凝土保护层厚度的其他垫块,以防预应力筋因自重而下垂。张拉过程中应避免预应力筋断裂或滑脱;先张法预应力构件,在浇筑混凝土前发生断裂或滑脱的预应力筋必须予以更换。预应力筋张拉锚固后,对设计位置的偏差不得大于 5 mm,且不大于构件截面最短边长的 4%。张拉过程中,应按混凝土结构工程施工质量验收规范的要求填写预应力张拉记录表,以便检查。

施工中应注意安全。台座两端应有防护措施,张拉时,正对钢筋两端禁止站人,也不准进入台座。敲击锚具的锥塞或楔块时,不应用力过猛,以免损伤预应力筋而断裂伤人,但又要锚固可靠。冬期张拉预应力筋时,其温度不宜低于 −15 ℃,且应考虑预应力筋容易脆断的危险。

(6) 预应力筋的放张

预应力筋的放张过程是预应力值的建立过程,是先张法构件能否获得良好质量的一个重要环节,应根据放张要求,确定合适的放张方法、放张顺序及相应的技术措施。

1) 放张要求

预应力筋放张时,混凝土强度应符合设计要求,当设计无具体要求时,不应低于设计强度等级的 75%。放张过早,会由于混凝土强度不足,产生较大的混凝土弹性回缩或滑丝而引起较大的预应力损失。

2) 放张方法

放张过程中,应使预应力构件自由压缩。放张工作应缓慢进行,避免过大的冲击与偏心。

当预应力筋为钢丝时,若钢丝数量不多,可采用剪切、锯割的方法进行放张。放张时,应从靠近生产线中间处剪(熔)断钢丝,这样比靠近台座一端剪(熔)断时回弹要小,且有利于脱模。钢丝数量较多时,所有钢丝应同时放张,不允许采用逐根放张的方法,否则最后的几根钢丝将可能由于承受过大的应力而突然断裂,从而导致构件应力传递长度骤增,或使构件端部开裂。放张可采用放张横梁来实现,横梁可用千斤顶或预先设置在横梁支点处的放张装置(砂箱或楔块等)来放张。采用湿热养护的预应力混凝土构件宜热态放张,不宜降温后放张。

3) 放张顺序

预应力筋的放张顺序应符合设计要求,当设计无特殊要求时,应遵循下列规定:

① 对承受轴心预压力的构件(如压杆、桩等),所有预应力筋应同时放张;

② 对承受偏心预压力的构件,应先同时放张预压力较小区域的预应力筋,再同时放张预压力较大区域的预应力筋;

③ 当不能按上述规定放张时,应分阶段、对称、相互交错地放张,以防止在放张过程中,构件产生弯曲、裂纹及预应力筋断裂等现象。

放张后预应力筋切断宜由放张端开始,逐次切向另一端。

5.1.3　后张法施工

后张法是先制作构件结构,待混凝土达到一定强度后,再张拉预应力筋的方法。后张法预应力施工,不需要台座设备,灵活性大,广泛用于施工现场生产大型预制预应力混凝土构件和现场浇筑的预应力混凝土结构。后张法预应力施工,又可分为有黏结预应力施工和无黏结预应力施工两类。

后张法预应力施工的特点是直接在构件或结构上张拉预应力筋,混凝土在张拉过程中受到预应力而完成弹性压缩,因此混凝土的弹性压缩不直接影响预应力筋有效预应力值的建立。

后张法预应力的传递主要依靠预应力筋两端的锚具,锚具作为预应力筋的组成部分永远留置在构件上,不能重复使用。因此,后张法预应力施工需要耗用的钢材较多,锚具加工要求高,费用昂贵。另外,后张法工艺本身要预留孔道、穿筋、张拉、灌浆等,故施工工艺比较复杂,整体成本也比较高。

1. 后张法施工工艺

孔道留设是后张法有黏结预应力筋施工中的关键工作之一。预留孔道的规格、数量、位置和形状应符合设计要求;预留孔道的定位应牢固,浇筑混凝土时不应出现位移和变形;孔道应平顺,短端部的预埋锚垫板应垂直于孔道中心线。

（1）预埋波纹管法

预埋波纹管成孔时,波纹管直接埋在构件或结构中不再取出,这种方法特别适用于留设曲线孔道。按材料不同,波纹管分为金属波纹管和塑料波纹管。

金属波纹管又称螺旋管,是用冷轧钢带或镀锌钢带在卷管机上压波后螺旋咬合而成的。其按照截面形状可分为圆形和扁形两种;按照钢带表面状况可分为镀锌和不镀锌两种。预应力混凝土用金属波纹管应满足径向刚度、抗渗漏、外观等要求。

金属波纹管的连接采用大一号的同型波纹管。接头管的长度为 $200\sim300$ mm,其两端用密封胶带或塑料热缩管封裹。

波纹管的安装应事先按设计图中预应力筋的曲线坐标在箍筋上定出曲线位置。波纹管的固定应采用钢筋支托,支托钢筋间距为 $0.18\sim1.2$ m。支托钢筋应焊在箍筋上,箍筋底部应垫实。波纹管固定后,必须用钢丝扎牢,以防止浇筑混凝土时波纹管上浮而引起严重的质量事故。

塑料波纹管用于预应力筋孔道时具有以下优点:

① 提高预应力筋的防腐保护,可防止氯离子侵入而产生电腐蚀;

② 不导电,可防止杂散电流腐蚀;

③ 密封性好,保护预应力筋不生锈;

④ 强度高,刚度大,不怕踩压,不易被振动棒凿破;

⑤ 减小张拉过程中的孔道摩阻损失；

⑥ 提高预应力筋的耐疲劳能力。

安装时，塑料波纹管的钢筋支托间距为 0.8～1.0 m。塑料波纹管的连接常采用熔焊法或高密度聚乙烯塑料套管。塑料波纹管与锚垫板连接，采用高密度聚乙烯套管。

（2）钢管抽心法

钢管抽心法是制作后张法预应力混凝土构件时，在预应力筋位置预先埋设钢管，待混凝土初凝后再将钢管旋转抽出的留孔方法。为防止在浇筑混凝土时钢管产生位移，每隔 1.0 m 用钢筋井字架固定牢固。钢管接头处可用长度为 300～400 mm 的铁皮套管连接。在混凝土浇筑后，每隔一定时间慢慢同向转动钢管，使之不与混凝土黏结；待混凝土初凝后、终凝前抽出钢管，即形成孔道。钢管抽心法仅适用于留设直线孔道。

（3）胶管抽心法

胶管抽心法是制作后张法预应力混凝土构件时，在预应力筋的位置处预先埋设胶管，待混凝土结硬后再将胶管抽出的留孔方法。为防止在浇筑混凝土时产生位移，直线段每隔 600 mm 用钢筋井字架固定牢靠，曲线段应适当加密。胶管两端应有密封装置。在浇筑混凝土前，胶管内充入压力为 0.6～0.8 MPa 的压缩空气或压力水，管径增大约 3 mm，待浇筑的混凝土初凝后，放出压缩气或压力水，管径缩小，混凝土脱开，随即拔出胶管。胶管抽心法适用于留设直线与曲线孔道。

在预应力筋孔道两端，应设置灌浆孔和排气孔。灌浆孔可设置在锚垫板上或利用灌浆管引至构件外，其间距对抽心成型孔道不宜大于 12 m，孔径应能保证浆液畅通，一般不宜小于 20 mm；曲线孔道的曲线波峰部位应设置排气兼泌水管，必要时可在最低点设置排水孔，泌水管伸出构件顶面的高度不宜小于 0.5 m。

2. 预应力筋的张拉

（1）准备工作

预应力筋的张拉应做好以下准备工作：

① 混凝土强度检验。预应力筋张拉时，混凝土强度应符合设计要求；当设计无具体要求时，不应低于设计混凝土强度等级的 75%。

② 构件端头清理。构件端部预埋钢板与锚具接触处的焊渣、毛刺、混凝土残渣等应清除干净。

③ 张拉操作平台搭设。高空张拉预应力筋时，应搭设可靠的操作平台。张拉操作平台应能承受操作人员与张拉设备的重量，并装有防护栏杆。

④ 锚具与张拉设备安装。锚具进场经检查合格后，方可使用；张拉设备应事先配套校验。对钢绞线束夹片锚固体系，安装锚具时应注意工作锚板或锚环对中，夹片均匀打紧并外露一致；千斤顶上的工具锚孔与构件端部工作锚的孔位排列要一致，以

防钢绞线在千斤顶穿心孔内打叉。对于钢丝束锥形锚固体系,安装钢质锥形锚具时必须严格对中,钢丝在锚环周边应分布均匀。对于钢丝束锹头锚固体系,由于穿筋的关系,其中一端锚具要后装并进行傲头。安装张拉设备时,对于直线预应力筋,应使张拉力作用线与孔道中心线重合;对于曲线预应力筋,应使张拉力作用线与孔道中心线末端的切线重合。

(2) 预应力筋张拉方式

根据预应力混凝土的结构特点、预应力筋形状与长度的不同,预应力筋张拉方式有以下几种:

① 一端张拉。张拉设备放置在预应力筋的一端进行张拉,适用于长度不大于 25 m 的直线预应力筋。如设计人员认可,同意放宽上述限制条件,也可采用两端张拉,但张拉端宜分别设置在构件的两端。

② 两端张拉。张拉设备放置在预应力筋两端进行张拉,适用于长度大于 25 m 的直线预应力筋与曲线预应力筋。预应力筋采用两端张拉时,可先在一端张拉锚固后,再在另一端补足预应力值进行锚固。

③ 分批张拉。应使用能张拉多根钢绞线或钢丝的千斤顶对每一钢束中的全部预应力筋施加应力,但对扁平管中不多于 4 根的钢绞线除外。对配有多束预应力筋的构件或结构可分批进行张拉。后批预应力筋张拉所产生的混凝土弹性压缩会对前批张拉的预应力筋造成预应力损失,所以前批张拉的预应力筋张拉力应加上该弹性压缩损失值,使分批张拉后,每根预应力筋的张拉力基本相等。

(3) 预应力筋张拉顺序

预应力的张拉顺序应使梁上、下边缘混凝土应力不超过容许值,构件不扭转与侧弯、结构不变位等,应对称于预制梁截面的竖直轴线。同时,还应考虑到尽量减少张拉设备的移动次数。

两端同时张拉时,两端千斤顶的升降压、画记号、测伸长、插垫等工作均应一致。

(4) 张拉程序

预应力筋的张拉操作程序,主要根据构件的类型、张拉锚固体系、松弛损失等因素确定。

(5) 伸长值计算与量测

预应力筋的理论伸长值 ΔL(mm)可按下式计算:

$$\Delta L = \frac{P_p L}{A_p E_p} \tag{5-1}$$

$$P_p = \left[P\left(1 - e^{-(kx+\mu\theta)}\right) \right] \big/ (kx + \mu\theta) \tag{5-2}$$

式中:L——预应力筋的长度,mm;

　　A_p——预应力筋的截面面积,mm;

　　E_p——预应力筋的弹性模量,N/mm^2;

　　P_p——预应力筋的平均张拉力,N,直线筋取张拉端的拉力,两端张拉的取曲线筋；

P——预应力筋张拉端的张拉力，N；

μ——预应力筋与管道壁的摩阻系数；

θ——从张拉端至计算截面曲线管道部分切线的夹角之和，rad；

k——管道每米局部偏差对摩阻的影响系数；

x——从张拉端至计算截面的管道长度，可近似取该段管道在构件纵轴上的投影长度。

弹性模量是决定计算值的重要因素，一般取 $1.95 \times 10^5 \sim 2.05 \times 10^5$ N/mm²；对于大桥等重要的预应力混凝土结构，最好进行试验测定。对于由多曲线段或直线段与曲线段组成的曲线筋的张拉伸长量应分段计算，然后叠加。在计算时，应将每段两端扣除孔道的摩阻损失后的拉力求出，然后再计算每段的张拉伸长值。

预应力筋张拉时，应先调整到初应力 σ_0，该初应力宜为张拉控制应力 σ_{con} 的 $10\% \sim 15\%$，伸长值应从初应力时开始量测。预应力筋的实际伸长值除量测的伸长值外，还必须加上初应力以下的推算伸长值。对于后张法构件，在张拉过程中产生的弹性压缩值一般可省略。

预应力筋张拉的实际伸长值 ΔL（mm）可按下式计算：

$$\Delta L = \Delta L_1 + \Delta L_2 \qquad (5-3)$$

式中：ΔL_1——从初应力至最大张拉应力间的实测伸长值，mm；

ΔL_2——初应力以下的推算伸长值，mm，可采用相邻级的伸长值。如初应力为 $10\% \sigma_{con}$，则相邻级的伸长值为 $(10\% \sim 20\%)\sigma_{con}$ 的预应力筋伸长值。

（6）张拉安全注意事项

张拉时应注意以下事项：

① 张拉现场应有明显标志，与该工作无关的人员严禁入内。

② 张拉或退楔时，千斤顶后面不得站人，以防预应力筋拉断或锚具、楔块弹出伤人。

③ 油泵运转有不正常情况时，应立即停车检查。在有压情况下，不得随意拧动油泵或千斤顶各部位的螺丝。

④ 作业应由专人负责指挥，操作时严禁摸踩及碰撞预应力筋；在测量伸长量及拧螺母时，应停止开动千斤顶或卷扬机。

⑤ 冷拉或张拉时，螺丝端杆、套筒螺丝及螺母必须有足够的长度，夹具应有足够的夹紧能力，防止锚具夹不牢而滑出。

⑥ 千斤顶支架必须与梁端垫板接触良好，位置正直对称，严禁多加垫块，以防支架不稳或受力不均倾倒伤人。

⑦ 在高压油管的接头应加防护套，以防喷油伤人。

⑧ 已张拉完而尚未压浆的梁，严禁剧烈振动，以防预应力筋断裂而酿成重大事故。

3. 孔道灌浆

预应力筋张拉后,利用灌浆泵将水泥浆压灌到预应力筋孔道中去,其作用有两个:一是保护预应力筋,防止锈蚀;二是使预应力筋与构件混凝土能有效地黏结,以控制超载时裂缝的间距与宽度,并减轻梁端锚具的负荷。

预应力筋张拉后,应尽早进行孔道灌浆,对孔道灌浆的质量必须重视。孔道内水泥浆应饱满、密实,且其强度应不低于 30 MPa,应采用强度等级不低于 42.5 级的普通硅酸盐水泥配制,其水灰比不应大于 0.45;水泥浆的最大泌水率不得超过 3%,搅拌后 3 h 泌水率不大于 2%。泌水应能在 24 h 内全部重新被水泥浆吸收。为改善水泥浆的性能,可掺缓凝减水剂。水泥浆应采用机械搅拌,以确保拌和均匀。搅拌好的水泥浆必须过滤(网眼不大于 5 mm),置于储浆桶内,并不断搅拌以防止沉淀。

灌浆设备包括砂浆搅拌机、灌浆泵、贮浆桶、过滤网、橡胶管和喷浆嘴等。灌浆泵应根据灌浆高度、长度、形态等选用,并配备计量校检合格的压力表。

灌浆前应全面检查构件孔道及灌浆孔、泌水孔、排气孔是否畅通。对于抽拔管成孔,可采用压力水冲洗孔道;对于顶埋波纹管成孔,必要时可采用压缩空气清孔。宜先灌下层孔道,后灌上层孔道,从最低点的压浆孔压入,从最高点的排气孔排气和泌水,灌浆工作应缓慢均匀地进行,不得中断,并应排气通顺,在出浆口出浓浆并封闭排气孔后,宜再继续加压至不小于 0.5 N/mm^2,稳压 2 min,再封闭灌浆孔。当孔道直径较大且水泥浆不掺微膨胀剂或减水剂进行灌浆时,可采取二次压浆法或重力补浆法。对超长孔道、大曲率孔道、扁管孔道、腐蚀环境的孔道等可采用真空辅助灌浆。

灌浆用水泥浆的配合比应通过试验确定,施工中不得任意更改。灌浆试块采用 7.07 cm×7.07 cm×7.07 cm 的试模制作,每工作班不少于 3 组,标准养护 28 d,检查其抗压强度,作为评定水泥浆质量的依据。移动构件或拆除底模时,水泥浆试块强度不应低于 15 N/mm^2。孔道灌浆后,应检查孔道上凸部位的灌浆密实性,如有空隙,应采取人工补浆措施。当对孔道阻塞或孔道灌浆密实情况有疑问时,可局部凿开或钻孔检查,但应以不损坏结构为前提,否则应采取加固措施。

5.1.4 装配式施工

1. 装配式梁桥的起吊、运输

(1) 预制板、梁的出坑、堆放

为了将预制的钢筋混凝土或预应力混凝土板、梁从预制场(或预制工厂)运往桥孔现场,首先要把它从预制底座上移出来,称为出坑。钢筋混凝土构件在混凝土强度达到设计强度的 75%,预应力混凝土构件在进行预应力张拉后,即可进行这一项工作。

预制构件吊离底座时,可视构件的重量、外形尺寸和设备条件等采用不同的工具设备。常用的方法有龙门吊机起吊出坑、三脚扒杆偏吊出坑和横向滚移出坑。

后张法梁如采用分两次张拉力筋(束)时,可提前将梁移出生产梁位,从而缩短生产台座的施工周期,加快施工进度。

预制构件出坑、堆放时应注意以下几点:

① 装配式预制构件在出坑、移运、堆放时,混凝土强度不应低于设计对吊装所要求的强度,且不宜低于设计标号的75%;对于预应力混凝土构件,其孔道压浆的强度,如无设计要求时,不应低于15 MPa。对于跨径≤3 m的板等一般构件,其混凝土强度应达到设计标号的50%后,才可出坑移运。

预制构件在出坑前、拆模后应检查其实际尺寸、伸出预埋钢筋(或钢板)、吊环的位置及混凝土的质量,并根据有关规定进行适当修补、处理,务必使预制构件的形状正确,表面光滑,安装时不致发生困难。尖角凸出或细长构件在装卸移运过程中应用木板保护。如有必要,试拼的构件应注上号码。

② 构件移运时的起吊位置应按设计规定,一般即为吊环或吊孔的位置。如设计无规定,又无预埋的吊环或吊孔时,对于上、下面有相同配筋的等截面直杆构件的吊点位置,一点吊可设在离端头 $0.293L$(L 为构件长)处;二点吊可设在离端头 0.22 ～ $0.25L$ 处。其他配筋形式的构件应根据计算确定吊点位置。

③ 构件的吊环应顺直,如发现弯扭必须校正,使吊环能顺利套入。当吊绳(千斤绳)交角大于60°时,必须设置吊架或扁担,使吊环垂直受力,以防吊环折断或破坏临时吊环处的混凝土。如用钢丝绳捆绑起吊,则需用木板、麻袋等垫衬,以保护混凝土的棱角。

④ 预制板、梁构件移运和堆放时的支点位置应与吊点位置一致,并应支撑牢固。起吊及堆放板式构件时,注意不要吊错上下面的位置,以免折断。顶起构件时必须垫好保险垛。构件移运时应有特制的固定架,构件应竖立或稍倾斜放置,注意防止倾覆。如平放,则两端吊点处必须设置支搁方木,以免产生负弯矩而断裂。

⑤ 堆放预制构件的场地应平整、密实,不致积水。雨季和春季冻融期间,必须注意防止地面软化下沉而造成构件的折断和损坏。

⑥ 预制构件应按吊运及安装次序顺号堆放,并注意在相邻两构件之间留出适当的通道。构件堆垛时应设置在垫木上,吊环应向上,标志应向外;构件混凝土养护期未满时,应继续养护。

⑦ 构件堆放时应按构件的刚度和受力情况决定平放还是竖放,并保持稳定。水平分层堆放构件时,其堆垛高度应按构件强度、地面耐压力、垫木强度以及堆垛的稳定性而定。一般大型构件以2层为宜,不宜超过3层。预制梁堆垛不宜多于4层。小型构件堆放如有折断可能时,应以其刚度较大的方向作为竖直方向。

⑧ 堆放构件必须在吊点处设垫木,层与层之间应以垫木隔开,多层垫木位置应在一条垂直线上。

(2)预制板梁的运输

装配式混凝土预制板、梁及其他预制构件通常在桥头附近的预制场或桥梁预制厂内预制，为此需配合吊装架梁的方法，通过一定的运输工具将预制梁运到桥头或桥孔下。从工地预制场到桥头或桥孔下的运输称为场内运输，将预制梁从桥梁预制厂（或场）运往桥孔或桥头的运输称为场外运输。

① 场内运输。短距离的场内运输可采用龙门架配合轨道平板车来实现，这时需铺设钢轨便道，由龙门架（或木扒杆）起吊移运构件出坑，横移至预制构件运输便道，卸落到轨道平车上，然后用绞车牵引至桥头或桥孔下。运输过程中梁应竖立放置，为了防止构件发生倾覆、滑动、跳动等现象，需在构件两侧采用斜撑和木楔等临时固定。轨道平板车应设有转盘装置，以便于装上预制构件后能在曲线轨道上运行；同时，应装设制动设备，以便在运行过程中随时制动。

对于小跨径预制梁或规模不大的工程，也可用纵向滚移法进行场内运输，即设置木板便道，利用钢管或硬圆木作滚子，使梁靠两端支撑在几个滚子上用绞车拖拽，边前进边换滚子将预制梁运至桥头。

在场内运梁时，为使其平稳前进以确保施工安全，通常在用牵引绞车徐徐向前拖拉的同时，后面的制动索应跟着慢慢放松，以控制前进的速度。

当采用水上浮吊架梁时，需要将预制梁装上船，运梁便道应延伸至河边能使驳船靠拢的地方，为此需要修筑一段装船用的临时栈桥（码头）。

② 场外运输。距离较远的场外运输，通常采用汽车、大型平板拖车、火车或驳船。受车厢长度、载重量的限制，一般中小跨径的预制板、梁或小构件（如栏板、扶手等）可用汽车运输。50 kN 以内的小构件可用汽车吊装卸；大于 50 kN 的构件可用轮胎吊、履带吊、龙门架或扒杆装卸。要运较长的构件时，可在汽车上先垫以长的型钢或方木，再搁放预制构件，构件的支点应放在近两端处，以避免道路不平、车辆颠簸引起的构件开裂。

特别长的构件应采用大型平板拖车或特制的运梁车运输。

使用大型平板拖车运梁时，车长应能满足支撑间距的要求，构件装车时需平衡放正，以使车辆承重对称均匀。若构件支点下及相邻两构件间，则需垫麻袋或草帘，以防止构件相互碰撞。构件下的支点需设活动转盘以免搓伤混凝土。预制简支梁运输时应竖直放置，并用斜撑支撑（应支在梁腹上，不得支在梁板上，以防梁板根部发生负弯矩而开裂），以防梁倾倒。

2. 装配式桥梁安装

(1) 支架便桥架设法

支架便桥架设法是在桥孔内或靠墩台旁顺桥向用钢梁或木料搭设便桥作为运送梁、板构件的通道，在通道上面设置走板、滚筒或轨道平车，从对岸用绞车将梁、板牵引至桥孔后，再横移至设计位置定位安装。

(2) 人字扒杆悬吊架设法

人字扒杆悬吊架设法又称吊鱼架设法，是利用人字扒杆来架设梁桥上部结构构件,而不需要特殊的脚手架或木排架。

架设方法有人字扒杆架设法,人字扒杆两梁连接悬吊架设法,人字扒杆、托架架设法三种。

人字扒杆又有两副扒杆架设和一副扒杆架设两种。两副扒杆架设中,前扒杆是吊鱼滑车组,用以牵引预制梁悬空拖拽;另有一绞车是牵引前进,梁的尾端设有制动绞车,起溜绳配合作用;后扒杆的主要作用是预制梁吊装就位时,配合前扒杆吊起梁端,抽出木垛,便于落梁就位。一副扒杆架设的基本方法同两副扒杆架设,是采用千斤顶顶起预制梁,抽出木垛,落梁就位。

人字扒杆两梁连接悬吊架设法是两根梁拼梁吊装,前梁为架设梁,后梁作平衡重。悬吊时,梁的平衡主要靠后梁及其尾部的压重并通过后扒杆及其拉索构成的三角横架来控制,可吊装跨径为 16 m 的装配式混凝土 T 形梁。

人字扒杆、托架架设法是在桥墩之间,先用吊鱼法悬吊托架,利用托板滚筒拖拉移运至桥孔位置,再以两副人字扒杆吊升降落就位,在吊升过程中,移开托架以便落梁。

(3) 联合架桥机架设法

联合架桥机是以托架、龙门架和导梁为主体而组成的成套架设预制构件设备。托架又称蝴蝶架,用木料或型钢组成,是用以托运龙门架转移位置的专用工具,托架是在桥头地面上拼装、竖立,用千斤顶顶起放在托架平车上,移至导梁上放置。龙门架是用型钢、万能杆件或公路装配式钢桥桁节拼装而成的,用来起落预制件和导梁,并对预制构件进行墩上横移或就位。导梁可由工字钢或公路装配式钢桥桁节组成,导梁总长比桥跨跨径长 2 倍多。施工中,导梁后第一孔承受预制构件的重量,中孔供托架、龙门架通过用,前段为导梁。

用联合架桥机架设预制构件的程序如下:

① 安装导梁、托架、龙门架。在桥头路堤轨道上拼装导梁,纵移就位;在路堤上拼装托架,并将托架吊起固定在平车上,推入桥孔;在路堤上拼装龙门架,用托架运至墩台就位。

② 用平车将预制梁运至导梁上面,预制梁两端放在龙门架下。

③ 用龙门架吊起预制梁,并横移下落就位。

④ 预制梁纵向架设。托架后撤至导梁范围以外,撤开导梁与路基钢轨连接,将导梁牵引至前方跨。用龙门架将未安装到位的梁吊起安装就位,然后把各梁电焊连接起来。用托架托运龙门架至前方跨,用同样的程序吊装前方跨。

其中,双导梁穿行式架设法是在架设跨间设置两组导梁,导梁上配置有悬吊预制梁的轨道平车和起重行车或移动式龙门架,将预制梁在双导梁内吊运到指定位置上,再落梁、横移就位。

双导梁穿行式架设法的安装程序如下:

① 在桥头路堤上拼装导梁和行车;

② 吊运预制梁；

③ 预制梁和导梁横移；

④ 先安装两个边梁，再安装中间各梁，全跨安装完毕横向焊接后，将导梁前推，安装下一跨。

5.1.5　悬臂浇筑法施工

悬臂浇筑法施工也称分段施工，是在桥墩两侧设置工作平台，平衡地逐段向跨中悬臂浇筑水泥混凝土梁体，并逐段施加预应力的施工方法。

预应力混凝土梁式结构悬臂浇筑法施工，包括移动挂篮悬臂法施工、移动悬吊模架悬臂法施工和滑移支架悬臂法施工。

1. 挂篮施工

挂篮是一个能沿梁顶滑动或滚动的承重构架，锚固悬挂在施工的前端梁段上，在挂篮上可进行下一梁段的模板、钢筋、预应力管道的安设，混凝土浇筑，预应力筋张拉，孔道灌浆等项工作。完成一个节段的循环后，挂篮即可前移并固定，进行下一节段的施工，如此循环直至悬浇完成。

(1) 挂篮的分类

① 按其构造形式可分为桁架式（包括平弦无平衡重式、弓弦式、菱形等）、斜拉式（包括三角斜拉式和预应力斜拉式）、型钢式和混合式四种。

② 按其抗倾覆平衡方式可分为压重式、锚固式和半锚固半压重式三种。

③ 按其行走方式可分为一次行走到位和两次行走到位两种。

④ 按其移动方式可分为滚动式、组合式和滑动式三种。

(2) 挂篮结构的主要特点

① 平行桁架式挂篮（又称吊篮式结构）的上部结构一般为等高桁架，其受力特点是底模平台及侧模支架所承受的荷载均由前后吊杆垂直传至桁架节点和箱梁底板上，桁架本身为受弯结构。

② 平弦无平衡重式挂篮是在平行桁架式挂篮的基础上，取消压重，在主桁架上部增设前后上横桁，根据需要可沿主桁纵向滑移，并在主桁横移时吊住底模平台及侧模架。主桁后端通过梁体竖向预应力筋锚固于主梁顶板上。

③ 弓弦式挂篮（又称曲弦式挂篮）的主桁外形似弓形，可以认为是从平行桁架式挂篮演变而来的，除具有桁高随弯矩大小变化、受力合理的特点外，还可以在安装时在结构内部预施应力以消除非弹性变形。

④ 菱形挂篮可以认为是在平行桁架式挂篮的基础上简化而来的，其上部结构为菱形，前部伸出两伸臂小梁作为挂篮底模平台和侧模前移的滑道，其菱形结构后端锚固于箱梁顶板上，无平衡重。

⑤ 滑动斜拉式挂篮上部采用斜拉体系代替梁式结构或桁架式结构的受力，由此

产生的水平分力通过上、下限位装置(或称水平制动装置)承受,主梁的纵向倾覆稳定由后端锚固压力维持。

⑥ 预应力斜拉式挂篮的最大特点是利用梁体内腹板的预应力筋拉住模板,从而使挂篮结构简化,质量变轻。

⑦ 三角形组合梁式挂篮是在平行桁架式挂篮的基础上,将受弯桁架改为三角形组合梁结构。由于斜拉杆的拉力作用,大大降低了主梁的弯矩,从而使主梁能采用单构件实体型钢;由于挂篮上部结构轻盈,除尾部锚固,还需要较大压重。其底模平台及侧模支架等的承重传力与平行桁架式挂篮基本相同。

⑧ 自承式挂篮可分为两种:一种是模板支撑在整体桁架上,桁架上用销子和预应力筋挂在箱梁的前端角上,浇筑混凝土时主梁和行走桁架移至一边,挂篮前行时再安上,吊着空载的模板系统前移;另一种是将侧模制成能承受巨大压力的刚性模板,通过梁上的水平及竖直预应力筋拉住模板来承担混凝土重,其行走方法与前一种相同,由临时吊车悬吊模板系统前移到下一梁段。

(3) 分段悬浇施工

用挂篮逐段悬浇施工的主要工序为:0 号段浇筑,拼装挂篮;1 号(或 2 号)段浇筑,挂篮前移、调整、锚固,浇筑下一梁段(见图 5-1),以此类推,完成悬臂浇筑、挂篮拆除、合龙。

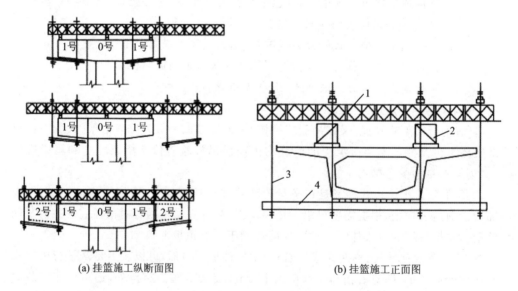

(a) 挂篮施工纵断面图　　　　　　(b) 挂篮施工正面图

1—主横桁梁;2—主纵桁梁;3—吊杆;4—底篮横梁

图 5-1　挂篮施工示意

1) 0 号段浇筑

0 号段位于桥墩上方,是给挂篮提供一个安装场地。0 号段的长度依两个挂篮的纵向安装长度而定,当 0 号段设计较短时,常将对称的 1 号段浇筑后再安装挂篮。

0 号(1 号)段均在墩顶托架上现浇。

施工用托架有扇形和门式等形式。托架可用万能杆件、装配式公路钢桥桁节或其他装配式杆件组成,支撑在墩身、承台或经过加固的地基上,其长度视拼装挂篮的需要以现浇梁节段的长度而定,横向宽度一般比箱梁翼板宽 1.0～1.5 m,顶面应与箱梁底面纵向线形变化一致。

2)拼装挂篮

挂篮运至工地时,应在试拼台上试拼,以便发现由于制作不精确及运输中变形造成的问题,保证正式安装的顺利进行及工程进度。

3)梁段混凝土浇筑施工

当挂篮安装就位后,即可进行梁段混凝土浇筑施工。

混凝土浇筑时,应从悬臂端开始,两个悬臂端同时对称均衡地浇筑,并在浇筑混凝土的同时,注意保护好预应力孔道,以利于穿束。箱梁混凝土的浇筑可分 1 次浇筑法和 2 次浇筑法。采用 1 次浇筑法时,可在预板中部留洞口,以供浇筑底板混凝土,待底板混凝土浇筑好后,应立即焊接钢筋封闭洞口,并同时浇筑肋板混凝土,最后浇筑顶板混凝土。

当箱梁面积较大、节段混凝土浇筑量较大时,每个节段可分 2 次浇筑,即先浇筑底板到肋板的倒角以上的混凝土,再浇筑肋板上段和顶板的混凝土,其接缝按施工缝处理。由于第二次浇筑混凝土时,第一次浇筑的混凝土已经凝结,为了使后浇混凝土重量不致引起挂篮变形,从而避免混凝土开裂,可将底模支撑在千斤顶上,根据浇筑混凝土重量的变化,随时调整底模下的千斤顶,抵消挠度变形。

混凝土浇筑完毕,经养护达到设计强度的 75% 以后,进行孔道检查和修理管口弧度等工作,即可进行穿筋束、张拉、压浆和封锚。

4)梁段合龙

由于不同的悬浇和合龙程序引起的结构恒载内力不同,体系转换时徐变引起的内力重分布也不相同,因而采取不同的悬浇和合龙程序将在结构中产生不同的最终恒载内力,对此应在设计和施工中予以充分考虑。

合龙时的施工要点如下:

① 掌握合龙期间的气温预报情况,测试分析气温与梁温的相互关系,以确定合龙时间并为选择合龙口锁定方式提供依据。

② 根据结构情况及梁温的可能变化情况,选定适宜的合龙口锁定方式并进行力学验算。

③ 选择日气温较低、温度变化幅度较小时锁定合龙口并浇筑合龙段混凝土。

④ 合龙口的锁定应迅速、对称地进行,先将外刚性支撑一端与梁端部预埋件焊接(或栓接),再将内刚性支撑顶紧并焊接,而后迅速将外刚性支撑另一端与梁连接,临时预应力束也应随之快速张拉。在合龙口锁定后,立即释放一侧的固结约束,使梁的一端在合龙口锁定的连接下能沿支座自由伸缩。

⑤ 合龙口混凝土宜比梁体提高一个等级,并要求早强,最好采用微膨胀混凝土,应进行特殊配合比设计,浇筑时应注意振捣和养生。

⑥ 为保证浇筑混凝土过程中,合龙口始终处于稳定状态,必要时浇筑之前在各悬臂端加与混凝土重量相等的配重,加、卸载均应在对称梁轴线进行。

⑦ 混凝土达到设计要求的强度后,解除另一端的支座临时固结约束,完成体系转换,然后按设计要求张拉全桥剩余预应力束,当利用永久束时,只需按设计顺序将其补拉到设计张拉力即可。

2. 悬臂拼装法施工

预应力混凝土梁式结构悬臂拼装(简称悬拼)施工法,是将主梁沿顺桥向划分成适当长度并预制成块件,将其运至施工地点进行安装,经施加预应力后使块件成为整体的梁桥施工方法。而预制块件的预制长度,主要取决于悬拼吊机的起重能力,一般为 2~5 m。因而,悬拼吊机的起重能力是决定悬拼施工法的前提条件。

(1) 混凝土块件的预制

混凝土块件在预制前应对其分段预制长度进行控制,以便于预制和安装。分段预制长度应考虑预制拼装的起重能力;满足预应力管道弯曲半径及最小直线长度的要求;梁段规格应尽量少,以利于预制和模板重复使用;在条件允许的前提下,尽量减少梁段数;符合梁体配束要求,在拼合面上保证锚固钢束的对称性。

混凝土块件的预制方法有长线预制法、短线预制法和卧式预制法三种。而箱梁块件通常采用长线预制法或短线预制法,桁架梁段可采用卧式预制法。

1) 长线预制法

长线预制法是在工厂或施工现场按桥梁底缘曲线制作固定式底座,在底座上安装模板进行块件混凝土浇筑工作。长线预制需要较大的场地,其底座的最小长度应为桥孔跨径的 1/2,并要求施工设备能在预制场内移动。固定式底座的形成可利用预制场的地形堆筑土胎,上铺砂石并浇筑混凝土而成;在盛产石料的地区,可用石料砌成所需的梁底缘形状;在地质情况较差的预制场地,还可采用桩基础,在基础上搭设排架而形成梁底缘曲线。

2) 短线预制法

短线预制是由可调整内、外模板的台车与端梁来进行的。当第一节段块件混凝土浇筑完毕后,在其相对位置上安装下一节段块件的模板,并利用第一节段块件混凝土的端面作为第二节段的端模来完成第二节段块件混凝土的浇筑工作。这种预制方法适用于箱梁块件的工厂化生产,每条生产线平均 5 d 生产 4 个节段。

3) 卧式预制法

当主梁为桁架梁,具有较大的桁高和节段长度,且桁架的桁杆截面尺寸不大时,可采用卧式预制法。块件的预制可直接在场地上进行,相同尺寸的节段可采用平卧叠层预制。

（2）分段吊装系统设计与施工

当桥墩施工完成后，先施工 0 号块件，0 号块件为预制块件的安装提供必要的施工作业面，可以根据预制块件的安装设备，决定 0 号块件的尺寸；安装挂篮式吊机；从桥墩两侧同时、对称地安装预制块件，以保证桥墩平衡受力，减小弯曲力矩，如图 5 - 2 所示。

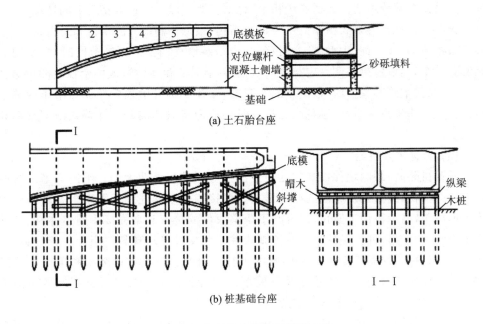

（a）土石胎台座

（b）桩基础台座

图 5 - 2　土石胎台座与桩基础台座

0 号块件常采用在托架上现浇混凝土，待 0 号块件混凝土达到设计强度等级后，才开始悬拼 1 号块件。因而分段吊装系统是桥梁悬拼施工的重要机具设备，其性能直接影响着施工进度和施工质量，也直接影响着桥梁的设计和分析计算工作。常用的吊装系统有移动式吊车吊装、桁式吊车吊装、悬臂式吊车吊装、缆索吊车吊装、浮式吊车吊装等类型。

1）移动式吊车悬拼施工

移动式吊车外形类似于悬浇施工的挂篮，是由承重梁、横梁、锚固装置、起吊装置、行走系统和张拉平台等几部分组成的。施工时，先将预制节段从桥下或水上运至桥位处，然后用吊车吊装就位。

2）桁式吊车悬拼施工

桁式吊车又分为固定式桁式吊车和移动式桁式吊车两种。固定式桁式吊车的钢桁梁长 108 m，中间支点支撑在 0 号块件上，边支点支撑在边墩后的临时墩上。移动式桁式吊车根据钢桁梁长度，可分为第一类桁式吊车和第二类桁式吊车。第一类桁式吊车钢桁梁长度大于最大跨径，桁梁支撑在已拼好的梁段和前方桥墩上，吊车在钢桁梁上移运预制节段进行悬拼施工。

第二类桁式吊车的钢桁梁长度大于 2 倍桥梁跨径,钢桁梁均支撑在桥墩上,在不增加梁段施工荷载的条件下,前方桥墩的 0 号块件可同时施工。

3) 悬臂式吊车悬拼施工

悬臂式吊车由纵向主桁梁、横向起重桁架、锚固装置、平衡重、起重索、行走系统和工作吊篮等部分组成。其适用于桥下通航、预制节段可浮运至桥跨下的情况。

纵向主桁架是悬臂式吊车的主要承重结构,根据预制节段的重量和悬拼长度,采用贝雷桁节、万能杆件、大型型钢等拼装。当吊装墩柱两侧的预制节段时,常采用双悬臂式吊车,当节段拼装到一定长度后,可将双悬臂式吊车改装成两个独立的单悬臂式吊车;在桥墩跨不大,且孔数不多的情况下,采用不拆开墩顶桁架而在吊车两端不断接长的方法进行悬拼,以避免每悬拼一对梁段而将对称的两个悬臂式吊车移动和锚固一次。

(3) 悬臂拼装接缝

悬臂拼装时,预制块件接缝的处理分湿接缝和胶接缝两大类。不同的施工阶段和不同的部位,交叉采用不同的接缝形式。湿接缝采用高强细石混凝土或高强度等级水泥砂浆,施工占用工期长,但有利于调整块件的位置和增强接头的整体性,通常用于拼装与 0 号块件连接的第一对预制块件。胶接缝采用环氧树脂为接缝材料,能消除水分对接头的有害影响。胶接缝主要有平面型、多齿型、单级型和单齿型等形式。齿型和单级型的胶接缝用于块件间摩阻力和黏结力不足以抵抗梁体剪力的情况,单级型的胶接缝有利于施工拼装。

由于 1 号块件的施工精度直接影响到以后各节段的相对位置,以及悬拼过程中的标高控制,所以 1 号块件与 0 号块件之间采用湿接缝处理,即在悬拼 1 号块件时,先调整 1 号块件的位置、标高,然后用高强度细石混凝土或高强度等级水泥砂浆填实,待接缝混凝土或水泥砂浆达到设计强度以后,施加预应力,以保证 0 号块件与 1 号块件的连接紧密。为了便于进行接缝处管道接头操作、接头钢筋的焊接和混凝土施工,湿接缝宽度一般为 0.12～0.2 m。

在拼装过程中,当拼装上翘误差过大、难以用其他方法补救时,可增设一道湿接缝来调整。增设的湿接缝宽度必须用凿打块件端面的办法来提供。

5.1.6 顶推法施工

预应力混凝土连续梁桥顶推法施工是沿梁桥纵轴方向,在桥台后(或引桥上)设置预制场地,浇筑梁段混凝土,待混凝土达到设计强度等级后,施加预应力,向前顶推,空出底座继续浇筑梁段,随后施加预应力与前一段梁连接,直至将整个梁桥梁段浇筑并顶推完毕,最后进行体系转换而形成连续梁桥。顶推法施工的实质是源于钢桥拖拉架设法在预应力混凝土梁桥的具体运用和发展,顶推法用千斤顶代替绞车和滑轮组,从而改善了绞车在启动时的冲力;用滑板、滑道代替滚筒,避免了滚筒的线支撑作用而引起的应力集中,为预应力箱形截面连续梁桥的安装提供了有利条件(见图 5 - 3)。

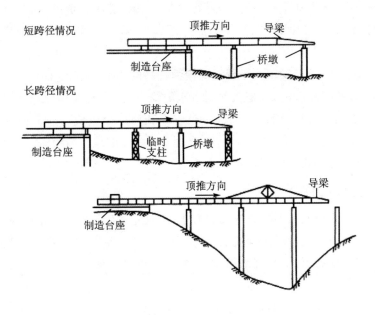

图 5 - 3　顶推法施工概貌及辅助设施

1．预制场地

预制场地包括预制台座和从预制台座到标准顶推跨之间的过渡孔。预制场地一般设置在桥台后面桥轴线的引道或引桥上。当桥跨为 50 m 时,通常只在一端设置预制场地,从一端顶推,也可在各墩上设置顶推装置,以减小顶推装置设在一端的顶推功率;当梁桥为多联顶推施工时,可在两端均设置预制场地,从两端相对顶推。为了避免天气影响,增加全年施工天数,便于混凝土的浇筑和养护,可在预制场地搭设固定式或活动式有盖作业棚,其长度应为 2 倍的预制梁段长度。当桥头直线引道长度受到限制时,可在引桥、路基或正桥靠岸一孔设置预制台座。

刚性预制台座的构造布置分为两部分:一部分为箱梁预制台座,即在基础上设置钢筋混凝土立柱或钢管立柱,立柱顶面用工字钢梁连成整体,直接承受垂直压力;另一部分为预制台座内滑道支撑墩,即在基础上立钢管或钢筋混凝土墩身,纵向连成整体,顶上设滑道,梁体脱模后,承受梁体重力和顶推时的水平力。

2．梁段预制

梁段预制方案根据桥头地形、模板结构和混凝土浇筑、养护的机械化程度等有两种方案可供选择:其一是在预制场内将准备顶推的梁段全断面整体浇筑完毕,再进行顶推;其二是将梁的底板、腹板、顶板在前后邻接的底座上分次浇筑混凝土并分次顶推,也就是分为几个连续的预制台座,在第一台座上立模、扎筋、浇底板混凝土,达到设计强度等级后,顶推到第二台座上,进行立模、扎筋、浇腹板混凝土,达到设计强度等级后,顶推到第三台座上,进行其余部分的施工,在空余的台座进行第二梁段的施工。

预制用模板宜采用钢模,为了便于底模面标高的严格控制,底模不与外侧模连在一起,而是由可升降的底模架(是在预制台座的横梁上,由升降螺旋千斤顶、纵梁、横梁、底钢板组成)和底模平面内不动的滑道支撑孔两部分组成。外侧模宜采用旋转式,主要由带铰的旋转骨架、螺旋千斤顶、纵肋、钢板等组成。内模板包括折叠、移动式内模板和支架升降式内模板两种形式。

3. 梁段预应力束

顶推法施工的预应力混凝土连续梁有永久束(完工后不拆除)、临时束(完工后便拆除)和后期束(全梁就位后的补充束)三类预应力束。预应力筋可采用高强钢丝、钢绞线或精轧螺纹钢筋等,锚具宜采用 $\phi 7$ 平行钢丝群锚体系。

施工中应注意以下几个方面:

① 临时预应力束应在顶推就位后拆除,不应压浆;

② 特别注意体外束的防腐与保护;

③ 纵向应设置备用孔道,以防施工中的不测;

④ 预应力束的张拉方法与一般预应力混凝土后的张拉方法相同,张拉的技术要求、质量控制标准等应严格按照现行施工技术规范和设计规定执行。

4. 顶推施工中的临时设施

由于施工过程中的弯矩包络图与成桥后运营状态的弯矩包络图相差较大,为了减小施工过程中的内力,扩大顶推施工的使用范围,保证安全施工和方便施工,在施工过程中必须采用临时设施。其临时设施有主梁前设置导梁,在桥跨中间设置临时墩,在主梁前端设置临时搭架,并用斜缆系于梁上等。

(1) 导 梁

导梁又称鼻梁,设置在主梁的前端,长度为顶推跨径的 0.6~0.8 倍,刚度为主梁的 1/9~1/15。若刚度过小,主梁会引起多余的内力;若刚度过大,则在支点处主梁的负弯矩会急剧增大。为了减轻自重,最好采用从根部到前端为变刚度的或分段变刚度的导梁。导梁底缘与箱梁底应在同一平面上,导梁前端底缘应呈向上的圆弧形,以便于顶推时顺利通过桥墩。

导梁可采用等截面或变截面的钢板梁和钢桁架梁。钢板梁式钢导梁适用于顶推跨径较大的情况,这样可以减小导梁本身的挠底变形。

导梁由主梁和联系杆件组成,主梁的片数与箱梁腹板相对应。为了便于运输,钢导梁纵向分成许多块,用拼接板和精轧螺栓拼成整体,主梁之间用节点钢板、角钢组成 T 字形联系杆件连成整体。钢桁架梁式钢导梁一般采用贝雷桁架、万能杆件或六四军用桁架组拼成桁架梁,以减小其本身的挠曲变形,且便于周转,为了满足使用上的要求,可在导梁底部采用加劲旋杆或型钢分段加劲。由于桁架结构均由销栓或螺栓连接,当采用贝雷桁片时,节点多为销栓结合,其挠度较大,导梁通过桥墩时需提梁;当采用万能杆件时,其节点多为普通螺栓连接,由于具有一定公差且导梁较长,会积累成非弹性挠曲,在桁架拼装成型后,可在导梁端设置横梁用中心预应力束进行张拉,以消除非弹性变形,满足使用要求。由于导梁在施工过程中,正、负弯矩反复出现,连接螺栓容易松动,因此在顶推过程中每经历一次反复,均需要检查和拧紧螺栓。

　　(2) 临时墩

　　临时墩是在施工过程中,为了减小主梁的顶推跨径,从而减小顶推时最大正、负弯矩在主梁内产生的内力,而在设计跨径中间设置的临时结构。

　　临时墩的结构形式可采用钢桁架或装配式钢筋混凝土薄箱、井筒等。通常在临时墩上只设置滑移装置,而不设置顶推装置;但若必须加设顶推装置,应通过计算确定。主梁顶推完成后落梁前,应立即取消临时支座,并拆除临时墩。

　　5. 顶推施工

　　顶推施工的关键工作是如何顶推,核心问题是如何利用有限的推力将梁顶推就位。

　　(1) 水平-竖向千斤顶顶推法

　　水平-竖向千斤顶顶推法的顶推力是由水平千斤顶和竖向千斤顶交替使用而产生的,是将顶推装置集中安装在梁段预制场附近的桥台或桥墩上,前方各墩顶只设置滑移装置。水平-竖向千斤顶顶推又分为单点顶推和多点顶推两种。

　　落梁:落梁是全部梁顶推到位后安置在设计支座上的工作。施工时应按营运阶段内力将全部未张拉预应力束穿入孔道进行张拉和压浆,拆除部分临时预应力束,并进行压浆填孔。落梁由竖向千斤顶卸落,将主梁落在滑块上,滑块顶面安置有橡胶摩擦垫,下面垫有聚四氟乙烯滑板,滑板下有光滑的不锈钢板制成的滑道,滑道临时固定在墩台座台上。

　　梁前进:主梁底与滑块橡胶的摩擦系数为 0.3～0.5,滑块与滑道间的摩擦系数为 0.05～0.07,故启动水平千斤顶,推动滑块前进,从而梁段也随之前进。

　　升梁:当水平千斤顶达到最大行程时,关闭水平千斤顶,启动竖向千斤顶将主梁提升 1～2 cm。

　　退回滑块:启动水平千斤顶,将滑块退回原处,从而完成一个循环。如此循环往

复,完成整个顶推工作。

为了防止梁段在顶推时的偏移,通常在梁段两旁隔一定距离设置导向装置,在导向装置上设置千斤顶,用千斤顶纠正顶推过程中的偏移。

单点水平-竖向千斤顶顶推需要两套顶推设备,全桥的顶推水平力由墩台的顶推设备承担,而各墩顶只设置滑移装置,这样所需顶推设备能力较大,不需要各墩的顶推设备同步进行,且墩顶将承受较大的水平摩阻力。

多点水平-竖向千斤顶顶推是在每个墩台上均设置千斤顶,将单点的顶推力分散到每个桥墩上,且在各墩及临时墩上设置滑动支撑。在顶推时,应做到同时启动,同步前进。由于利用了千斤顶传递给墩顶的反力来平衡梁段在滑移时在墩上产生的摩阻力,从而使桥墩在顶推过程中承受很小的水平力,故可以在柔性墩上进行多点顶推。多点顶推同步既包括同一墩上顶推设备同步运行,也包括各个墩上顶推设备纵向同步运行。同一桥墩两侧的两台水平千斤顶不同步将使盖梁受扭。任一墩上的水平千斤顶发生故障或推力减小,该桥墩将受到梁运行时的水平推力,水平推力值可正可负,若水平推力值比该墩能够承受的水平推力小,则该墩是安全的;否则,该墩可能发生过大的变形而开裂。

(2) 拉杆千斤顶顶推法

拉杆千斤顶顶推的水平力是由固定在墩台上的水平千斤顶通过锚固于主梁上的拉杆使主梁前进,也可以分为单点和多点拉杆千斤顶顶推。单点拉杆千斤顶顶推是将顶推装置集中设置在梁段预制场附近的桥墩台上,其余墩只设置滑移装置。其顶推程序与单点水平-竖向千斤顶顶推法基本相似,所不同的是不需将梁桥顶升到一定高度。

多点拉杆千斤顶顶推是将水平拉杆千斤顶分散到各个桥墩上,免去了在每一循环顶推中,用竖向千斤顶顶升梁段,使水平千斤顶回位,简化了工艺流程,加快了顶推施工进度。

(3) 设置滑动支座顶推法

设置滑动支座顶推法有设置临时滑动支撑和与永久性支座合一的滑动支撑顶推两种。

设置临时滑动支撑顶推是指在施工过程中所用的滑埠是临时设置的,用于滑移梁段和支撑梁段,在主梁就位后,拆除墩上顶推设备,同时张拉后期力筋和孔道灌浆,然后用大吨位千斤顶同步将一联主梁顶升,拆除滑道和滑道底座混凝土垫块,安放正式支座。

使用与永久性支座合一的滑动支撑顶推是一种将施工时的临时滑动支撑与竣工后的永久支座兼用的支撑进行顶推的方法,又称 RS 施工法。RS 施工法是将竣工后的永久支座安置在墩顶设计位置上,通过改造,可作为施工时的顶推滑道,主梁就位后,稍加改造即可恢复原支座状态。这种方法不需要拆除临时滑动支撑,也不需要大吨位竖向千斤顶顶升梁段。

5.2 拱桥施工

5.2.1 拱桥有支架施工

1. 拱 架

砌筑石拱桥或混凝土预制块拱桥,以及现浇混凝土或钢筋混凝土拱桥时,需要搭设拱架,以承受全部或部分主拱圈和拱上建筑的重量,保证拱圈的形状符合设计要求。拱架主要有钢桁架拱架、扣件式钢管拱架等。

(1) 钢桁架拱架

1) 常备拼装式桁架形拱架

常备拼装式桁架形拱架是由标准节段、拱顶段、拱脚段和连接杆等用钢销或螺栓连接的,拱架一般采用三铰拱,其横桥向由若干组拱片组成,每组的拱片数及组成由桥梁跨径、荷载大小和桥宽决定,每组拱片及各组间由纵、横联系连成整体。

2) 装配式公路钢桁架节段拼装式拱架

在装配式公路钢桁架节段的上弦接头处加上一个不同长度的钢铰接头,即可拼成各种不同曲度和跨径的拱架。在拱架两端应另加设拱脚段和支座,构成双铰拱架。拱架的横向稳定由各片拱架间的抗风拉杆、撑木和风缆等设备来保证。

3) 万能杆件拼装式拱架

万能杆件拼装式拱架是用万能杆件补充一部分带铰的连接短杆。拼装时,先拼成桁架节段,再用长度不同的连接短杆连成不同曲度和跨径的拱架。

4) 钢木组合拱架

这种拱架是由装配式公路钢桥桁架或万能杆件桁架和其上面的帽木、立柱、斜撑、横梁及弧形木等杆件构成木拱盔组合而成的。

(2) 扣件式钢管拱架

扣件式钢管拱架一般有满堂式、预留孔满堂式、立柱式扇形等几种形式。满堂式钢管拱架用于高度较小、在施工期间对桥下空间无特殊要求的情况。立柱式扇形钢管拱架是先用型钢组成立柱,以立柱为基础,在起拱线以上范围用扣件钢管组成扇形拱架。

扣件式钢管拱架的基础可以采用在立柱下端部垫上底座,使立柱承重后均匀沉降并有效地将荷载传递给地基。但由于立柱数量较多,分散而面宽,每根立柱所处的地基不相同,除按一般基础处理外,还可采取分别确定立柱管端承载能力的方法,使各立柱承载后的不均匀沉降控制在允许的范围内。

2. 模 板

(1) 拱圈模板

拱圈模板(底模)的厚度应根据弧形木或横梁间距的大小而定,一般有横梁时为 40～50 mm,直接搁置在弧形木上时为 60～70 mm,有横架时为使顺向放置在模板与拱圈内的弧线圆一致,可预先将木板压弯,但 40 m 以上跨径桥的横板可不必事先压弯。混凝土和钢筋混凝土拱圈模板在拱顶处应铺设一段活动模板,在间隔缝处应设间隔缝模板并在底模或侧模上留置孔洞,待分段浇筑完后再堵塞孔洞,以便清除杂物。在拱轴线与水平面倾角较大的地段,须设置顶面盖板,以防混凝土流失。

(2) 拱肋模板

拱肋模板的底模基本上与混凝土和钢筋混凝土拱圈相同,在拱肋间及横撑间的空档可不铺设底模。拱肋侧面模板,一般先按样板分段制作,然后拼装于底模之上,并用拉木、螺栓拉杆及斜撑等固定。但在安装时,应先安置内侧模板,等钢筋入模后再安置外侧模板,且应在适当长度内设置一道变形缝。拱肋模板设置于拱轴线较陡的拱段,随浇筑进度装钉。

3. 拱架的卸落和拆除

由于拱上建筑、拱背材料、连拱等因素对拱圈受力有影响,因此应选择在拱体产生最小应力时来卸架,一般在砌筑完成后 20～30 d,待砌筑砂浆强度达到设计强度的70％以后才能卸落拱架。

(1) 卸架要求

卸架应选择在下列阶段进行并符合下列规定:

① 实腹式拱在护拱、侧墙完成后。

② 空腹式拱在拱上小拱横墙完成后、小拱圈砌筑前。

③ 裸拱卸架时,应对裸拱进行截面强度及稳定性验算,并采取必要的稳定措施。

④ 如必须提前卸架时,应适当提高砂浆(或混凝土)强度或采取其他措施。

⑤ 卸落拱架时,应设专人用仪器观测拱圈挠度和墩台的变化情况,并详细记录。另设专人观察是否有裂缝现象。

⑥ 较大跨径拱桥的拱架卸落,一般在设计文件中有明确规定,应按设计规定进行。

（2）卸架设备

1）木　楔

木楔有简单木楔和组合木楔等不同构造,用木楔作为卸落设备,在满布式拱架中较常采用,在拱式拱架中也有采用。简单木楔是由两块 1:6～1:10 斜面的硬木楔形块组成的,构造简单,在落架时,用锤轻轻敲击木楔小头,将木楔取出,拱架即可落下。组合木楔是由三角形木楔和一根对拉螺栓组成的,在卸架时只需扭松螺栓,木楔便落下,拱架即可逐渐降落。组合木楔比简单木楔更为稳定和均匀。

2）砂　筒

砂筒是用铸铁拼成的圆筒或用方木拼成的方盒,砂筒上面的顶心可用方木或混凝土制成,砂筒与顶心间的空隙应以沥青填塞,以免砂子受潮不易流出。卸架是靠砂子从砂筒下部的泄砂孔流出而实现的,因此要求砂筒内的砂子干燥、均匀、洁净,卸架时靠砂子的泄出量来控制砂筒顶心的降落量(即控制拱架卸落的高度),分数次进行卸落,这样能使拱架均匀下降而不受振动。

3）拱架卸落的程序与方法

拱架卸落的过程实质上是由拱架支撑的拱圈(或拱上建筑已完成的整个拱桥上部结构)的重力逐渐移给拱圈自身来承担的过程,为了使拱圈受力有利,应采取一定的卸架程序和方法。在拱架卸落过程中,只有当其达到一定的卸落量时,拱架才能脱离拱圈体实现力的转移。

① 满堂式拱架的卸落:为了使拱圈体逐渐均匀地降落和受力,各支点卸落量应分成几次和几个循环逐步完成,各次和各循环之间应有一定的间歇,间歇后应将松动的卸落设备顶紧,使拱圈体落实。对于卸落程序可根据算出和分配的各支点的卸落量,从拱顶开始,逐次同时向拱脚对称地卸落。

② 工字梁活用钢拱架的卸落:工字梁活用钢拱架的卸落设备一般置于拱顶,卸落拱架时,先将 8 台卸落拱架的绞车绞紧,然后将拱顶卸拱设备上 1 个螺栓(组合木楔对拉螺栓)松几丝,即可放松绞车,敲松拱顶卸拱木,然后第二次绞紧绞车,松螺栓,再次放松绞车,如此逐次循环松降,直到降落到一定的卸落量 h 后,拱架即可脱离拱圈体。拱架脱离拱圈体后,即可撤除卸拱设备和拱顶一部分模板,然后将第 1 组轨束松至与第 3 组轨束相平,并用另一绞车将拱脚处支座从缺口中拉出,然后同时松动两组绞车,将拱架降落到地面拆除。第 1、3 组落地后,再落第 2、4 组。

③ 扣件式钢管拱架的卸落:由于扣件式钢管拱架没有卸落设备,因此卸落时只需用扳手拧松扣件,取走拱架杆件,卸架时以对拱圈受力有利为原则。卸架程序和方法可参照满堂式拱架。

4. 现浇钢筋混凝土拱圈

（1）施工程序

1）上承式拱桥

上承式钢筋混凝土拱桥的施工程序为:先在拱架上现浇钢筋混凝土拱圈(或拱

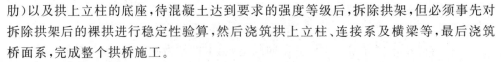

肋)以及拱上立柱的底座,待混凝土达到要求的强度等级后,拆除拱架,但必须事先对拆除拱架后的裸拱进行稳定性验算,然后浇筑拱上立柱、连接系及横梁等,最后浇筑桥面系,完成整个拱桥施工。

2)中、下承式拱桥

中、下承式拱桥一般是按拱肋、桥面系、吊杆施工顺序来进行施工的。桥面系可采用预制安装的方法进行施工,这样可以加快施工进度。吊杆分为刚性吊杆和柔性吊杆。刚性吊杆是在钢丝束或钢绞线束外包混凝土,柔性吊杆采用钢丝束或钢绞线束,防腐采用 PE 热挤防护套,一般是在工厂制作后成捆运至工地安装。

3)系杆拱桥

系杆拱桥的系杆分为刚性系杆和柔性系杆两种。对于刚性系杆拱桥,可采取先浇筑或安装系杆,然后在系杆上安装拱架,浇筑拱肋混凝土,最后安装吊杆的方法;对于柔性系杆拱桥,可采取先安装拱架,然后浇筑拱肋混凝土,卸落拱架,安装吊杆、横梁,最后施工桥面系的方法。

(2)拱圈(或拱肋)的浇筑

拱圈(或拱肋)的浇筑有以下方法:

① 连续浇筑:当拱桥的跨径较小(一般小于 16 m)时,拱圈(或拱肋)混凝土应按全拱圈宽度,自两端拱脚向拱顶对称地连续浇筑,并在拱脚混凝土初凝前浇筑完毕。

② 分段分环浇筑:当拱桥跨径较大(一般大于 16 m)时,为了避免拱架变形而产生裂缝以及减小混凝土收缩应力,拱圈(或拱肋)应采取分段浇筑的施工方案,分段位置的确定是以拱架受力对称、均衡、拱架变形小为原则,一般分段长度为 6～15 m。分段浇筑的程序应符合设计要求,且对称于拱顶,使拱架变形保持对称、均衡和尽可能小;但应在拱架挠曲线为折线的拱架支点、节点、拱脚、拱顶等处设置分段点并适当预留间隔缝。对于大跨径的箱形截面的拱桥,一般采取分段、分环的浇筑方案。分环有分成二环浇筑和分成三环浇筑两种方案。分成三环浇筑是先分段浇筑底板(第一环),然后分段浇筑腹板和横隔板(第二环),最后分段浇筑顶板(第三环)。

5.2.2 拱桥无支架施工

肋拱、箱形拱的无支架施工包括扒杆、龙门架、塔式吊机、浮吊、缆索吊装等,而缆索吊装是应用最为广泛的施工方案。根据拱桥缆索吊装的特点,其一般的吊装程序(针对五段吊装方案)为:边段拱圈(肋)的吊装并悬挂、次边段的吊装并悬挂、中段的吊装及合龙以及拱上的构件的吊装等。

1. 吊装前的准备工作

缆索吊装前的准备工作包括预制构件的质量检查、墩台拱座尺寸的检查、跨径与拱圈(肋)的误差调整等工作。

2. 缆索设备的检查与试吊

缆索吊装设备在使用前必须进行试拉和试吊。试拉包括地锚的试拉、扣索的试拉。试吊主要是主索系统的试吊，一般分跑车空载反复运转、静载试吊和吊重运行三个阶段。在各阶段试吊中，应连续观测：塔架位移、主索垂度和主索受力的均匀程度；动力装置工作状态，牵引索、起重索在各转向轮上的运转情况；主索的稳固情况以及检查通信、指挥系统的通畅性能和各作业组之间的协调情况。试吊后应综合各种观测数据和检查情况，对设备的技术状况进行分析和鉴定，提出改进措施，确定能否进行正式吊装。

3. 缆索吊装观测

缆索吊装观测包括主索垂度观测、缆索拉力观测、搭架位移观测和拱圈(肋)高程观测等。主索垂度观测可以在跑车上安放吊绳直接观测和用经纬仪测仰角来计算。

5.2.3　其他施工方法

1. 转体施工法简介

转体施工法一般适用于单孔或三孔拱桥的施工。其基本原理是：将拱圈或整个上部结构分为两上半跨，分别在河流两岸利用地形或简单支架现浇或预制装配半拱，然后利用一些机具设备和动力装置将其两半跨拱体转动至桥轴线位置(或设计标高)合龙成拱。采用转体法施工拱桥的特点是：结构合理，受力明确，节省施工用材，减少安装架设工序，变复杂的、技术性强的水上高空作业为岸边陆上作业，施工速度快，不但施工安全、质量可靠，而且在通航河道或车辆频繁的跨线立交桥的施工中可不干扰交通、不间断通航、减少对环境的损害、减少施工费用和机具设备，是具有良好的技术经济效益和社会效益的桥梁施工方法之一。

转体的方法可以采用平面转体、竖向转体或平竖结合转体，目前已应用在拱桥、梁桥、斜拉桥、斜腿刚架桥等不同桥型上部结构的施工中。

(1) 平面转体

平面转体可分为有平衡重转体和无平衡重转体。有平衡重转体一般以桥台背墙作为平衡重，并作为桥体上部结构转体用拉杆的锚碇反力墙，用以稳定地转动体系和调整重心位置。为此，平衡重部分不仅在桥体转动时作为平衡重量，而且也要承受桥梁转体重量的锚固力。无平衡重转体不需要平衡重量，以两岸山体岩上锚洞作为锚碇来锚固半跨桥梁悬臂状态时产生的拉力，并在立柱上端做转轴，下端设转盘，通过转动体系进行平面转体。平面转体主要适用于刚构梁式桥、斜拉桥、钢筋混凝土拱桥及钢管拱桥。

(2) 竖向转体

竖向转体施工就是在桥台处先竖向预制半拱或在桥台前俯卧预制半拱，然后在

桥位平面内绕拱脚将其转动合龙成拱。根据河道情况、桥位地形和自然环境等方面的条件和要求,竖向转体施工有以下两种方式:

① 竖直向上预制半拱,然后向下转动成拱。其特点是施工占地少,预制可采用滑模施工,工期短,造价低。需注意的是,在预制过程中应尽量保持半拱轴线垂直,以减小新浇混凝土重力对尚未凝结混凝土产生的弯矩,并在浇筑一定高度后加设水平拉杆,以避免因拱形曲率影响而产生较大的弯矩和变形。

② 在桥面以下俯卧预制半拱,然后向上转动成拱。其主要适用于转体重量不大的拱桥或某些桥梁预制部件(塔、斜腿、劲性骨架)。

(3) 平竖结合转体

由于受到河岸地形条件的限制,拱桥采用转体施工时,可能遇到既不能在设计标高处预制半拱,也不可能在桥位竖直平面内预制半拱的情况(如在平原区的中承式拱桥)。此时,拱体只能在适当位置预制后既需平转,又需竖转才能就位。这种平竖结合转体的基本方法与前述相似,但其转轴构造较为复杂。当地形、施工条件适合时,混凝土肋拱、刚架拱、钢管混凝土可选用此法施工。

2. 有平衡重平面转体施工

有平衡重平面转体施工的特点是转体重量大,施工的关键是转体。要把数百吨重的转动体系顺利、稳妥地转到设计位置,主要依靠以下两项措施实现:正确的转体设计;制作灵活可靠的转体装置,并布设牵引驱动系统。目前,国内使用的转体装置有两种,都是通过转体实践考验、行之有效的。第一种就是以聚四氟乙烯作为滑板的环道平面承重转体;第二种是以球面转轴支撑辅以滚轮的轴心承重转体。

3. 无平衡重平面转体施工

采用有平衡重转体施工修建拱桥,转动体系中的平衡重一般选用桥台背墙。但随着桥梁跨径的增大,需要的平衡重量急剧增加,不但桥台不需如此巨大坞工,而且转体重量太大也增加了转体的困难。与有平衡重转休相比,无平衡重转体施工是把有平衡重转体施工中的拱圈扣索拉力锚固在两岸岩体中,从而节省了庞大的平衡重。锚碇拉力是尾索预加应力传给引桥桥面板(或平撑、斜撑),以压力的形式储备。桥面板的压力随着拱条转体的角度变化而变化,当转体到位时达到最小。

5.3　其他桥梁施工

5.3.1　斜拉桥

1. 斜拉桥的一般规定

① 本节适用于预应力混凝土斜拉桥、钢斜拉桥、钢-混凝土组合梁和混合梁斜拉

桥,以及矮塔斜拉桥和无背索斜拉桥的施工。

② 斜拉桥施工前应全面了解设计要求,根据结构特点和受力特性,制定施工技术方案和安全技术方案。施工时应做好施工过程控制,使成桥线形、内力符合设计要求。

2. 斜拉桥的具体规定

(1) 索　塔

① 索塔的施工方法宜根据其结构特点、施工环境和设备能力等综合确定。索塔施工期间,应具有必要的起重设备和安全通道。索塔施工时应对其平面位置、断面尺寸、倾斜度、应力和线形等进行监测和控制。

② 混凝土索塔的施工应符合下列规定:

塔柱节段施工长度的划分,宜根据索塔结构形式、钢筋定尺长度和施工条件等因素确定。塔柱模板应具有足够的强度、刚度和稳定性;用于高塔且风力较大地区的模板应进行抗风稳定性验算。

塔座及塔柱实心段施工时,除应控制好模板的平面位置和倾斜度外,尚应对混凝土采取降低水化热和温度控制的措施,同时宜采取适当措施缩短塔座与承台、塔柱与塔座之间浇筑混凝土的间隔时间,间歇期不宜大于 10 d。

索塔与主梁不宜交叉施工,必须交叉施工时应采取保证质量和施工安全的措施。索塔施工时宜设置劲性骨架,所设置的劲性骨架应能起到保证钢筋架立、模板安装和拉索预埋导管空间定位精度的作用。

横梁施工时,应设置可靠的支架系统。支架系统应进行专门设计,其强度、刚度和稳定性应满足使用要求,同时应考虑变形和日照温差等因素对支架系统的不利影响。体积过大的横梁可沿高度方向分次浇筑,但分次浇筑的时间间隔不宜超过 10 min,并应采取措施防止施工接缝处产生收缩裂缝;分次浇筑时,支架系统的设计宜考虑横梁的全部自重。

塔柱和横梁可同步施工或异步施工。异步施工时,塔柱与横梁之间浇筑混凝土的间隔时间不应超过 30 d,并应采取措施使塔梁之间的接缝可靠连接,不得产生收缩裂缝。倾斜塔柱施工时,应对各施工阶段塔柱的强度和变形进行验算,分高度设置主动横撑或拉杆,使其线形、内力和倾斜度满足设计要求并保证施工期结构的安全。

混凝土浇筑施工时应根据索塔的高度及混凝土的供应能力选择适宜的输送方式,采用输送泵时宜一泵到顶。浇筑混凝土时,布料应均匀,应控制其倾落高度不超过 2 m,保证混凝土不产生离析,并应采取措施避免上部塔体施工时对下部塔体的表面造成污染。混凝土浇筑完成后,应及时养护。养护的方法和措施应根据结构特点、气温、环境条件等因素综合确定,每一节段现浇混凝土的养护时间应不少于 7 d。

索塔横梁和拉索锚固区的预应力施工,应符合现行行业标准《公路桥涵施工技术规范》的有关规定。对于拉索锚固区曲率半径较小的环向预应力钢束,宜按设计要求进行模型试验,取得经验数据后方可正式施工。

对拉索预埋导管的安装,应在施工前认真复核设计单位提供的施工图是否已进行拉索的垂度修正。定位安装时宜利用劲性骨架控制导管进出口处的中心坐标,并应采取其他辅助措施进行调整和固定。预埋导管不宜有接头。在上塔柱安装钢锚箱或钢锚梁时,应根据构件的结构特点,提前确定吊装的方法和施工工艺,并验算吊装的安全性。吊装宜在风速 10 m/s 以下的时段进行,安装的允许误差应符合设计要求。

③ 钢索塔的施工应符合下列规定:

钢索塔的构件在工厂制作时应进行试拼装,试拼装合格后方可启运,并应根据不同的运输方式对构件进行必要的临时加固和保护。节段构件安装的吊点、导向件及临时匹配件宜在厂内制作时设置。

安装施工前应编制详细的节段构件吊装施工工艺,并应核对各节段构件的编号和起吊质量。在吊装前应对节段构件起吊的稳定性进行验算,并应对各关键部位进行临时加固后试吊,确认无误方可正式起吊安装。

钢索塔与基础的连接采用螺栓锚固时,承压板与混凝土之间应保持密贴,混凝土表面应抛光磨平并对承压板进行机械加工切削。采用埋入式锚固时,应保证底座的安装精度符合设计要求。

采用高强度螺栓连接或焊接连接的钢索塔,其工地现场连接施工应符合现行行业标准《公路桥涵施工技术规范》的规定。

倾斜索塔架设时,应验算索塔内力,控制成塔线形,分高度设置水平横撑或拉杆。在架设安装过程中,应分阶段对已完成的索塔采取必要的抑振措施,保证后续施工中永久结构和临时结构的安全性,以及施工操作人员的舒适性。

索塔架设安装时,应根据高空作业的特点制定安全施工专项方案,保证施工安全,并应充分考虑天气对施工的影响。

(2) 主 梁

1) 施工方法

主梁应严格按照预定的程序、方法和措施进行施工。对于设计为飘浮或半飘浮体系的斜拉桥,在主梁施工期间应使塔梁临时固结。主梁在悬臂施工时,应保持两端的施工荷载对称平衡,其最大不平衡荷载不得超过设计允许的范围。

2) 施工规定

混凝土主梁采用悬臂浇筑法施工时,应符合下列规定:

① 0 号梁段及相邻梁段浇筑施工时,应设置可靠的支架系统。支架系统应进行专门设计,其强度、刚度和稳定性应满足使用要求,同时应考虑变形、地基的不均匀沉降和日照温差等因素对支架系统的不利影响。施加在支架上的临时施工荷载应包括悬浇挂篮的质量。辅助跨梁段的现浇支架亦应符合上述规定。

② 用于悬浇施工的挂篮应进行专门设计,挂篮应满足使用期的强度和稳定性要

求,同时应考虑主梁在浇筑混凝土时抗风振的刚度要求。挂篮的全部构件制作完成后应进行检验和试拼,合格后再运至现场整体组装,并应按设计荷载及技术要求进行预压。挂篮在预压时应测定其弹性挠度的变化、高程调整的性能及其他技术性能。

③ 混凝土主梁采用悬臂拼装法施工时,除应符合现行行业标准《公路桥涵施工技术规范》的有关规定外,还应符合下列规定:

梁段的预制可采用长线法或短线法台座。预制台座的设计应考虑主梁成桥线形的影响,并应保证预制梁段的截面尺寸能满足拼装的精度要求。预制梁段的混凝土端面应密实饱满,不得随意修补。

对梁段拼装用的非定型桥面悬臂吊机或其他起吊设备,应进行专门设计并委托具有相应资质的专业单位加工制造,加工完成后应进行出厂质量验收。起吊设备在现场组装后应进行试吊,确认安全后方可用于正式施工。

现浇 0 号及其相邻的梁段时,在现浇梁段和第一节预制安装梁段间宜设湿接头,对湿接头结合面的梁段混凝土应进行凿毛并清洗干净。采用垫片调整梁段拼装线形时,每次调整的高程不应大于 20 mm;多段拼装中的累计误差,可用湿接头调整。

④ 钢主梁的施工应符合下列规定:

钢梁应由具备相应资质的专业单位加工制造,制造完成后应在工厂内进行试拼装和涂装,经质量检验合格后方可运至工地现场。加工制造应符合现行行业标准《公路桥涵施工技术规范》的规定,钢梁构件上的吊点、导向件及临时匹配件宜按照设计要求在工厂加工制造时设置。

钢梁的构件或梁段在运输过程中,应采取可靠的临时加固措施,避免其受到损伤。在工地临时存放时,应对存放场地进行规划,存放场地应平整、稳固,排水良好,存放的构件或梁段应距离地面一定高度,基础应具有足够的强度,并应防止地基的不均匀沉降;同时应采取必要的防护措施,防止钢梁积水锈蚀和栓接板面损坏、污染。

钢梁架设安装采用的桥面悬臂吊机或其他起吊设备,其基本要求应符合现行行业标准《公路桥涵施工技术规范》的相关规定。桥面悬臂吊机的前支点和后锚间点应严格按设计要求可靠设置,保证架设安装期的起吊安全。

钢梁安装施工前应编制详细的梁段吊装施工工艺,并应制定梁段间连接的工艺标准、焊接或栓接的工艺检验标准,以及施工的安全技术规程。在吊装前应核对各构件或梁段的起吊质量,以及构件或梁段起吊的稳定性进行验算,经试吊确认无误后方可正式起吊安装。

在支架上进行索塔附近无索区梁段安装施工时,应设置可调节梁段空间位置的装置,保证梁体在安装时的精确定位。

应采取必要措施减少钢箱梁安装时的接缝偏差,在内、外腹板位置,高度方向和宽度方向的拼接错口宜不大于 2 mm。

钢-混凝土组合梁的施工应符合下列规定:

① 钢-混凝土组合梁在施工前,应根据结构特点和受力特性确定施工程序和施

工工艺。钢结构部分的施工应符合现行行业标准《公路桥涵施工技术规范》的相关规定。

② 混凝土桥面板宜预制施工,对跨径不大的组合梁或某些特殊部位,可现浇施工。预制施工时,预制台座顶面的平整度宜不大于 2 mm,侧向模板的设置应保证钢筋及预应力管道的准确定位。

③ 桥面板混凝土可适当掺加能提高混凝土抗裂性能的材料。但掺加材料应得到设计部门的认可并应通过试验确定其掺量和效果。混凝土浇筑后,应及时覆盖,进行洒水养护,养护的时间应不少于 7 d。拆模后应及时对桥面板侧面的混凝土进行凿毛,凿毛可采用人工方式或采用高压水冲洗,凿毛的深度宜为 5~8 mm。

④ 预制桥面板的存放台座应进行专门设计。桥面板在台座上叠放的数量应根据地基情况经计算确定。当台座位于软弱地基上时,应采取措施防止地基不均匀沉降。预制桥面板的存放时间不宜少于 6 个月。

⑤ 预制桥面板在起吊、运输和安装时,应采取必要措施防止对其产生碰撞、坠落等损伤而开裂,对吊点处的局部应力应进行验算。预制桥面板安装前,应将钢梁与桥面板的结合面及剪力连接装置表面清理干净;安装应遵循先预制先安装的原则,安装时不得因桥面板就位困难而随意破坏剪力连接装置。

⑥ 各桥面板单元之间的湿接缝应采用微膨胀、低收缩混凝土。湿接缝混凝土浇筑后的养护时间应不少于 7 d,对桥面板预应力钢束的张拉宜在混凝土龄期达 7 d 后进行。

⑦ 当组合梁采用先组合形成节段再安装的方法施工时,应在规划的场地上设置台座,将钢梁准确置于台座上再支立模板进行桥面板混凝土的浇筑施工。台座应进行专门设计,同时应考虑台座地基的不均匀沉降对组合梁节段形成的不利影响。组合梁节段的存放、运输和安装施工应符合相关规定。

钢-混凝土混合梁的施工应符合下列规定:

① 混合梁施工时,钢主梁部分的施工应符合现行行业标准《公路桥涵施工技术规范》的相关规定;混凝土主梁部分的施工应符合现行行业标准《公路桥涵施工技术规范》的规定。钢梁与混凝土梁在结合段处的临时连接应严格按照设计要求设置。

② 对支承钢-混凝土结合段连接施工的支架,应进行专门设计,支架的强度、刚度和稳定性应满足使用的要求,并应充分考虑变形、地基的不均匀沉降和日照温差等因素对支架系统的不利影响。

③ 结合段在浇筑混凝土之前,应对混凝土梁的结合面进行严格凿毛,并将全部结合面清理干净。结合段宜采用微膨胀、低收缩混凝土,其配合比应通过专项试验确定;混凝土浇筑时应充分振捣,保证其密实性;混凝土浇筑后的养护时间应不少于 7 d。

④ 结合段的预应力钢束宜在混凝土龄期达 7 d 后张拉或符合设计规定,张拉时应对称均衡地进行,预应力的其他施工要求应符合现行行业标准《公路桥涵施工技术规范》的规定。

⑤ 主梁采用支架现浇、顶推、转体等方法施工时,应按现行行业标准《公路桥涵施工技术规范》相关章节的规定执行。

⑥ 对于大跨径斜拉桥,应采取措施合理安排施工进度计划,避免在不利的大风或台风季节进行长悬臂状态下的主梁施工;不可避免时,应采取必要的临时抗风措施,保证结构在施工过程中的安全。

主梁的合龙施工应符合下列规定:

① 主梁的合龙应按照设计和施工控制的要求进行,施工前应确定施工程序并进行合龙施工计算,制定详细的施工工艺及各项保障措施的方案。

② 对合龙前最后若干个悬臂施工梁段的高程、线形、轴线偏差及索力应进行严格控制,使合龙两侧主梁的自然相对偏差满足合龙的误差要求。

③ 混凝土主梁和全焊钢主梁在合龙时,应按照设计要求设置临时刚性连接,控制合龙长度及主梁轴线与高程的变化。

④ 主梁合龙施工期间,应对桥面上的临时施工荷载进行严格控制,不得随意施加除合龙施工需要外的其他附加荷载。

⑤ 主梁中跨合龙后,应按设计要求的程序在规定时间内拆除塔梁临时固结装置,保证结构体系的安全转换。

⑥ 边跨合龙应根据主梁的结构特点按现行行业标准《公路桥涵施工技术规范》的相关要求进行施工。

多塔斜拉桥主梁的合龙应符合设计规定。

3. 拉　索

① 拉索及其附件应符合设计规定,进场后应进行质量验收,平行钢丝拉索应符合现行国家标准《斜拉桥热挤聚乙烯高强钢丝拉索技术条件》的要求,成品拉索在出厂前应做放索试验,同时应做 1.2～1.4 倍设计索力的超张拉检验,检验后冷铸锚板的内缩值不宜大于 5 mm;钢绞线拉索采用的钢绞线、锚具应分别符合现行国家标准《预应力混凝土用钢绞线》和《预应力筋用锚具、夹具和连接器》的要求。成品拉索和钢绞线应缠绕成盘进行运输,在起吊、运运和存放时应采取措施防止其破损、变形或腐蚀。

② 拉索在安装施工时,应按设计要求及拉索结构的不同制定相应的施工方案、施工工艺及施工安全技术。安装前还应全面检查预埋拉索导管的位置是否准确,发现问题及时采取措施予以处理,同时应将导管内的杂物清理干净。

③ 拉索的安装施工应按设计和施工控制的要求进行,在安装和张拉拉索时应采用专门设计制作的施工平台及其他辅助设施进行操作,保证施工安全。张拉拉索用的千斤顶、油泵等机具及测力设备应按现行行业标准《公路桥涵施工技术规范》的要求进行配套校验。为施工配备的张拉机具,其能力应大于最大拉索所需要的张拉力。

④ 拉索可在塔端或梁端单端进行张拉,张拉时应按索塔的顺桥向两侧及横桥向

两侧对称同步进行。同步张拉时，不同拉索力之间的差值不得超出设计和施工控制的规定；两侧不对称或设计拉力不同的拉索，应按设计规定的索力分级同步张拉，各千斤顶同步之差不得大于油表读数的最小分度。拉索张拉的顺序、级次数和量值应符合设计和施工控制的规定。张拉宜以测定的索力或油压表量值为准，以延伸值做校核。

平行钢丝拉索的安装和张拉施工应符合下列规定：

① 施工前应根据索长、索重、斜度和风力等因素，计算拉索在安装时锚头距索管口不同距离以及满足锚环支承时的牵引力。张拉杆、连接套和软牵引等施工辅助设施应经专门设计，并应在正式使用前进行 1.2 倍设计牵引力的对拉试验。

② 吊装时不宜使用起重钩或容易对索体产生集中应力的吊具直接挂扣拉索，宜采用带胶垫的管形夹具和尼龙吊带并设置多吊点进行起吊。放索时索体应在柔软的滚轮或带输送机上拖拉，并应控制索盘的转速，防止转速过快导致索盘倾覆。

③ 安装施工时不得挤压、弯折索体，不得损伤索体的保护层和索端的锚头及螺纹。应在索管管口处设置对中控制的装置或限位器进行调控，防止锚头和索体在穿入索管时因偏位而产生摩擦受损。当拉索的索体防护层和锚头已发生不影响使用的损伤时，应及时进行修复并记录在案，施工结束后对损伤部位还应进行跟踪维护。

④ 拉索的内置式减振圈和外置式抑振器未安装前，应采取有效措施，保证塔、梁两端的索管和锚头不受水或其他介质的污染和腐蚀。

⑤ 张拉平行钢丝拉索时，其施工的方法和设备应根据索型、锚具、布索方式、塔和梁的构造特点确定。

钢绞线拉索的安装施工应符合下列规定：

① 安装施工前，应在桥面上的适当位置设置钢绞线的放线架、导向轮和切割工作平台，以及切割和墩头的相关设备，并应在塔柱外的顺桥向两侧附近安装操作平台和起吊设备。

② 拉索外套管的连接采用热熔焊接接头时，热熔焊接的温度应符合外套管材料的要求。对外套管进行移动时，不得将其在未加支垫保护的桥面上拖拽；起吊过程中，其下方严禁站人。与外套管有连接关系或承套关系的所有部件均应与其临时固定。临时固定时宜在塔、梁两端各留出 0.5 m 左右的空间。

③ 钢绞线的下料长度应计入牵引、张拉时的工作长度。下料时对钢绞线的切割应采用砂轮锯，不得采用电弧焊或氧乙炔进行切断。

④ 牵引安装钢绞线时，其牵引装置必须安全可靠，牵引过程中钢绞线不得弯折，转向时应通过导向轮实现。每根钢绞线安装就位后，均应及时用夹片锁定。

钢绞线拉索的张拉施工应符合下列规定：

① 钢绞线拉索宜采用单根安装、单根张拉、最后再整体张拉的施工方法。单根钢绞线的张拉应按分级、等值的原则进行，整体张拉时应以控制所有钢绞线的延伸量相同为原则。拉索整体张拉完成后，宜对各个锚固单元进行顶压，并安装防松装置。

②　在一根斜拉索中,单根张拉后各钢绞线索力的离散误差不宜超过±2%;整体张拉完成后,各钢绞线索力的离散误差不宜超过±1%。

③　拉索的张拉工作全部完成后,应及时对塔、梁两端的锚固区进行最后的组装以及抗振防护与防腐处理。

④　拉索索力实测值与设计值的偏差不宜大于5%,超过时应进行调整。调整索力时应对索塔和相应的主梁梁段进行变形和应力监测,并做记录。

4.　上部结构施工控制

①　斜拉桥上部结构施工时,应对其施工过程进行控制。应保证结构在施工过程中始终处于安全范围内,成桥后的线形、内力和索力应符合设计要求。施工控制的方法宜根据结构特点、施工方案和环境条件等因素综合选择确定。

②　斜拉桥的施工控制宜遵守以下原则:在主梁悬臂施工阶段以高程控制为主,在后期恒载施工阶段以控制索力为主。

③　施工控制应贯穿于斜拉桥施工的全过程中,除施工应按规定的程序进行外,对各类施工荷载应加强管理,并应对施工过程中的变形、应力和温度等参数进行监控测试,且采集的数据应准确、可靠。

监控测试应符合下列规定:

①　宜选择无风或微风的天气进行测试,减小风对测量的不利影响。

②　测试时应停止桥上的机械施工作业,消除机械设备的振动及不平衡荷载等对测试产生的不利影响。

③　各种测试均应在尽可能短的时间内完成,应避免测试条件产生较大的变化。测量宜在夜间气温相对稳定的时段进行。

5.　矮塔斜拉桥

①　矮塔斜拉桥各部位的施工除应分别符合现行行业标准《公路桥涵施工技术规范》的规定外,还应根据其结构特点和受力特性,制定针对特殊部位的施工方案、施工工艺及控制方法。

②　安装拉索的索鞍前,应检查分丝管数量是否正确,有无孔洞等。安装时,宜采用劲性骨架进行定位,保证索鞍位置符合设计规定的精度要求。

③　在浇筑索鞍区混凝土时,应按索鞍分排的情况依次浇筑。振捣混凝土时不得碰撞索鞍区的预埋钢管,并应采取措施保证索鞍区下方混凝土的密实性。

④　抗滑锚块压注环氧砂浆时,应采用专用的环氧砂浆压浆机进行压注,并应封闭索鞍管口,防止环氧砂浆进入索鞍内。采用内外管索鞍时,应采取有效措施保证内管压浆的密实性,保证拉索的防腐效果。

⑤　混凝土主梁施工时的控制宜以调整挂篮立模高程为主,主梁为钢梁时宜以调整梁顶高程为主。

⑥　张拉拉索时,每张拉完一根平行钢丝拉索,或每张拉完一根钢绞线,均应对索

鞍两侧的管口进行封堵,保证雨水与杂物不进入管内。

⑦ 矮塔斜拉桥施工的质量标准除应符合一般斜拉桥相应的规定外,索鞍的预埋钢管应符合下列规定:管口高程的允许偏差为±10 mm;管口坐标的允许偏差为±10 mm,且两边同向。

6. 无背索斜拉桥

① 无背索斜拉桥的施工应根据其结构特点和受力特性,在施工前制定施工方案和施工工艺。采用先塔后梁还是先梁后塔的施工方法宜根据索塔的倾斜程度确定。

② 倾斜混凝土索塔的施工,在进行模板、支架设计及预埋拉索导管定位时,应充分考虑因塔的倾斜而导致各种构造尺寸和角度的变化,认真复核验算,避免发生差错。对于倾斜钢索塔,在加工制造前,应在认真复核设计图纸的基础上,绘制加工工艺图,并应在加工制造时严格控制精度。

③ 采用先塔后梁的方法进行倾斜索塔的施工时,应采取必要措施,避免塔柱根部的混凝土产生过大的拉、压应力;有横梁的索塔,在横梁施工时应根据其构造特点对模板和支架系统进行专门设计;支架系统应可靠,其强度、刚度和稳定性应满足使用的要求。采用先梁后塔方法时,索塔应结合拉索的安装和张拉并按照施工控制的要求进行分段施工。

5.3.2 悬索桥

1. 悬索桥一般规定

① 适用于主缆采用平行高强钢丝的地锚式悬索桥及自锚式悬索桥的施工、砌体类型悬索桥的施工可参考执行。

② 悬索桥施工的准备工作除应符合现行行业标准《公路桥涵施工技术规范》的规定外,尚应根据其结构特点和受力特性,在全面了解设计要求的基础上,制定施工技术方案和安全技术方案,同时应做好各种钢构件的加工、特殊机械设备的设计制作和必要的试验等工作。对索股、索鞍、索夹和吊索等,应按照现行国家标准或行业标准的规定制作,并应对其制作质量进行检测和验收。

③ 悬索桥施工应进行施工过程控制,应使成桥线形和内力符合设计要求。

2. 悬索桥具体规定

(1) 锚 碇

重力式锚碇的基坑开挖和基础施工应符合下列规定:

① 基坑开挖施工除应符合现行行业标准《公路桥涵施工技术规范》的有关规定外,还应沿等高线自上而下分层进行开挖,在坑外和坑底应分别设置截水沟和排水沟,并应防止地面水流入孔内而引起塌方或破坏基底土层。采用机械开挖时,应在基底高程以上预留150~300 mm的土层,采用人工清理,且不得破坏基底岩土的原状

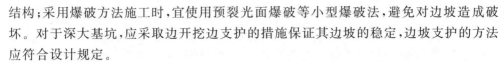

结构;采用爆破方法施工时,宜使用预裂光面爆破等小型爆破法,避免对边坡造成破坏。对于深大基坑,应采取边开挖边支护的措施保证其边坡的稳定,边坡支护的方法应符合设计规定。

② 沉井基础的施工应按现行行业标准《公路桥涵施工技术规范》的有关规定执行。地下连续墙基础的施工除应符合现行行业标准《公路桥涵施工技术规范》的有关规定外,基坑开挖前对地下连续墙基底的基岩裂隙宜进行压浆封闭,并应减少地下水向基坑渗透。采用"逆作法"进行基坑开挖时必须进行施工监测,监测内容包括环境监测、水工监测、地下连续墙体监测、土工监测及内衬监测等。

隧道式锚洞室开挖和岩锚施工应符合下列规定:

① 洞室的开挖除应符合现行行业标准《公路隧道施工技术细则》的有关规定外,在条件许可的情况下,宜在附近选取一地质相似的地方进行爆破监控试验,对爆破施工方案的各种参数进行试验和修正,据此确定爆破方案。开挖施工时应严格控制爆破,减少对围岩的扰动。对向下倾斜的隧道锚,如地下水较丰富,应采取必要的措施将水引出洞外,在衬砌混凝土的施工缝处应沿隧洞轴线方向预埋止水板。

② 岩锚施工时的钻孔宜采用破碎法施工,在成孔过程中应对钻孔深度和孔空间轴线位置进行检查和记录;达到设计深度后,应采用洁净高压水冲洗孔道并采取有效方法将钻渣掏出。锚索下料时宜采用砂轮机切割,穿束时应设置定位环,保证锚索在孔中位于对中位置,同时应避免锚索扭转。锚索安装完成后应及时对孔道进行压浆。

锚固体系的施工应符合下列规定:

① 型钢锚固体系施工时,所有钢构件的制作均应按现行行业标准《公路桥涵施工技术规范》的要求进行。锚杆、锚梁在制造时应进行抛丸除锈、表面防腐涂装和无损检测等工作;出厂前应对构件连接进行试拼装,试拼装应包括锚杆拼装、锚杆与锚梁连接、锚支架及其联结系平面试装。

② 预应力锚固系统的施工应符合设计及现行行业标准《公路桥涵施工技术规范》的规定。锚具应安装防护套,并应注入保护性油脂;对加工件进行超声波和磁粉探伤检查。

③ 锚固混凝土的施工除应符合现行行业标准《公路桥涵施工技术规范》的有关规定外,还应符合下列规定:

a. 锚固的基础和锚体应按大体积混凝土的要求组织施工,施工前应根据结构特点和施工条件编制专项施工技术方案。

b. 隧道式锚碇的混凝土施工时,锚体混凝土应与岩体结合良好,且宜采用自密实型微膨胀混凝土,保证混凝土与拱顶基岩紧密粘接;浇筑混凝土时,洞内应具备排水和通风条件。

c. 锚碇混凝土施工时应保证上部构造施工预埋件的安装质量。

(2) 索 塔

① 悬索桥索塔的施工应按现行行业标准《公路桥涵施工技术规范》的相关规定

执行。

②索塔在施工过程中应对其施工状况进行监测和控制。施工完成后,应测定裸塔的倾斜度、塔顶高程及塔的中心线里程,并做好沉降、变位观测点标记。

(3) 索　鞍

① 索鞍应由专业单位加工制造,制造的要求可按现行行业标准《公路桥涵施工技术规范》第 19 章的规定执行。制造完成后应在场内进行试装配和防腐涂装,并应对各部件的相对位置做出永久性定位标记,经检验合格方可运至工地现场安装。

② 索鞍在安装前,应根据鞍体的形状和质量、施工环境条件、起吊高度等因素选用吊装设备。对设置在塔顶的起重支架及附属的装置等应进行专门设计,其强度、刚度和稳定性应满足使用的要求,并应有足够的安全系数。

③ 起重安装的所有准备工作完成后,应对起重设施进行全面检查。索鞍在正式起吊前,应先将鞍体吊离地面 0.1～0.2 m 并持荷 10 min 以上,检验起重设施各部位的受力和变形状况,并应在离地面 1～3 m 范围内将鞍体提升起降两次,以检验卷扬机、电动机的性能。经上述检验并确认起重设施的各部位均正常后,方可进行正式起吊作业。

④ 主索鞍底座钢格栅和散索鞍底座安装、调整完成后,必须进行全桥联测检查,确认无误后方可灌注底座下的混凝土。

⑤ 索鞍在安装时应根据设计规定的顶偏量进行就位和固定,且应在主缆加载过程中根据监控数据分次顶推到设计位置。顶推前应确认滑动面的摩阻系数,严格控制顶推量。

(4) 猫　道

① 猫道应根据悬索桥的跨径、主缆线形、施工环境条件等因素进行专门设计,其结构形式及各部尺寸应满足主缆工程施工的需要。猫道设计应符合下列规定:

a. 猫道的线形宜与主缆空载时的线形平行。猫道面层宜由阻风面积小的两层大、小方格钢丝网组成,在面层顶部与主缆下沿的净距宜为 1.3～1.5 m;猫道的净宽宜为 3～4 m,扶手高宜为 1.2～1.5 m。猫道在桥纵向应左右对称于主缆中心线布置,猫道间宜设置若干条横向人行通道。

b. 承重索设计时应充分考虑猫道的恒载及可能作用于其上的其他荷载。承重索的锚固系统应有足够的调整范围,每端宜设±2 m 以上的调节长度。

c. 设计时宜根据桥位处的施工环境条件和当地的气象条件对猫道进行抗风稳定验算。对特大跨径悬索桥,必要时可通过猫道断面节段模型进行三分力测力风洞试验,获得试验参数后对猫道进行结构动力分析及抗风稳定性验算。可采取适当增加猫道间横向联系的措施,增强其抗风稳定性。

② 猫道钢构件的制作要求可参照现行行业标准《公路桥涵施工技术规范》的相关规定执行,面层和承重索的材料均应符合相应产品的质量要求。承重索和抗风缆采用钢丝绳时,架设前应对钢丝绳进行预张拉处理以消除其非弹性变形,预张拉的荷

载应不小于其破断荷载的 0.5 倍,且应持荷 60 min,并进行 2 次;预张拉时的测长和标记宜在温度较稳定的夜间进行。承重索端部的锚头应垂直于承重索,并应对锚头部位进行静载检验,符合受力要求后方可使用。

③ 猫道的架设应按照横桥向对称、顺桥向边跨和中跨平衡的原则进行,且应将裸塔塔顶的变位及扭转控制在设计允许的范围内。猫道架设施工应符合下列规定:

a. 先导索的架设方法宜根据桥跨跨径、地形等条件综合确定,且应减少对通航的影响。

b. 承重索架设时,在横桥向,两侧应保持基本同步,数量差不宜超过 1 根;在顺桥向,边跨与中跨应连续架设,且小跨的承重索宜采用托架法架设。架设后,应对其线形进行调整,各根索在跨中的高程相对误差宜控制在 ±30 mm 以内。

c. 面层及横向通道宜从索塔塔顶开始,同时向跨中和锚碇方向对称、平衡地进行架设安装,并应设置牵引及反拉系统,以避免面层铺设时可能产生的下滑等现象,保证施工安全;中跨、边跨猫道面层的架设进度,应以索塔两侧的水平力差异不超过设计要求为准进行控制。猫道面层在架设过程中应对索塔塔顶的偏移和承重索的垂度进行监测。

④ 在主缆架设完成、加劲梁安装之前,应将猫道改挂于主缆上,改挂前应拆除横向通道。改挂宜分段进行,并应分次逐步放松承重索的锚固系统,最终解除承重索与索塔和锚碇的连接。改挂后的悬挂点应设在猫道的底梁处,在桥纵向的间距不宜超过 24 m。

⑤ 主缆的防护工程及检修道安装施工完成后,可进行猫道的拆除工作。拆除前应利用锚固调节系统适当收紧承重索,使其恢复悬链线受力状态。拆除猫道时宜分节段拆除其面层和底梁,拆除宜按中跨从塔顶向跨中方向、边跨从塔顶向锚碇方向的顺序进行。在拆除过程中,应采取适当措施保护主缆、吊索和桥面附属设施等已施工完成的结构。

(5) 主缆工程

① 主缆用热镀锌钢丝的技术条件应符合现行国家标准《桥梁缆索用热镀锌钢丝》的规定。主缆热铸锚锚体灌注材料的材质应符合现行国家标准《锌锭》和《阴极铜》的规定。锚杯钢材的化学成分和机械性能应符合现行国家标准《一般工程用铸造碳钢件》的规定。

② 主缆采用预制平行钢丝索股时,索股的制造应符合下列规定:

a. 编股时应记录所使用钢丝的盘号,并应从检验记录中统计出钢丝的平均线径和弹性模量。

b. 定位标志钢丝宜设在索股六角形截面的左上角;标准长度钢丝宜设在右上角,其测长精度应在 1/15 000 以上。索股应沿长度方向在主跨中央、主索鞍、边跨中央、散索鞍及索股两端等处设置标记点,标记点间距的精度应不低于 1/15 000。

c. 索股制作成形后在切断时,其长度应以标准长度钢丝为准,且在基准温度及零应力状态下的精度应不低于 1/15 000;同一索股内的钢丝长度的相对允许误差应相当于抗拉强度 1% 的应力伸长值。在长度方向,应按 15 m 的间距用纤维强力带将索股包扎定型,相邻索股的包扎带应交错设置。

d. 索股锚头制造时,应严格控制锚杯内灌注的锌铜合金配合比及纯度。索股插入锚杯后,应保持索股中心与锚杯中心完全一致,并保证索股的任何部位都不与锚杯接触。锚杯下口应采用石棉或耐火泥充分密封,锚头顶面应采用红色油漆对索段进行编号。

e. 制造完成后,应对索股进行静载破断荷载、静载延伸率、弹性模量和疲劳等试验,并应进行成品质量检验,符合设计要求后方可用于工程中。

f. 索股的包装工艺应与架设时的放索工艺相对应,当采用成盘工艺时,索盘内径应不小于 2.4 m。包装应方便运输和安装,并应保证在收卷或放出索股时不会产生任何障碍损坏钢丝表面的镀锌层。包装好的索股宜在仓库内平稳、整齐架空堆垛存放,不宜露天存放,储存期不宜超过 6 个月。

③ 预制平行钢丝索股的架设施工应符合下列规定:

a. 索股的牵引系统宜结合工程特点、施工安全性、工艺水平及环境条件等因素综合确定。索股滚筒的间距宜为 8 m 左右,在索鞍或坡度变化较大的位置应适当加密。

b. 索股的放索工艺应与索股的包装工艺相匹配,并应采取适当措施防止索股在索盘上突然释放。放索牵引过程中应有专人跟踪牵引锚头,且宜在沿线设观测点检测索股的运行状况,发现问题应及时采取措施加以纠正。

c. 架设时前 3 根索股宜低速牵引,对牵引系统进行试运转,在保证运转正常后方可进行正式的索股架设工作。索股在牵引架设时应在其后端施加反拉力;牵引过程中如绑扎带有连续两处绷断时,应停机进行修补。索股锚头牵引到位后,在卸下锚头前应将索股临时固定、防止滑移。索股在架设过程中如出现鼓丝现象,在入锚前应进行梳理,不得将其留在锚跨内。

d. 索股整形入鞍时,应在该段索股处于无应力状态下采用整形器完成,整形时应保持钢丝平顺,不得交叉、扭转或损伤钢丝。索股横移时,应将索股从猫道滚筒上提起,确认全跨径的索股已脱离滚筒后,方可移至索鞍的正上方;横移时的拽拉量不宜多大,且操作人员不得处于索股下方。

e. 索股锚头入锚后应进行临时锚固。在跨中位置应对索股设定 200～300 mm 的抬高量,并做好编号标志。

④ 采取控制纺线法架设主缆时,应符合下列规定:

a. 钢丝接头的性能必须通过试验确定。在梨形蹄铁处或索鞍座附近不得存在工厂钢丝接头。

b. 编缆前应先挂一根基准钢丝作为参照,并以此为准确定第一条编织、索股的正确高程。

c. 完成一条索股的纺线后应对丝股进行梳理,对不符合线形要求的钢丝必要时应进行接长或截短处理。

d. 一条丝股抖开、梳理、裁切完成后,应采用手动液压千斤顶将其挤压成圆形,并采用纤维强力带每 3 m 一道包扎定型。

e. 空中纺线完成一条索股后,其后续工序可按照预制平行钢丝索股的要求进行施工。

⑤ 主缆索力的调整应以设计和施工控制提高的数据为依据,其调整量可根据调整装置中测力计的读数和锚头移动量双控确定。其精度要求为:实际拉力与设计值之间的允许误差应为设计锚固的 3%。

⑥ 主缆的紧缆应分预紧缆和正式紧缆两个阶段进行,并应符合下列规定:

a. 预紧缆应在温度稳定的夜间进行且应将主缆全长分为若干区段分别进行。预紧缆完成处应采用不锈钢带捆紧,并应保持主缆的形状,不锈钢带的间距可为 5～6 m,外缘索股上的绑扎带宜边紧缆边拆除。预紧缆的目标空隙率宜为 26%～28%。

b. 正式紧缆时,应采用紧缆机将主缆挤压整形成圆形,其作业可在 5 d 进行。紧缆的顺序从跨中向两侧方向进行,紧缆挤压点的间距宜为 1 m;紧缆的空隙率应符合设计规定,其允许偏差应为 ±3%,圆度偏差不超过主缆设计直径的 5%。紧缆点空隙率达到要求后,应在靠近紧缆机的压蹄两侧打上两道钢带,带扣宜设在主缆的侧下方,其间距宜为 100 mm。

⑦ 主缆的缠丝工作宜在二期恒载完成后进行,并应符合下列规定:

a. 缠丝的总体方向宜由高处向低处进行,两个索夹之间应自低到高进行。

b. 缠丝始端应嵌入索夹内不少于两圈或符合设计要求,并宜施加固结焊。

c. 钢丝的缠绕应密贴,缠绕张力应符合设计规定,设计未规定时宜为 2 kN。缠绕钢丝的接头宜采用碰接焊工艺。

d. 节间缠丝每间隔 1～1.5 m 宜进行一次并接焊,且接焊部位应在主缆上表面 30° 圆心角所对应的圆弧范围内。

⑧ 主缆的防护涂装应符合设计规定,且宜在桥面铺装完成后进行。防护前应清除主缆表面的灰尘、油和水分等污物并临时覆盖,进行防护涂装等作业时方可将覆盖物分段揭开。

(6) 索夹与吊索

① 索夹的制造除应符合现行行业标准《公路桥涵施工技术规范》(JTG/TF 50—2011)的相关规定外,尚应符合下列规定:

a. 同一只索夹构件(半只索夹)的修补点应不超过 2 个,同一修补点不得重复修补。

b. 螺杆、螺母和垫圈的表面宜进行磷化或除锈处理。高强螺栓应抽样进行负载拉力试验,螺母应抽样进行保证荷载和硬度试验,无损检测及硬度等试验结果应满足设计和相关标准的规定。

② 索夹的安装应符合下列规定：

a. 安装前，应测定主缆的空缆线形，并在对设计规定的索夹位置进行确认后，方可于温度稳定时在空缆上放样定出各索夹的具体位置并编号。安装前尚应消除索夹内表面及索夹位置处主缆表面的油污及灰尘，涂上防锈漆。

b. 索夹在场内运输和安装过程中应注意保护，防止损坏其表面。

c. 索夹在主缆上精确定位后，应立即紧固螺栓，且在紧固同一索夹的螺栓时，应保证各螺栓受力均匀。索夹安装位置的纵向误差应不大于 10 mm。

d. 索夹螺栓的紧固应按安装时、加劲梁吊装后、全部二期恒载完成后 3 个荷载阶段分步进行，对每次紧固的数据应进行记录并存档。

③ 吊索的制作、检验和包装应符合现行行业标准《公路悬索桥吊索》的规定，在运输和安装过程中应保证其不受到任何损伤。

(7) 加劲梁

① 加劲梁安装前应编制专项施工技术方案，并应对桥位处的自然环境条件进行勘察，充分掌握当地的有关气象资料，制定各项保障方案和应急预案。对于特大跨径或处于风环境恶劣地区的悬索桥，应就加劲梁安装的方法、程序和工艺进行专门研究。

② 加劲梁在安装施工过程中，应严格遵守高空作业及水上作业的安全规定。在台风季节进行加劲梁安装时应制定抗风预案。

③ 钢加劲梁应由专业单位加工制造，制造完成后应在厂内进行试拼装和防腐涂装。制造、试拼装和涂装应符合现行行业标准《公路桥涵施工技术规范》的规定。

④ 钢箱加劲梁的安装应符合下列规定：

a. 安装钢箱加劲梁的非定型吊机应进行专门设计，在安装前必须进行试吊，检验其安全性和可靠性。

b. 钢箱加劲梁的运输方式应满足安装的要求。水上运输时，应保证安装时船舶定位的精度，必要时宜进行现场驳船定位试验；陆上运输时，应使加劲梁能到达吊机起吊安装位置的正下方。

c. 安装的顺序应符合设计规定。从吊装第二节段开始，应与相邻节段间预偏 0.5~0.8 m 的工作间隙，吊至设计高程后再牵拉连接，并应避免吊装过程中与相邻节段发生碰撞。安装合龙段前，应根据实际的合龙长度，对合龙段长度进行修正。

d. 安装过程中应监测索塔的变位情况，并应根据设计要求和实测塔顶位移量分阶段调整索鞍偏移量。

e. 钢箱加劲梁地接头的焊接和高强螺栓连接施工应符合现行行业标准《公路桥涵施工技术规范》第 19 章的相关规定。采用焊接连接时，应先将待连接钢箱加劲梁的节段与已安装节段进行临时刚性连接，接头焊缝的施焊宜从桥面中轴线向两侧对称进行；待接头焊缝形成并具有足够的强度和刚度后，才能解除临时刚性连接。

⑤ 钢桁架梁的安装应符合下列规定：

a. 钢桁架梁的架设安装方法应根据钢材桁架的结构特点、施工安全、设备和现场环境条件等因素综合确定。

b. 采取单构件方式安装时,宜根据钢桁架和吊索的受力情况及桥位的气候条件,选择全铰接法或逐次固结法。架设的顺序可从索塔处开始,向中跨跨中及边跨的端部方向进行。

c. 采用全铰接法架设时,在桁架梁逐渐接近设计线形后,可对部分铰接点逐次固结;采用逐次固结法架设时,宜采用接长杆牵引吊索与桁架梁连接,且宜在不同架设阶段采用千斤顶调整吊索张力,直至最后拆除接长杆入锚。架设过程中应逐一对桁架梁及吊索的内力及变形进行分析,并应将桁架梁斜杆及吊索的最大应力控制在允许的范围内。

d. 应对桥面吊机、铰接设备、吊索牵引机具、片架运输台车、行走轨道铰点过渡梁和移动操作平台等设备进行专项的设计、加工及试验。桥面吊机应满足拼装过程中顺桥向坡度变化的要求,底盘应设止滑保险装置。

e. 在短吊索区,单片主桁不宜直接架设,宜采用临时吊索并对吊具进行改装后进行架设。合龙段宜采用单根杆件架设安装。

3. 自锚式悬索桥

① 自锚式悬索桥施工适用于采用"先梁后缆"方法施工的自锚式悬索桥。自锚式悬索桥各部位的施工除应符合现行行业标准《公路桥涵施工技术规范》的相关规定外,还应根据其结构特点和受力特性,制定针对特殊部位的施工方案、施工工艺和控制方法。

② 加劲梁为钢箱且采用大节段现场起吊安装时,应对起吊安装的施工工艺进行专项设计。

③ 加劲梁为钢箱且采用顶推工艺安装时,应符合下列规定:

a. 拼装平台的长度不宜小于3节钢箱的节段长度,两侧滑道要对应设置在钢箱纵隔板的位置。顶推导梁应具有足够的强度和刚度,其长度宜为最大顶推跨径的0.75倍。

b. 施工前应制定钢箱节段在拼装平台上进行接口拼装、焊接的工艺细则。接口处的中线和高程误差应不大于2 mm。接口的焊接均应符合Ⅰ级焊缝的要求,并应进行无损检测。

④ 加劲梁为预应力混凝土箱梁时,宜采取分段现浇的方式施工。其施工技术要求应符合现行行业标准《公路桥涵施工技术规范》的相关规定。

⑤ 不论采用何种方法安装不同类型的加劲梁,对其支架的结构均应进行专项设计。支架的设计荷载除应符合现行行业标准《公路桥涵施工技术规范》的相关规定外,尚应考虑主缆架设、索夹和吊索安装施工时的临时荷载。支架顶部应预留高程调整的操作空间和位置,且应使支承点与加劲梁的加劲位置相对应。

⑥ 加劲梁的线形控制应充分考虑支架的沉降和变形、体系转换及二期恒载等因素的影响,预拱度的设置应满足施工过程中的荷载变化及受力体系转换顺序的要求。支架的顶面高程应按"设计高程＋预拱度"设置,当加劲梁为钢箱时,宜略低于该高程;当加劲梁为预应力混凝土箱梁时,宜等于该高程。

5.3.3 钢 桥

1. 钢桥一般规定

① 适用于工厂化制造并在施工现场以高强螺栓连接或焊接连接的钢桥施工,不适用于以铆接连接的钢桥施工。

② 钢桥应委托有相应资质的制造厂加工制造。钢桥在制造前,制造厂家应对设计图进行工艺性审查,且应绘制加工图,编制制造工艺;当需要修改设计时,应取得原设计单位的同意,并应签署设计变更文件。

③ 钢桥的制造应按确定的加工图和制造工艺进行。制造及验收应使用经检定合格的计量器具,并应按有关规定进行操作。

④ 钢桥制造的所有焊工和无损检测人员均应持证上岗,且仅能从事资格证书中认定范围内的工作。

⑤ 钢桥的制造、验收和工地安装除应符合现行行业标准《公路桥涵施工技术规范》的规定外,尚应符合其他相关现行国家标准和行业标准的规定。

2. 钢桥具体规定

(1) 材 料

① 制造钢桥所用材料的品种、规格、性能等应符合设计文件的要求和现行国家产品标准的规定。材料除应有生产厂家的质量证明书外,制造厂还应按相关标准进行抽样复验,复验合格后方可使用。

② 钢材应按同一厂家、同一材质、同一板厚、同一出厂状态,每 10 个炉(批)号抽检 1 组试件。若订货为探伤钢板,尚应抽检每种板厚的 10%(至少 1 块)进行超声波探伤。进口钢材产品的质量应符合设计和合同规定标准的要求,除应进行进口商检及按规定标准检验其化学成分和力学性能外,还应将其与匹配的焊接材料做焊接试验。检验不合格的钢材不得使用。

③ 当钢材表面有锈蚀、麻点或划痕等缺陷时,其深度不得大于该钢材厚度允许偏差值的 1/2。钢材表面的锈蚀等级应符合现行国家标准《涂覆涂料前钢材表面处理表面清洁度的目视评定》(GB 8923—2011)规定的 C 级及 C 级以上。钢材端边或断口处不应有分层、夹渣等缺陷。

④ 焊接与涂装材料的质量及检验应符合现行国家和行业相关标准的规定。高强螺栓连接副材料的质量及检验应符合现行国家标准《钢结构用高强度大六角头螺栓》、《钢结构用高强度大六角头螺母》、《钢结构用高强度垫圈》、《钢结构用高强度大

六角头螺栓、大六角头螺母、垫圈技术条件》及《钢结构用扭剪型高强度螺栓连接副》的规定。圆柱头焊钉、焊接瓷环材料的质量及检验应符合现行国家标准《电弧螺柱焊用圆柱头焊钉》的规定。

⑤ 钢桥的管理应符合下列规定：

a. 焊接材料的管理应按现行行业标准《焊接材料质量管理规程》的规定执行。

b. 涂装材料应存放在专用仓库内，涂装时不得使用超出保质期的涂料。

c. 高强螺栓连接副进场后应按包装箱上注明的批号、规格分类保管，不得混淆；在室内应架空存放，不得直接置于地面上，并应采取措施防止其受潮生锈。

（2）零件制造

作样和号料应符合下列规定：

① 作样和号料应根据加工图和工艺文件进行应预留制作和安装时的焊接收缩余量及切割、刨边和铣平等加工。

② 对于形状复杂、在图中不易确定尺寸的零件，应通过放样校对或利用计算机作图校对后确定。

③ 号料应严格按配料单指定的钢料材质、规格进行。当钢料不平直或有锈蚀、油漆等污物时，应矫正清理后再号料。号料外形尺寸的允许偏差应为 ±1 mm。

切割与剪切应符合下列规定：

① 钢板在下料前应进行辊平、抛丸除锈、除尘及涂防锈底漆等处理。主要受力零件下料时，应使钢板的轧制方向与其主要应力方向一致。

② 切割前应将料面的浮锈、污物清除干净。钢料应放平、垫稳，割缝下面应留有空隙。切割工艺应根据其评定试验结果编制，切割表面不应产生裂纹。

③ 零件宜采用精密（数控、自动、半自动）切割下料。在数控切割下料编程时，除应考虑焊接收缩量之外，尚应考虑切割热变形的影响。剪切仅适用于次要零件经过剪切后仍需加工的零件；手工气割仅适用于工艺特定的或切割后仍需加工的零件。

④ 采用剪切工艺时，钢板厚度不宜大于 12 mm，剪切边缘应平整，无毛刺、反口、缺肉等缺陷。剪切的允许偏差应为 ±2 mm，边缘缺棱应不大于 1 mm，型钢端部垂直度应不大于 2 mm。采用手工气割时，其尺寸的允许偏差应为 ±2 mm。

矫正和弯曲应符合下列规定：

① 零件矫正前，剪切的反口应修平，切割的挂渣应铲净。

② 零件矫正宜采用冷矫，冷矫时的环境温度不宜低于 −12 ℃。矫正后的零件表面不应有明显的凹痕或损伤。

③ 主要受力零件冷作弯曲时，环境温度不宜低于 −5 ℃，内侧弯曲半径不得小于板厚的 15 倍，小于者应热煨；热煨的加温温度、高温停留时间、冷却速率应与所加工钢材的性能相适应。冷作弯曲后的零件边缘不得产生裂纹。

④ 采用热矫时，温度应控制在 600~800 ℃。矫正后零件应缓慢冷却，温度降至室温以前，不得锤击钢料或用水冷击。

零件机加工应符合下列规定：

① 零件边缘的加工深度不应小于 3 mm，当边缘硬度不超过 HV350 时，加工深度不受此限制；加工面的表面粗糙度不得低于 25 pm；顶紧加工面与板面垂直度偏差应小于 0.01 倍板厚，且不得大于 0.3 mm。

② 零件应根据预留加工量及平直度的要求，两边均匀加工，并应磨去边缘的飞刺、挂渣，使端面光滑、匀顺。

（3）组　装

① 组装前，应熟悉图纸和工艺，并应按图纸核对零件编号、外形尺寸和坡口方向，确认无误方可组装。

② 对采用埋弧焊、CO_2 气体保护焊及低氢型焊条手工焊等方法焊接的接头，在组装前应将待焊区域的铁锈、氧化皮、污垢、水分等有害物清除干净，使其表面露出金属光泽。

③ 所有板单元和杆件都应在胎架上进行组装，每次组装前均应对胎架进行检查，确认合格后方可组装。

④ 采用先孔法的杆件，组装时必须以孔定位；采用胎型组装时，每一孔群应打入的定位冲钉不得少于 2 个，冲钉直径不应小于设计孔径 0.1 mm。

⑤ 大型钢箱梁的梁段应在胎架上组装，胎架应具有足够的刚度和几何尺寸精度，且在横向应预设上拱度，组装前应按工艺文件要求检测胎架的几何尺寸。梁段宜采用连续匹配组装的工艺，每次组装的梁段数量不应少于 3 段。在组装过程中应避开日照的影响，采用全站仪监控测量主要定位尺寸。

（4）焊　接

焊接的一般要求如下：

① 在工厂或工地首次焊接工作之前，或材料、工艺在施工过程中有变化时，必须分别进行焊接工艺评定试验。

② 焊接工艺应根据焊接工艺评定报告编制，施焊时应严格遵守焊接工艺，不得随意改变焊接参数。焊接材料应根据焊接工艺评定确定，焊剂、焊条应按产品说明书烘干使用；对储存期较长的焊接材料，使用前应重新按标准检验。CO_2 气体保护焊的气体纯度应大于 99.5%。

③ 焊接工作宜在室内或防风、防晒的设施内进行，焊接环境的相对湿度应小于 80%；焊接环境的温度，对低合金高强度结构钢不应低于 5 ℃，对普通碳素结构钢不应低于 0 ℃，主要杆件应在组装后 24 h 内焊接。

④ 施焊前应按现行行业标准《公路桥涵施工技术规范》的规定，清除焊接区的有害物。施焊时母材的非焊接部位严禁焊接引弧，焊接后应及时清除熔渣及飞溅物。多层焊接时宜连续施焊，且应控制层间温度，每一层焊缝焊完后都应及时清理检查，应在清除药皮、熔渣、溢流和其他缺陷后，再焊下一层。

定位焊应符合下列规定：

① 所采用焊接材料的型号应与焊件材质相匹配。施焊前应按施工图及工艺文件检查坡口尺寸、根部间隙等，如不符合要求，应处理改正。

② 定位焊焊缝应距设计焊缝端部 30 mm 以上，焊缝长应为 50～100 mm，间距应为 400～600 mm，焊缝的焊脚尺寸不得大于设计焊脚尺寸的 1/2。焊缝不得有裂纹、气孔、夹渣、焊瘤等缺陷，否则应处理改正。如焊缝开裂，应查明原因，清除后重焊。

③ 埋弧自动焊应在距设计焊缝端部 80 mm 以外的引板上起、熄弧。焊接中不应断弧，如有断弧应将停弧处刨成 1:5 的斜坡，并搭接 50 mm 再引弧施焊，焊后搭接处应修磨圆顺。

(5) 试拼装

① 钢桥应按试装图进行厂内试拼装，未经试拼装检验合格，不得成批生产。试拼装应符合下列规定：

a. 试拼装应在胎架上进行，胎架应有足够的刚度，其基础应有足够的承载力。胎架顶面(梁段底)纵、横向线形应与设计要求的梁底线形相吻合。杆件和梁段应解除与胎架间的临时连接，处于自由状态。

b. 板梁应整孔试拼装；简支桁梁的试拼装长度不宜小于半跨。连续梁试拼装应包括所有变化节点；对于大跨径桥的钢梁，每批梁段制造完成后，应进行连续匹配试拼装，每批试拼装的梁段数不应少于 3 段，试拼装检查合格后，应留下最后一个梁段并前移参与下一批次试拼装。

c. 钢索塔的塔柱(钢桥墩)应采取两节段立位匹配试拼装，合格后还应进行多节段水平位置的试拼装，每一批次的多节段水平位置试拼装应不少于 5 个节段。

d. 试拼装时应使板层密贴，冲钉不宜少于孔眼总数的 10%，螺栓不宜少于螺栓孔总数的 20%；有磨光顶紧要求的杆件，应有 75% 以上的面积密贴，采用 0.2 mm 的塞尺检查时，其塞入面积不应超过 25%。试拼装时，应采用试孔器检查所有螺栓孔，桁梁主桁的螺栓孔应能 100% 地自由通过比设计孔径小 0.75 mm 的试孔器，桥面系和连接系的螺栓孔应 100% 地自由通过比设计孔径小 1.0 mm 的试孔器，板梁和箱梁的螺栓孔应 100% 地自由通过比设计孔径小 1.5 mm 的试孔器，方可认为合格。

② 试拼装检验应在无日照影响的条件下进行，并应有详细的检查记录。

本章练习

1. 简述斜拉桥的索塔施工方法。
2. 斜拉索在纵向的布置形式有哪些？各自的特点是什么？
3. 简述挂篮法施工的基本程序。
4. 简述装配式小箱梁的预制流程。
5. 简述梁桥的构造及其桥式特点。

第 **6** 章

桥面系及附属工程施工

本章导读

从本章开始,我们将基于实际桥梁,学习桥面系及附属工程施工方法。

6.1节:伸缩缝施工

介绍普通桥梁伸缩缝施工技术。

6.2节:梁间铰接缝施工

介绍铰接缝、梁端接缝、桥面连续施工,梁间铰接缝施工。

6.3节:桥面铺装层施工

介绍几种桥面铺装方法。

6.4节:桥面附属工程施工

主要介绍防护栏、护坡等结构施工方法。

学习目标

能力目标	知识要点
伸缩缝施工	伸缩缝装配施工
梁间铰接缝施工	铰接缝构造、铰接缝现浇及装配技术施工
桥面铺装层施工	钢筋混凝土桥面、沥青混凝土面层施工
桥面附属工程施工	护栏、护坡施工

知识导读

　　桥面系直接承受各类荷载的作用,主要起到了承载和缓冲的作用;同时护栏以及护坡等附属设施完备了桥梁的功能,使其能够发挥作用。下面我们开始学习桥面系及附属设施的常见施工方法。

6.1　伸缩缝施工

1. 伸缩缝的基本概念及其分类

　　为适应材料胀缩变形对结构的影响而在桥梁结构的两端设置的间隙称为伸缩缝;为了使车辆平稳通过桥面并满足桥面变形的需要,在桥面伸缩缝处设置的各种装置统称为伸缩缝装置。

2. 伸缩缝装置的施工程序

　　在《公路工程质量检验评定标准》中,桥面的平整度是一个很重要的指标,而影响桥面平整度的重要部分之一则是桥梁的伸缩缝装置。如果由于施工程序不合理或施工不慎,在 3 m 长度范围内,其标高与桥面铺装的标高有正负误差,将造成行车的不舒适,严重的则会造成跳车,这种现象在高等级公路上更为严重;在车辆跳跃的反复冲击下,将很快导致桥梁伸缩缝装置的破坏。因此,遵照伸缩缝装置的施工程序并谨慎施工是桥梁伸缩缝装置成功的重要保证。

3. 伸缩缝装置的锚固

　　根据调查,桥梁伸缩缝装置破坏的原因多数与锚固系统有关,锚固系统薄弱,本身就容易破坏,锚固系统范围内的标高控制不严,容易造成跳车,车辆的反复冲击,会导致伸缩缝装置过早破坏。因此,伸缩缝的锚固系统相当重要。下面就常用伸缩缝的锚固系统的基本要求作一简要介绍。

(1) 无缝式(暗缝式)伸缩缝装置

　　无缝式伸缩缝装置的特点是桥面铺装为整体型,适用于伸缩量小于 5 mm 的桥梁,只能用于桥面是沥青混凝土的情况。其施工要求如下:

　　① 防水接缝材料应具有较好的抗老化性能,能与壁面强力黏结,适应伸缩变形,恢复性能好,并具有一定强度以抵抗砂石材料的刺破力。

　　② 塞入物用于防止未固化的接缝材料往下流动,需要有足够的可压缩性能,如泡沫橡胶或聚乙烯泡沫塑料板等,在施工桥面板的现浇层时就把它当作接缝处的模板。

(2) 填塞对接型伸缩缝装置

填塞对接型伸缩缝的伸缩体所用材料主要有矩形橡胶条、组合式橡胶条、管形橡胶条、M形橡胶条,也有采用泡沫塑料板或合成树脂材料等。要求具有适度的压缩性、恢复性和抗老化性,在气温发生变化时不发生硬化和脆化。

1) 伸缩缝装置的安装

填塞对接型桥梁伸缩缝装置适用于伸缩量为10～20 mm的桥梁结构。它在安装过程中应注意如下的几个问题:

① 所采用的伸缩体产品质量要符合有关规定。

② 安装伸缩缝装置一定要遵循第1～4类伸缩缝施工框图的施工程序,这样才能保证其安装质量。

③ 安装时一定要保证伸缩体在设计的最低温度时,仍处于压缩状态。

④ 安装时一定要保证伸缩体与混凝土的可靠黏结——采用胶粘剂。

⑤ 伸缩体一定要低于桥面标高,安装时应保证伸缩体在最大压缩状态下也不会高出桥面标高。

2) 胶粘剂

PG-308聚氨酯胶粘剂,具有可控制固化时间、黏结牢固的特点,与混凝土相黏结的强度大于2 MPa。其使用方法如下:

① 配胶。本胶粘剂为双组分,Ⅰ型A、B两组分比为100∶10(重量比),A、B组分混合,搅拌均匀即可使用。

② 操作。将接缝处混凝土表面泥土、杂质清除干净,并用钢丝刷刷一遍,用吹灰机将浮土吹尽,保证结合面干燥。

③ 涂胶和贴合。涂胶层厚度以不小于1 mm为宜。

④ 将伸缩体压缩放入接缝缝隙内。

⑤ 固化。在常温下,24 h内固化(也可根据需要调整固化时间)。

(3) 嵌固对接型伸缩缝装置

嵌固对接型伸缩缝装置如RG型、FV型、GNB型、SW型、SD型、GQF-C型等,它的特点是将不同形状的橡胶条用不同形状的钢构件嵌固起来,然后通过锚固系统将它们与接缝处的梁体锚固成整体。此类伸缩缝装置适用于伸缩量小于60 mm的桥梁结构,即接缝宽度为20～80 mm。

① 首先要处理好伸缩缝装置接缝处的梁端,因为梁预制时的长度有一定误差,再加上吊装就位时的误差,使伸缩接缝处的梁端参差不齐,故首先要处理好梁端,以便有利于伸缩缝装置的安装。

② 切除桥梁伸缩缝装置处的桥面铺装,并彻底清理梁端预留槽及预埋钢筋,槽深不得小于12 cm。

③ 用4～5根角铁作定位角铁,将钢构件点焊或用螺栓固定在定位角铁上,一起放入清理好的预留槽内,立好端模(用聚乙烯泡沫塑料片材作端模,可以不拆除),并检查有无漏浆的可能。

④ 将连接钢筋与梁体预埋牢固焊接,并布置两层钢筋网,钢筋直径为8 mm,网

孔为 10 cm×10 cm,然后浇筑 C50 混凝土或 C50 环氧树脂混凝土;浇捣密实并严格养生;当混凝土初凝后,应立即拆除定位角铁,以防止气温变化梁体伸缩引起锚固系统的松动。

⑤ 安装密封胶条。

(4) 钢质支撑式伸缩缝施工应注意的问题

钢质支撑式伸缩缝装置的构造是由梳形板、连接件及锚固系统组成的,有的钢梳齿形桥梁伸缩缝装置在梳齿之间填塞有合成橡胶,起防水作用。

定位角铁的拆除一定要及时,以保证伸缩缝装置在温度变化时能自由伸缩;也可采用其他方法,把相对的梳齿板固定在两个不同的定位角铁上,让它们连同相应的角铁自由伸缩。

安装施工应仔细进行,防止产生梳齿不平、扭曲及其他的变形,安装时一定将构件固定在定位角铁上,以保证安装精度。要严格控制好梳齿间的横向间隙,由于伸缩方向性的误差及横向伸缩等原因,在最高温度时,梳齿横向间隙不得小于 5 mm。

当构件安装及位置固定好之后,就可着手进行锚固系统的树脂混凝土浇筑了。为了使锚固系统可靠牢固,必须配备较多的连接钢筋及钢筋网,这给树脂混凝土的浇筑带来不便。因此,浇筑混凝土一定要认真细心,尤其是角隅周围的混凝土,一定要捣固密实,千万不可有空洞。在钢梳齿根部可适当钻些直径为 20 mm 的小孔,以利于浇筑混凝土时空气的排除。

对于小规模的伸缩缝装置,由于清扫和维修非常困难,故一般都不作接缝内的排水设施,但此时必须考虑支座的防水、排水与及时清扫等,所以它只能用于跨河流或不怕漏水场地的桥跨结构。这种伸缩缝装置在营运中须加以养护,及时清除掉梳齿之间的灰尘及石子之类的杂物,以保证它的正常使用。

对于焊接而成的梳齿型构件,焊缝一定要考虑汽车反复冲击下的疲劳强度。

(5) 无缝式 TST 弹塑体伸缩缝

无缝式 TST 弹塑体伸缩缝是将专用特制的弹塑体材料 TST,加热熔化后灌入经清洗加热的碎石中,形成"TST 碎石桥梁弹性接缝",由碎石支持车辆荷载,用专用黏合剂保证界面强度。其适用范围是温度为 −25～+60 ℃地区,伸缩量在 50 mm 以下的公路桥梁、城市立交桥、高架桥的伸缩接缝。它的特点是:

① TST 碎石直接平铺在桥梁接缝处,与前后的桥面和路面铺装形成连续体,桥面平整无缝,行车平稳、舒适、无噪声、振动小,且具有便于维护、清扫、除雪等优点;

② 构造简单,不需装设专门的伸缩构件和在梁端预埋锚固钢筋,施工方便快速,铺装冷却后,即可开放交通;

③ 能吸收各方面的变形和振动,且阻尼系数高,对桥梁减振有利,可满足弯桥、坡桥、斜桥,以及宽桥的纵、横、竖三个方向的伸缩与变形;

④ 用于旧桥更换伸缩缝时,可半边施工,不中断交通;

⑤ 接缝与桥面铺装连成一体,密封防水性好,耐酸碱腐蚀;

施工步骤为：① 切割槽口或拆除旧装置；② 设置膨胀螺栓和钢筋；③ 清洗烘干；④ 涂黏合剂；⑤ 放置海绵、钢盖板；⑥ 主层施工；⑦ 表层施工；⑧ 振碾；⑨ 修整。

外观要求：表面 TST 不高于石料面 2 mm，表面间断凹陷应小于 35 mm，不深于 3 mm。一般情况下，施工后 1～3 h 即可开放交通。

6.2　梁间铰接缝施工

1. 简支板桥铰接缝施工

简支板桥纵向铰接缝构造如图 6-1 所示，铰接形状由空心板预制时形成，相邻两块板底部紧密接触，形成铰接缝混凝土底模，铰接缝钢筋 N10 和 N11 在梁板预制时紧贴着模板向上竖起，浇筑混凝土前将其扳直、焊接或绑扎牢固，用水将缝内冲洗干净并使其充分湿润。

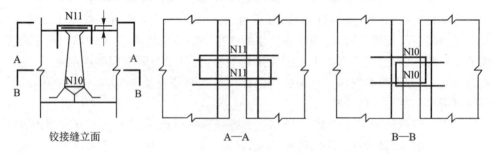

铰接缝立面　　　　　　　　　　　A—A　　　　　　　　　　　B—B

图 6-1　简支板桥纵向铰接缝构造

拌制混凝土时应严格控制骨料粒径和拌和物的和易性，浇筑中用人工或插入式振捣器捣实。此项混凝土施工一般与桥面铺装混凝土层同时进行。

2. 简支梁桥梁间接缝施工

常用简支梁桥有 T 形梁和箱形梁，T 形梁的梁间接缝按梁体设计的不同，有干接缝和湿接缝两种，箱形梁梁间接缝通常采用混凝土现浇湿接缝。

（1）干接缝

干接缝是用钢板或螺栓将相邻两片梁翼板和横隔板焊接或螺栓连接形成横向联系的方法。该方法的优点是施工方便，连接速度快，焊接后能立即承受荷载；但其耗费钢材较多，需要有现场焊接设备，且有时需在桥下进行仰焊，有一定困难，整体性效果稍差一些。

在 T 形梁翼缘板及横隔梁相应位置预埋钢板，梁架设安置好后，把相对应位置的钢板焊接相连，使其形成整体。施工方法如图 6-2 所示，在横隔梁靠近下部边缘的两侧和顶部的翼板内均埋有焊接钢板，焊接钢板则预先与横隔梁的受力钢筋焊接在一起做成安装骨架。当 T 形梁安装就位后即在横隔梁的预埋钢板上再加焊盖接钢板使其连成整体。端横隔梁的焊接钢板接头构造与中横隔梁相同,但由于其外侧(近墩台一侧)不好施焊,故焊接接头只设于内侧。相邻横隔梁之间的缝隙最好用水泥砂浆填满,所有外露钢板也应用水泥浆封盖。

为了简化接头的现场施工,也可采用螺栓接头,此种接头方法基本上与焊接钢板接头相同,不同之处是盖接钢板不用电焊,而是用螺栓与预埋钢板连接,为此钢板上要预留螺栓孔,这种接头由于不用特殊机具而有拼装迅速的优点,但在运营过程中螺栓易松动,需要定期进行检查维修。

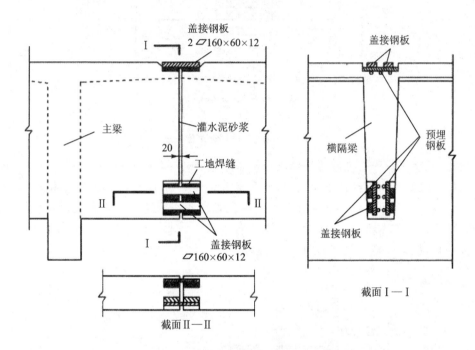

图 6 - 2　端横隔梁的接头构造(单位:mm)

(2) 湿接缝

湿接缝是在主梁预制时,将翼板端部预留出一部分,钢筋外伸。梁架设就位后,将相邻两翼板的钢筋焊接相连,然后支设模板现浇接缝混凝土,使各片梁横向连接形成整体。该方法的优点是节省钢板用量,整体性好;缺点是施工较复杂,接缝混凝土养生达到规定强度后方能承受荷载。

接缝的构造如图 6 - 3 所示。无论是 T 形梁还是箱形梁,其构造相同,都是把翼梁板和横隔板用现浇相连。图中阴影部分即为现浇混凝土。除了梁翼缘钢筋外伸相互对接外,还要加设扣环钢筋。横隔梁在预制时在接缝处伸出钢筋和扣环 A,安装时在相邻构件的扣环两侧安上椭圆形接头扣环 B,在形成的圆环内插入短分布筋后现浇混凝土封闭接缝,接缝宽度为 0.20~0.50 m。

翼板接缝混凝土施工的方法为先分段安装吊挂模板,如图 6 - 4 所示。由底梁支

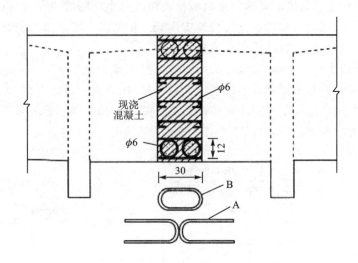

图 6 - 3　湿接缝构造(单位:cm)

撑模板,其重量靠连接螺杆传递给支撑横木,而横木支撑在两边的翼缘板上。施工时先用螺杆把底梁与支撑横木相连,再在底梁上钉设模板,钉好后上紧连接螺杆上的螺栓,使模板固定牢靠,然后现浇混凝土。拆模时松开连接螺杆上的螺栓,用绳子将底梁和模板徐徐放至桥下,以便回收利用。若为高空作业,桥下水流湍急,也可使用一次性模板,松开螺杆后掉至河中,不再使用。

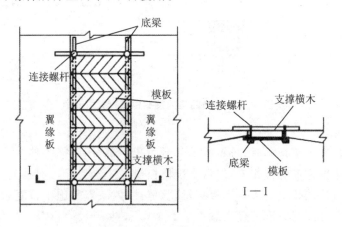

图 6 - 4　湿接缝施工示意

横隔板的湿接缝施工应在翼板接缝之前进行。端横隔板的施工较简单,工人可以站在墩台帽上立模浇筑接缝混凝土。中横隔板接缝施工则较为困难,若条件允许,可在桥下设临时支架或用高空作业车将工人送至预定高度立模浇筑;若桥下有水,则应设法从桥面向下悬吊施工,不仅横板要有悬吊设施,人员也要系安全带从桥面悬吊下去施工,要特别注意施工安全。

3. 先简支后连续梁桥的梁端接缝施工

(1) 单排支座先简支后连续梁桥

单排支座先简支后连续梁桥建成后在墩顶连续处只有一排支座,内力分配效果好,负弯矩峰值较高,能大幅削减跨中正弯矩,使内力分布均衡;但施工方法较为麻烦,且连续处要设置顶部预应力钢筋。

预制箱梁时在梁端顶板上预留预应力孔道,并预设齿板,预留工作入孔,凡作连续一端均不作封锚端,将顶板、底板、腹板普通钢筋伸出梁端,架梁时先设置两排临时支座,使梁呈简支状态。临时支座用硫磺胶泥和电热丝制作,既要保证强度,又能在通电加热后融化。

梁架好后,在墩顶设计位置安放永久性支座及垫石,布置模板,将设计要求的普通钢筋焊接相连,并布设箍筋。在顶部布设与原梁体预留孔道相对应的预应力筋孔道,现浇连接混凝土养生至强度达到设计强度的90%后拆除模板,自顶板入孔进入穿束张拉预应力钢筋,并予以锚固。然后给临时支座通电使其受热软化,从而使永久支座发挥作用,实现体系转化。拆除临时支座,现浇混凝土封闭入孔即完成连续化施工。

(2) 双排支座先简支后连续梁桥

双排支座先简支后连续梁受力接近于简支梁,内力分布不均匀,但由于施工简单,体系转化方便,被广泛采用。其施工方法如图6-5所示。

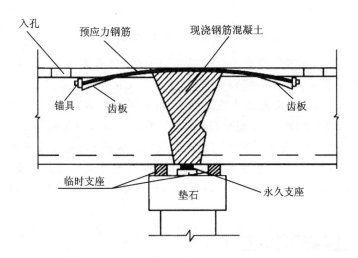

图6-5　双排支座先简支后连续梁桥施工示意

预制大梁时,连续一端的梁端不进行封端处理,将顶板、腹板、底板普通钢筋外伸,梁架设前,一次性将两排永久性支座安放牢固,架设就位后在梁端底部和两边梁外侧安放模板,中间以端梁为模,将两梁端外留钢筋焊接相连,注意使搭接长度和位置满足规范要求,然后现浇与梁体相同标号的混凝土,养生达到要求后即实现体系转化,完成连续化施工。

这种方法不用更换支座,也不在梁顶施加预应力,故简单实用。注意由于连接处墩顶有负弯矩,而又没有施加预应力,必然会产生正常裂缝,为防止桥面水从缝中渗入,锈蚀钢筋,需在梁顶前后各 4 m 范围内设置防水层。

4. 桥面连续施工

为了减少桥面伸缩缝的数量,保证行车安全平顺,目前简支梁桥均采用桥面连续施工。桥面连续施工的道数及联跨长度根据当地气温和桥梁跨径由设计部门计算确定,桥面连续大样如图 6-6 所示。

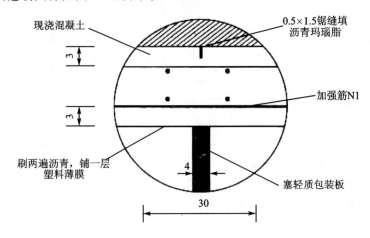

图 6-6　桥面连续的构造(单位:cm)

桥面连续与桥面铺装层混凝土同时施工,按交通部有关规定,桥面钢筋网采用 ϕ12 钢筋,间距 15 cm×15 cm,靠顶层布设,至混凝土顶面净保护层 1.5 cm。桥面连续处为保证梁体伸缩应力能通过连续部位传递,在桥面铺装层顶层部位增加一层纵向联结钢筋,一般选用 ϕ8 钢筋,间距 5 cm;在底层还要增设分布钢筋和连接筋,同样为 ϕ8 钢筋,间距 5 cm。浇筑混凝土之前用轻质包装板将梁端缝隙填塞密实,既保证上部现浇混凝土不致落下,又能使梁自由伸缩。混凝土强度形成后在连续顶部梁间接缝正中心位置锯以 1.5 cm 深的假缝,用沥青玛瑞脂填实,保证桥面在温度下降时不产生任何裂缝。

6.3　桥面铺装层施工

桥面铺装层的作用是实现桥梁的整体化,使各片主梁共同受力,同时为行车提供平整舒适的行车道面。高等级公路及二、三级公路的桥面铺装层一般为两层,上层为 4~8 cm 沥青混凝土,下层为 8~10 cm 钢筋混凝土。钢筋混凝土增加桥梁的整体

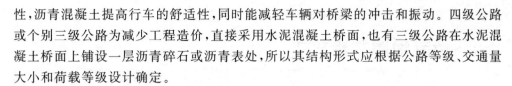

性,沥青混凝土提高行车的舒适性,同时能减轻车辆对桥梁的冲击和振动。四级公路或个别三级公路为减少工程造价,直接采用水泥混凝土桥面,也有三级公路在水泥混凝土桥面上铺设一层沥青碎石或沥青表处,所以其结构形式应根据公路等级、交通量大小和荷载等级设计确定。

1. 钢筋混凝土桥面铺装层施工

(1) 梁顶标高的测定和调整

预应力混凝土空心板或大梁在预制后存梁期间由于预应力的作用,往往会产生反拱,如果反拱过大就会影响到桥面铺装层的施工,因此设计中对存梁时间、存梁方法都作了一定要求。如果架梁前已发现反拱过大,则应采取降低墩顶标高、减少垫石厚度等方法,以保证铺装层的厚度。架梁后对梁顶标高进行测量,测定各跨中线、边线的跨中和墩顶处的标高,分析评价其是否满足规范要求,若偏差过大,则应采取调整桥面标高、改变引线纵坡等方法,以保证铺装层厚度,使桥梁上部结构形成整体。

(2) 梁顶处理

为了使现浇混凝土铺装层与梁、板结合成整体,预制梁板时应对其顶面进行拉毛处理,有些设计中要求梁顶每隔 50 cm 设一条 1~1.5 cm 深的齿槽。浇筑前要用清水冲洗梁顶,不能留有灰尘、油渍、污渍等,并使板顶充分湿润。

(3) 绑扎布设桥面钢筋网

按设计文件要求,下料制作钢筋网,并用混凝土垫块将钢筋网垫起。制作时应满足钢筋设计位置及混凝土净保护层的要求;若为低等级公路桥梁,则要用铺装层厚度调整桥面横坡,横向分布钢筋要做相应弯折,与桥面横坡一致。在两跨连接处,若为桥面连续,则应同时布设桥面连续的构造钢筋;若为伸缩缝,则要注意做好伸缩缝的预埋钢筋。

(4) 混凝土浇筑

对板顶处理情况、钢筋网布设进行检查,满足设计和规范要求后,即可浇筑混凝土,若设计为防水混凝土,其配合比及施工工艺应满足规范要求。浇筑时由桥一端向另一端推进,连续施工,防止产生施工缝,用平板式振捣器振捣,确保振捣密实。施工结束后注意养护,高温季节应采用草帘覆盖,并定时洒水养生,在桥两端设置隔离设施,防止施工或地方车辆通行,影响混凝土强度。待混凝土强度形成后,方能开放交通或铺筑上层沥青混凝土。

2. 沥青混凝土面层施工

桥面沥青混凝土与同等级公路沥青混凝土路面的材料、工艺、施工方法相同,一般与路面同时施工。采用拌和厂集中拌和,现场机械摊铺,沥青材料及混合料的各项指标应符合设计和施工规范要求。沥青混合料每日应做抽样试验(包括马歇尔稳定度试验),严格控制各种矿料和沥青用量,以及各种材料和沥青混合料的加热温度,用胶轮压路机进行碾压成形,碾压温度要符合要求。注意铺装后桥面的泄水孔的进水

口应略低于桥面面层,以保证排水顺畅。

6.4 桥面附属工程施工

桥面附属工程包括人行道、桥面防护(栏杆、防撞护栏)、泄水管、灯柱支座、桥面防水、桥头搭板等。高等级公路以及二级公路、三级公路上的桥梁通常采用防撞护栏,而城市立交桥、城镇公路桥及低等级公路桥往往要考虑人群通行,设人行道。灯柱一般只在城镇内桥梁上设置。

1. 防撞护栏施工

边板(梁)预制时应在翼板上按设计位置预埋防撞护栏锚固钢筋,支设护栏模板时应先进行测量放样,确保位置准确。特别是位于曲线上的桥梁,应首先计算出护栏各控制点坐标,用全站仪逐点放样控制,使其满足曲线线形的要求。绑扎钢筋时注意预埋防护钢管支撑钢板的固定螺栓,保证其牢固可靠。在有伸缩缝处,防撞护栏应断开,依据选用的伸缩缝形式安装相应的伸缩缝装置。混凝土浇筑及养护与其他构件相同。

2. 人行道、栏杆施工

人行道、栏杆通常采用预制块件安装施工方法,有些桥的人行道采用整块预制,分中块和端块两种,若为斜交桥,其端块还要做特殊设计。预制时要严格按照设计尺寸制模成型,保证强度。大部分桥梁人行道采用分构件预制法,一般分为 A 挑梁、B 挑梁、路缘石、支撑梁、人行道板五部分。

① 悬臂式安全带和悬臂式人行道构件必须与主梁横向连接或拱上建筑完成后才可安装。

② 安全带梁及人行道梁必须安放在未凝固的 M20 稠水泥砂浆上,并以此来形成人行道顶面设计的横向排水坡。

③ 人行道板必须在人行道梁锚固后才可铺设,对于设计无锚固的人行道梁,人行道板的铺设应按照由里向外的次序。

④ 栏杆块件必须在人行道板铺设完毕后才可安装;安装栏杆柱时,必须在全桥对直、校平(弯桥、坡桥要求平顺)、竖直后,用水泥砂浆填缝固定。

⑤ 在安装有锚固的人行道梁时,应对焊接认真检查,注意施工安全。

⑥ 为减少路缘石与桥面铺装层中渗水,路缘石宜采用现浇混凝土,使其与桥面铺装的底层混凝土结为整体。

3. 灯柱安装

灯柱通常只在城镇设有人行道的桥梁上设置,灯柱的设置位置有两种:一种是设在人行道上;另一种是设在栏杆立柱上。

第一种布设较为简单,在人行道下布埋管线,按设计位置预设灯柱基座,在基座上安装灯柱、灯饰,连接好线路即可。这种布设方法大方、美观、灯光效果好,适用于人行道较宽(大于 1 m)的情况。但灯柱会减小人行道的宽度,影响行人通过,且要求灯柱布置稍高一些,不能影响行车净孔。

第二种布设稍麻烦一些,电线在人行道下预埋后,还要在立柱内布设线路通至顶部,因立柱既要承受栏杆上传来的荷载,又要承受灯柱的重量,因此带灯柱的立柱要特殊设计和制作。在立柱顶部还要预设灯柱基座,保证其连接牢固。这种情况一般只适用于安置单火灯柱,灯柱顶部可向桥面内侧弯曲延伸一部分,以保证照明效果。该布置方法的优点是灯柱不占人行道空间,桥面开阔;但施工、维修较为困难。

规范要求桥上灯柱应按设计位置安装,必须牢固、线条顺直、整齐美观,灯柱电路必须安全可靠。

大型桥梁须配置照明控制配电箱,固定在桥头附近的安全场所。

检查验收标准:灯柱顺桥向位置偏差不能超过 100 mm,横桥方向偏差不能超过 20 mm,竖直度顺桥向、横桥向均不能超过 10 mm。

本章练习

1. 桥面铺装的日常养护工作包括什么?
2. 沥青混凝土桥面铺装的维修方法有哪些?
3. 简述水泥混凝土桥面补强层的加固方法。
4. 沥青桥面预养护的施工方法有哪几项?
5. 简述桥面补强层的加固法施工步骤。

第**7**章

桥梁交竣工验收

本章导读

从本章开始,我们将学习桥梁工程交竣工验收方法。

7.1节:质量鉴定要求

介绍一般桥梁质检的基本要求和划分方法。

7.2节:工程实体检测

主要讲述实体桥梁检查项目及权重分配。

7.3节:外观检查

主要讲述外观检查方法。

7.4节:内业资料审查

主要讲述桥梁内业资料检查的内容及方法。

学习目标

能力目标	知识要点
质量鉴定要求	分部分项工程评分方法
工程实体检测	检查项目、权重分配
外观检查	外观检查项目及评分
内业资料审查	内业检查项目及评分

当桥梁阶段性或者整体完工后,桥梁工程师就将对桥梁各项功能进行检查验收,然后才能将桥梁投入使用。如何验收一座施工完成的桥梁也是桥梁工程师的日常工作之一。下面我们将学习桥梁验收环节的主要工作内容。

7.1 质量鉴定要求

1. 基本要求

① 桥涵工程质量鉴定由该建设项目的质量监督机构或竣工验收单位指定的质量监督机构负责组织。

② 桥涵工程质量鉴定工作包括工程实体检测、外观检查和内业资料审查。

③ 桥涵工程质量鉴定依据质量监督机构在交工验收前和竣工验收前的工程质量检测资料,同时可结合监督过程中的检查资料进行评定(必要时工程质量检测工作可委托有相应资质的检测机构承担)。

④ 质量监督机构的工程质量鉴定报告应在竣工验收前完成。

2. 单位工程和分部工程的划分

(1) 单位工程

每个合同段范围内的路基工程、路面工程、交通安全设施分别作为一个单位工程;特大桥、大桥、中桥、隧道以每座作为一个单位工程(特大桥、大桥、特长隧道、长隧道分为多个合同段施工时,以每个合同段作为一个单位工程);互通式立体交叉的路基、路面、交通安全设施按合同段纳入相应单位工程,桥梁工程按特大桥、大桥、中桥分别作为一个单位工程。

(2) 分部工程

每个合同段的路基土石方、排水、小桥、涵洞、支挡、路面面层、标志、防护栏等分别作为一个分部工程;桥梁上部、下部各作为一个分部工程;隧道衬砌、总体各作为一个分部工程。

3. 鉴定方法

(1) 分部工程质量鉴定方法

工程实体检测以本办法规定的抽查项目及频率为基础,按抽查项目的合格率加权平均计算分部工程的合格率,乘以 100 作为分部工程实测得分;外观检查存在的缺陷,在分部工程实测得分的基础上采用扣分制,扣分累计不得超过 15 分;内业资料审查时资料中存在的问题,在合同段工程质量得分的基础上采用扣分制,扣分累计不得超过 5 分。

$$分部工程实测得分 = \frac{\sum(抽查项目合格率 \times 权值)}{\sum 权值} \times 100 \qquad (7-1)$$

$$分部工程得分 = 分部工程实测得分 - 外观扣分 \qquad (7-2)$$

(2) 单位工程、合同段、建设项目工程质量鉴定方法

根据分部工程得分采用加权平均值计算单位工程得分,再逐级加权计算合同段工程质量得分。合同段工程质量得分减去内业资料扣分为该合同段工程质量鉴定得分,采用加权平均值计算建设项目工程质量鉴定得分。

$$单位工程得分 = \frac{\sum(分部工程得分 \times 权值)}{\sum 权值} \qquad (7-3)$$

$$合同段工程质量得分 = \frac{\sum(单位工程得分 \times 单位工程投资额)}{\sum 单位工程投资额} \qquad (7-4)$$

$$合同段工程质量鉴定得分 = 合同段工程质量得分 - 内业资料扣分 \qquad (7-5)$$

$$建设项目工程质量鉴定得分 = \frac{\sum[合同段工程质量鉴定得分 \times 合同段工程投资额]}{\sum 合同段工程投资额}$$

$$(7-6)$$

4. 工程质量等级鉴定

(1) 总体要求

构造物混凝土强度、路面面层厚度的代表值、路面弯沉代表值等按《桥涵工程质量检验评定标准》(JTGF 80)评定均合格;桩基的无破损检测、预应力构件的张拉应力、桥梁荷载试验等均符合设计要求,桥梁主要受力部位无超过规范要求的裂缝,桥梁通航净空尺度满足设计要求;隧道支护、衬砌厚度无严重不足,隧道支护、衬砌背后无严重空洞;重要支挡工程无严重变形、高填方无严重沉陷变形、高边坡无失稳等现象。只有上述要求得到满足后,方可对工程质量进行鉴定。

(2) 工程质量等级划分

工程质量等级应按分部工程、单位工程、合同段、建设项目逐级进行评定,分部工程质量等级分为合格、不合格两个等级；单位工程、合同段、建设项目工程质量等级分为优良、合格、不合格三个等级。

分部工程得分大于或等于 75 分，则分部工程质量为合格，否则为不合格。

单位工程所含各分部工程均合格，且单位工程得分大于或等于 90 分，质量等级为优良；所含各分部工程均合格且得分大于或等于 75 分，小于 90 分，质量等级为合格；否则为不合格。

合同段（建设项目）所含单位工程（合同段）均合格，且工程质量鉴定得分大于或等于 90 分，工程质量鉴定等级为优良；所含单位工程均合格，且得分大于或等于 75 分、小于 90 分，工程质量鉴定等级为合格，否则为不合格。

不合格分部工程经整修、加固、补强或返工后可重新进行鉴定。但出现过重大质量事故，造成大面积返工或经加固、补强后造成历史性缺陷的工程，其相应的单位工程、合同段工程质量不得评为优良，并视其对建设项目的影响，由竣工验收委员会决定建设项目工程质量是否可评为优良。

7.2　工程实体检测

1．竣工验收检测频率

① 路基工程压实度、边坡每千米抽查不少于一处。路基弯沉逐车道连续检测。

② 排水工程的断面尺寸每千米抽查 2～3 处，铺砌厚度按合同段抽查。

③ 小桥抽查不少于总数的 20％。

④ 涵洞抽查不少于总数的 10％。

⑤ 支挡工程抽查不少于总数的 10％且每种类型抽查不少于 1 处。

⑥ 路面工程的弯沉、平整度逐车道连续检测，其他抽查项目每千米不少于 1 处。

⑦ 特大桥、大桥逐座检查；中桥抽查不少于总数的 50％。

桥梁下部工程，特大桥、大桥少于 5 个墩台的逐个检查，多于 5 个墩台的抽查总数的 50％；中桥抽查墩台总数的 50％。

⑧ 隧道逐座检查。

⑨ 交通安全设施中防护栏每千米抽查 1 处；标志抽查不少于总数的 10％。

2．抽查项目

抽查项目明细表如表 7－1 所列。

表 7-1　抽查项目明细表

单位工程	分部工程类别	抽查项目	权值	备注	权值
路基工程	路基土石方	压实度	3	双车道每处1点	3
		弯沉	3	双车道每千米80点	
		边坡*	1	每处两侧各测2个坡面	
	排水工程	断面尺寸	1	每处抽2个断面	1
		铺砌厚度	3	每合同段开挖检查5~10个断面	
	小桥	砼强度	3	每座用回弹仪、超声波测不少于10个测区	2
		主要结构尺寸	1	每座抽10~20个	
	涵洞	结构尺寸	2	每道5~10个	1
		流水面高程	1	每道2~3点	
	支挡工程	砼强度	3	每处用回弹仪、超声波测不少于10个测区	2
		断面尺寸	3	每处开挖检查1个断面	
		表面平整度	1	每处测3尺	
路面工程	路面面层	沥青路面压实度	3	每处1点	3
		沥青路面弯沉*	3	逐车道检测	
		沥青路面车辙*	1	允许偏差:10 mm;每处每车道各测2个断面	
		砼路面强度	3	每处1点	
		砼路面相邻板高差*	1	每处测膨胀缝位置相邻板高差3点	
		平整度*	2	每车道连续检测	
		抗滑*	2	每处测摩擦系数、构造深度	
		厚度	3	每车道连续检测或双车道每千米2点	
		宽度、横坡	1	每处1~2个断面	
桥梁（不含小桥）	下部	墩台砼强度	3	每墩台用回弹仪、超声波测不少于2个测区	2
		主要结构尺寸	1	每个墩台测2~4点	
		墩台垂直度	1	墩高超过20 m时,权值取2;每个墩台测两个方向	
	上部	砼强度	3	抽查主要承重构件,每座桥用回弹仪、超声波测不少于10个测区	3
		主要结构尺寸	2	每座桥测10~20点	
		伸缩缝与桥面高差*	1	逐条缝检测	
		桥面铺装平整度*	1	每联>100 m时用连续式平整度仪分车道检测,不足100 m时每联用三米直尺测3处,每处3尺,最大间隙h:高速、一级公路允许偏差3 mm,其他公路允许偏差5 mm	
		桥面宽度、厚度、横坡	1	每100 m测3个断面	
		桥面抗滑*	2	每200 m测3处	

续表 7-1

单位工程	分部工程类别	抽查项目		权值	备　　注	权值
隧道工程	衬砌	衬砌强度		3	用回弹仪、超声波每座中、短隧道测不少于10个测区,特长、长隧道测不少于20个测区	3
		衬砌厚度		3	用高频地质雷达连续检测拱顶拱腰三条线或钻孔检查	
		大面平整度		1	衬砌平整度实测每座中、短隧道测5～10处,长隧道测10～20处,特长隧道测20处以上	
	总体	宽度		1	每座中、短隧道测5～10点,长隧道测10～20点,特长隧道测20点以上	1
		净空		2	每座中、短隧道测5～10点,长隧道测10～20点,特长隧道测20点以上	
		隧道路面		2	参见路面要求	
交通安全设施	标志	立柱竖直度		1	每柱测两个方向	1
		标志板净空		2	取不利点	
		标志板尺寸		1	每块测2点	
		标志板厚度		1	每块测2点	
	防护栏	波形板厚度		1	每处20点	1
		立柱壁厚度		1	每处20点	
		横梁中心高度		1	每处20点	
		砼护栏强度		1	每处5～10个测区	
		砼护栏断面尺寸		1	每处20点	

注:1. 本表规定的抽检项目均应在交工验收前完成检测。竣工验收前,应对带" * "的抽检项目进行复测,其检测结果和其他抽检项目在交工验收时的检测结果,作为竣工验收质量评定的依据。

2. "支挡工程"指挡土墙、抗滑桩、铺砌式坡面防护、喷锚等防护工程。

3. 对弯沉、路面厚度、平整度、摩擦系数、隧道强度、厚度等抽查项目优先采用自动化检测设备进行检测,也可采用常规方法进行检测。采用自动化检测(或无损检测)结果有争议时,由交通主管部门组织有关专家确定。

4. 表中未列出的检查项目,质量监督机构可根据工程实际情况增加检测项目。对独立桥梁工程,批复的设计中有护岸工程要求的,护岸防护工程应作为检查项目进行检查。

5. 表中未包括技术复杂的工程如悬索桥、斜拉桥等工程的检查项目,质量监督机构可根据工程实际情况增加检测项目。

3. 抽查项目的规定值或允许偏差

除本办法已明确了规定值或允许偏差的抽查项目外,其余抽查项目的规定值或允许偏差按照《桥涵工程质量检验评定标准》(JTGF 80)执行。

7.3　外观检查

1. 基本要求

① 由该项目工程质量鉴定的质量监督机构或其委托的有资质的检测单位负责

在交工验收前和竣工验收前对工程外观进行全面检查。

② 工程外观存在严重缺陷和安全隐患或已降低服务水平的建设项目不予验收，经整修达到设计要求后方可组织验收。

③ 项目交工验收前应对桥梁、隧道、重点支挡工程、高边坡等涉及安全运营的重要工程部位进行详细检查。

2. 检查项目及扣分标准

检查项目及扣分标准明细表如表7-2所列。

表7-2　检查项目及扣分标准明细表

单位工程	分部工程类别	检查内容及扣分标准	备　注
路基工程	路基土石方	1. 路基边坡坡面平顺、稳定，曲线圆滑，不得亏坡，不符合要求时，单向累计长度每50 m扣1~2分； 2. 路基沉陷，每处扣1~2分	按每千米累计扣分的平均值扣分
	排水工程	1. 排水沟内侧及沟底应平顺，无阻水现象，外侧无脱空，不符合要求时，每处扣1分； 2. 砌体坚实、勾缝牢固，不符合要求时，每5 m扣1分	按每千米累计扣分的平均值扣分
	小桥	1. 砼表面粗糙，模板接缝处不平顺，有漏浆现象，扣2~5分； 2. 混凝土表面蜂窝麻面面积不得超过该部位面积的0.5%，不符合要求时，扣3~5分； 3. 桥梁的内外轮廓线条应顺滑清晰，栏杆、护栏应牢固、直顺、美观，不符合要求时，扣1~3分； 4. 桥头有跳车现象，每处扣2分； 5. 桥下施工弃料应清理干净，未清理干净时扣1~3分	按每座累计扣分的平均值扣分
	涵洞	1. 涵洞进出口不顺适，洞身不直顺，帽石、八字墙、一字墙不平直，存在翘曲现象，洞内有杂物、淤泥、阻水现象时，每种病害扣1~3分； 2. 台身、涵底铺砌、拱圈、盖板有裂缝时，每道裂缝扣2~3分； 3. 涵洞处路面有跳车现象时，每处扣1~3分	按每道累计扣分的平均值扣分
	支挡工程	1. 砌体坚实牢固，勾缝平顺，无脱落现象，不符合要求时，每10 m扣1分； 2. 沉降缝垂直、整齐，上下贯通，不符合要求时，扣1~3分； 3. 泄水孔坡度向外，无阻塞现象，不符合要求时，扣1~3分； 4. 墙身裂缝，局部破损，每处扣3分； 5. 混凝土表面的蜂窝麻面不得超过该部位面积的0.5%，深度不得超过10 mm，不符合要求时，扣2~5分	按每处累计扣分的平均值扣分

单位工程	分部工程类别	检查内容及扣分标准	备 注
路面工程	面层	水泥混凝土路面： 1. 混凝土板的断裂块数，高速公路和一级公路不得超过 0.2%；其他公路不得超过 0.4%，每超过 0.1% 扣 1 分。 2. 混凝土板表面的脱皮、印痕、裂纹、石子外露和缺边掉角等病害现象，高速公路和一级公路不得超过受检面积的 0.2%；其他公路不得超过 0.3%。不符合要求时，每超过 0.1% 扣 1 分。对于连续配筋的混凝土路面和钢筋混凝土路面，因干缩、温缩产生的裂缝，可不扣分。 3. 路面侧石应直顺、曲线圆滑，越位 2 cm 以上者，每处扣 1～2 分。 4. 接缝填筑应饱满密实，不符合要求时，累计长度每 100 m 扣 2 分。 5. 胀缝有明显缺陷时，每条扣 1～2 分。 沥青混凝土面层、沥青碎石面层： 1. 面层有修补现象，每处扣 1～3 分。 2. 表面应平整密实，不应有泛油、松散、裂缝、粗细料明显离析等现象，对于高速公路和一级公路，有上述缺陷的面积（凡属单条的裂缝，则按其实际长度乘以 0.2 m 宽度，折算成面积）之和不得超过受检面积的 0.03%，其他公路不得超过 0.05%。不符合要求时每超过 0.03% 或 0.05% 扣 2 分；半刚性基层的反射裂缝可不计作施工缺陷，但应及时进行灌缝处理。 3. 搭接处应紧密、平顺、烫缝不应枯焦。不符合要求时，累计每 10 m 长扣 1 分。 4. 面层与路缘石及其他构筑物应衔接平顺，不得有积水现象，不符合要求时，每处扣 1 分。 沥青表面处治： 1. 表面应平整密实，不应有松散、油包、波浪、泛油、封面料明显散失等现象，有上述缺陷的面积之和不得超过受检面积的 0.2%。不符合要求时，每超过 0.2% 扣 2 分。 2. 无明显碾压轮迹，不符合要求时，每处扣 1 分。 3. 面层与路缘石及其他构筑物应衔接平顺，不得有积水现象。不符合要求时，每处扣 1 分	按每公里累计扣分的平均值扣分

单位工程	分部工程类别	检查内容及扣分标准	备　注
桥梁工程（不含小桥）	下部工程及上部工程	**基本要求：** 1. 混凝土表面平滑，模板接缝处平顺，无漏浆现象，不符合要求时扣 2～5 分； 2. 混凝土表面蜂窝麻面面积不得超过该部位面积的 0.5%，不符合要求时，扣 2～5 分； 3. 混凝土表面出现非受力裂缝，减 1～2 分；结构出现受力裂缝宽度超过 0.15 mm，每条扣 2～3 分，并对其是否影响结构承载力进行分析论证； 4. 结构钢筋外露每处扣 1～5 分，并应进行处理 **支座要求：** 支座位置应准确，无脱空及非正常变形，不符合要求时每个扣除 1 分 **上部结构要求：** 1. 预制构件安装应平整，不符合要求时每处扣减 1 分； 2. 悬臂浇筑的各梁段之间应接缝平顺，色泽一致，无明显错台，不符合要求时每处扣 2～5 分； 3. 主体钢结构外露部分的涂装和钢缆的防护防蚀层必须保护完好，不符合要求时扣 1～2 分，并应及时处理； 4. 拱桥主拱圈线形圆滑无局部凹凸，不符合要求时扣 2～5 分；拱圈无裂缝，不符合要求时扣 2～5 分，并对其是否影响结构承载力进行分析论证 **桥面系要求：** 1. 桥梁的内外轮廓线应顺滑清晰，不符合要求时，扣 1～3 分； 2. 栏杆、护栏应牢固、直顺、美观，不符合要求时，扣 1～2 分； 3. 桥面铺装沥青混凝土表面应平整密实，不应有泛油、松散、裂缝、粗细料明显离析等现象，有上述缺陷的面积（凡属单条的裂缝，则按其实际长度乘以 0.2 m 宽度，折算成面积）之和不得超过受检面积的 0.03%，不符合要求时每超过 0.03% 扣 1 分； 4. 伸缩缝无阻塞、变形、开裂现象，不符合要求时扣 1～2 分；桥头有跳车现象，每处扣 1～2 分； 5. 泄水管安装不阻水，桥面无低凹，排水良好，不符合要求时扣 1～2 分	下部工程按基本要求和支座要求累计扣分；上部工程按基本要求、上部结构要求和桥面系要求累计扣分

续表 7 - 2

单位工程	分部工程类别	检查内容及扣分标准	备 注
隧道工程	衬砌	1. 混凝土衬砌表面,任一延米的隧道面积中,蜂窝麻面都不超过 1%,不符合要求时,每超过 1%扣 5 分; 2. 施工缝平顺无错台,不符合要求时,每处扣 1 分; 3. 隧道衬砌出现裂缝,裂缝累计长度每超过隧道长度的 1%扣 1~2 分	
	总体	1. 隧道洞内渗水、漏水,每处扣 1~2 分; 2. 洞内排水系统应畅通、无阻塞,不符合要求时扣 2~5 分,并应查明原因进行处理; 3. 隧道洞门按支挡工程要求检查; 4. 隧道路面按路面工程的扣分标准进行扣分	
交通安全设施	标志	1. 金属构件镀锌面不得有划痕、擦伤等损伤,不符合要求时,每一构件扣 2 分; 2. 标志板面不得有划痕、较大气泡和颜色不均匀等表面缺陷,不符合要求时,每块板扣 2 分	标志按每块累计扣分的平均值扣分
	防护栏	1. 波形梁线形顺适,色泽一致,不符合要求时,每处扣 1~2 分; 2. 立柱顶部应无明显塌边、变形、开裂等现象,不符合要求时,每处扣 2 分; 3. 混凝土护栏预制块不得有断裂现象,不符合要求时,每处扣 1 分;掉边、掉角长度每处不得超过 2 cm,否则每块混凝土构件扣 1 分;混凝土表面蜂窝、麻面、裂缝、脱皮等缺陷面积不超过该构件面积的 0.5%,不符合要求时,每超过 0.5%扣 2 分	按每千米累计扣分的平均值扣分

7.4 内业资料审查

　　质量监督机构应按桥涵工程竣工档案管理的有关规定,对监理资料、施工资料、科研和新技术应用资料进行审查,主要要求如下:

　　① 内业资料未按要求整理或检查项目不全、频率不足或缺少必要的数据,不能有效证明工程所用的原材料、施工工艺及工程质量符合规范要求或资料反映出的工程质量达不到合格标准,不能保证安全运营及正常使用时,工程不予验收。在对内业资料重新整理,达到要求后方可组织验收。

　　② 内业资料应是原始资料,是施工过程中的原件,不符合要求时扣 1~3 分。

　　③ 内业资料应字迹清晰、工整,表格内容应填写完整,签字齐全,并按要求分类编排,装订整齐,不符合要求时扣 1~3 分。

　　④ 按施工工序、工艺的要求,所有资料应齐全、完整,资料反映出的抽查频率、质量指标应满足有关标准、规范规定的要求,不符合要求时扣 2~4 分。

第 **8** 章

桥梁上部结构加固施工

学习目标

能力目标	知识要点
桥梁加固基本原理	受力原理
增大截面加固法	施工流程及处理方法
粘贴钢板加固法	施工流程及处理方法
粘贴碳纤维复合材料加固法	适用条件及施工流程

知识导读

　　桥梁在使用过程中,随着时间的推移,上部结构中经常性出现一些病害,其往往导致桥梁性能下降,因此在实际管养过程中,桥梁工程师往往需要根据具体情况对上部结构进行加固。本章我们将学习桥梁上部结构常见的加固施工方法。

8.1　桥梁上部加固基本原理

1. 桥梁基本力学图示

　　在竖向荷载作用下,梁结构(见图 8-1)是一种同时受到弯矩与剪力的结构;荷载在结构上既产生弯矩又引起剪力。梁上不同的截面上弯矩与剪力的量值有差别,材料力学给出了弹性状态下正应力的计算公式:

$$\sigma = \frac{M}{W} \tag{8-1}$$

式中:σ——在荷载作用下,主梁产生的正应力;

　　　M——荷载对主梁产生的弯矩;

　　　W——主梁截面的几何抗弯弹性模量。

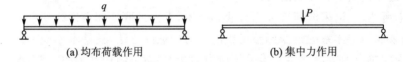

(a) 均布荷载作用　　　　　　　　　　(b) 集中力作用

图 8-1　梁桥基本力学图示

　　由此可见,桥梁的主梁受力状况由三个要素决定,即荷载(恒载、活载)作用产生的内力(弯矩)、主梁截面面积决定的截面几何特性(惯性矩、几何抗弯弹性模量)以及主梁材料的自身强度。

　　当外界条件改变,如车辆荷载增加、超限、超重等,对桥梁引起的内力增大,超过主梁结构和材料强度的允许范围时,势必造成主梁受拉部位开裂、破损、承载力下降,成为危桥;随着运营年限的增加,各种外界因素导致材料性能恶化、强度降低,也将造成原桥承载力下降、开裂、破损,最终成为旧危桥。

2. 加固基本原理

　　目前桥梁加固、提高承载力的方法和技术种类繁多,但基本原理却是相同的。其归纳起来都是遵循力学的基本原理,从桥梁结构的外界因素和内在状况改变的角度进行加固补强,提高承载力。

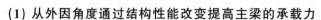

（1）从外因角度通过结构性能改变提高主梁的承载力

1）增大截面

采用喷射混凝土、现浇混凝土、外包混凝土加大主梁截面尺寸等加固方法，都是属于增加截面的加固方法和技术。从式（8-1）可知，采用增大主梁截面的方法加固，目的是增加主梁截面抗弯惯矩或几何抗弯模量。当荷载产生的内力（弯矩）不变或荷载等级提高时，通过改变截面几何特性的途径，减小主梁截面承受的拉应力（通常压应力不控制设计），使其不超过主梁材料性能承受范围，即 $\sigma < [\sigma]$，从而达到加固主梁、提高承载力的目的。

2）增加主梁的强度

对主梁采用环氧砂浆（胶浆）粘贴钢板（筋）、环氧玻璃钢、碳纤维布、芳纶纤维布等高强材料，增加主梁的强度，都是属于此类加固方法和技术。从式（8-1）可知，增加主梁强度的方法，在不变原主梁截面的前提下，当荷载等级不变或荷载等级增加时，增加了主梁受拉区的材料强度，使荷载在主梁上产生的拉应力小于补强材料的强度，即 $\sigma < [\sigma]$，从而达到加固主梁、提高主梁的承载力的目的。

（2）从内因角度通过调整内力提高主梁的承载力

改变原桥结构体系，将简支梁体系改变为连续梁体系、加八字支撑改变桥梁的跨径，或施加预应力将主梁结构由弯剪结构变为压弯剪结构，通过改变结构内力或应力分布，以达到提高承载能力的目的。

综上所述，无论采取何种加固方法和技术，无论采取外部条件改变主梁的结构性能，还是采取结构体系的改变调整主梁的内力的加固方法，其基本原理都是为了减小主梁承受的拉应力或增强主梁承受拉应力的能力，满足结构受力的需要，提高原桥梁的承载能力。

8.2　增大截面加固法

1. 加固基本原理与特点

增大截面加固法，是为了增大构件截面和配筋，以提高构件的强度、刚度、稳定性和抗裂性，适用于钢筋混凝土和预应力混凝土受弯构件、钢筋混凝土受压构件的加固。

受弯构件加固受力特征

该法属于被动加固法，根据被加固构件的受力特点和加固目的的要求、构件部位与尺寸、施工便利性等，可设计为单侧、双侧或三侧加固，以及四周外包加固。根据不同的加固目的和要求，又可分为增大截面为主的加固和加配钢筋为主的加固，或者两者同时采用的加固。增大截面为主的加固，为了保证补加的混凝土正常工作，亦需适当配置构造钢筋。加配钢筋为主的加固，为了保证配筋的正常工作，需按钢筋的间距和保护层等构造要求确定适当增大截面尺寸。

钢筋混凝土和顶应力混凝土受弯构件采用增大截面法加固设计，主要有增加受力主筋截面、增大混凝土截面这两种方法。增大混凝土截面是增设现浇混凝土层来增大正截面高度，进而提高了截面抗弯承载力和刚度。而增大受力钢筋主筋截面是在受拉区截面外增设纵向钢筋，为了保证加固纵向钢筋的正常工作，需要按构造要求浇筑混凝土保护层，进而增大了截面尺寸。因此，旧桥受弯构件的加固设计，应根据现场结构的实际情况，分别采用受压区或受拉区两种不同的加固形式。

该加固方法有以下特点：

① 主梁受力明确，计算简单方便，加固后主梁的承载能力、刚度、稳定性得到明显提高，加固效果较好。

② 施工简便，经济有效。桥面施工活动全部在桥面进行，操作便利，易于控制工程质量。与其他加固方法相比，增大截面法加固可获得较好的经济效益。

③ 加大构件截面，会使上部结构恒载增加，对原桥梁结构的下部结构有一定影响。

④ 现场湿作业工作量大，养护期较长，加固期间需适当中断交通。

⑤ 若对梁底增大尺寸，会使桥下净空有所减小。

2. 加固构造规定

① 新浇混凝土应符合下列要求：

a. 新浇混凝土强度级别宜比原构件混凝土强度提高一级，并不低于 C25。

b. 新浇混凝土层的最小厚度，对板不宜小于 100 mm；对梁和受压构件不宜小于150 mm。

c. 当新浇混凝土层厚度小于 100 mm 时，可采用小石子混凝土或喷射高性能抗拉复合砂浆。在结构尺寸复杂和新浇混凝土施工条件差的情况下，可采用微膨胀或自密实混凝土。

② 加固用的受力钢筋直径不小于 12 mm，不宜大于 25 mm，构造钢筋直径不小于 10 mm，箍筋直径不宜小于 8 mm。

③ 新增钢筋应符合下列要求：

a. 当新增纵向钢筋与原构件受力钢筋采用短筋焊接时，短筋的直径不宜小于12 mm，各短筋的中距不应大于 500 mm。

b. 当用单侧或双侧加固时，应设置 U 形箍筋或封闭式箍筋。

④ 在受拉区增设混凝土加固的受弯构件，新增纵向钢筋需截断时，应从计算截断点至少再延长锚固长度。受压构件新增纵向受力钢筋应伸入与之相连的原结构中，并满足锚固要求。

⑤ 新老混凝土接合面处，原构件的表面应凿成凹凸差不小于 6mm 的粗糙面。

3. 增焊主筋加固法

当梁内所配置的主要受力钢筋截面面积不足、无法满足抗弯承载力的要求，而桥

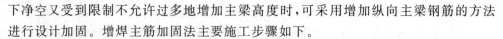

下净空又受到限制不允许过多地增加主梁高度时,可采用增加纵向主梁钢筋的方法进行设计加固。增焊主筋加固法主要施工步骤如下。

(1) 增焊主筋

凿开梁肋下缘混凝土保护层,露出主筋,将原箍筋切断并拉直,再把新增钢筋焊在原主筋上。新增受力钢筋与原受力钢筋净间距在 20 mm 以上。采用短筋或箍筋与厚钢筋焊接,增焊钢筋断头宜设在弯矩较小的截面。为减少焊接时温度应力的影响,施焊时应采用断续双面施焊,并从跨中向两支点方向依次施焊。

(2) 增设箍筋

如果原桥梁的箍筋不足或梁腹出现剪切裂缝,则在加固过程中,在增焊主筋的同时还应在梁的侧面增加 U 形箍筋或封闭式箍筋,并与原构件牢固连接。具体做法是:在梁腹上埋入梢钉,把补充的箍筋固定起来,并把箍筋上端埋入桥面板中。

(3) 卸除部分恒载

加固时,为了减少原结构的截面应力,使新增加的钢筋充分发挥作用,有条件时应采取多点顶起等措施,将梁顶起或凿除部分桥面铺装,然后再进行加固(起顶位置和吨位由计算来确定)。

(4) 恢复保护层

钢筋焊接好并接卡箍筋后,重新做好混凝土保护层。

此外,在现有桥梁中有一部分属于 T 形梁桥。这类桥因原截面高度不够或尺寸过小,导致承载力不足。对于这部分桥梁,可在梁肋下缘扩大截面面积,而在靠近支座的梁端部分仍保持原截面(即仅在跨中某区段将梁肋下缘截面加大),在截面扩大部分与原截面之间做一斜面过渡。在新增混凝土截面中增设受力主筋,通过加固层与原结构紧密结合在一起,共同承受外荷载作用。

为了保证新旧混凝土之间有良好的黏结,须在浇筑混凝土前,先将结合部位的旧混凝土表面凿毛,露出骨料,清洗干净。同时每隔一定距离(一般为 1 m 左右)凿露出主筋。

当采用加大混凝土截面法进行补强加固设计时,必须考虑结构分阶段受力这一特点,并进行详细的分析计算。这种加固方法只有在因补强加固所增加的恒载仍在原结构下缘受拉区强度许可的限度内方可采用,也就是说原结构截面必须能承受原有恒载和补强加固增加的恒载,而活载则由最后的组合截面承受。

4. 增大混凝土截面加固法

受压区增大截面加固法一般适用于跨径较小的 T 形梁桥或板梁桥。在原桥上部结构构件的承载力不足、截面面积过小,而墩台及基础较好、承载力较大的情况下,为了方便施工,可将原有桥面铺装层拆除,对桥面板表面进行处理后,再浇筑一层新的钢筋混凝土补强层,用以提高梁(板)的抗弯能力。

为了使新旧混凝土有良好的结合,应把原桥面板表面凿毛洗净,每隔一定的距离都要设置齿形剪力槽或埋设桩状(钢筋柱)剪力键,或用环氧树脂作为胶结层。同时,在桥面板上铺设钢筋网,以增强桥面板的整体性和抗压能力,防止新浇筑的混凝土补强层开裂。钢筋网的钢筋直径与间距可根据补强层参与桥面板共同受力来确定。加固后重新铺设桥面的铺装层。

对于有三角垫层的桥面板,可将原来作为传力结构的三角垫层凿去,代之以与原桥面板结合为整体、共同受力的钢筋混凝土补强层,或用钢筋混凝土补强层取代桥面铺装层。这样在不增加桥梁自重的情况下进行加固补强,效果更为明显。

这种方法施工简便,不需搭设支架,但施工时桥上行车受阻。因此,对于不允许中断交通的重要干线桥梁,这种加固方法受到一定的限制。此外,由于加厚部分使桥梁自重和恒载弯矩增加较多,并且仍然是原结构下缘受拉钢筋应力控制设计,故此加固方法一般只适用于跨径较小的 T 形梁桥或板梁桥,而且在加固前应对梁(板)的受力状况进行详细的分析,在梁(板)下翼缘强度容许的限度内确定桥面的加厚高度。

8.3　粘贴钢板加固法

1. 钢板粘贴补强法的概念

钢板粘贴补强法采用环氧树脂系列黏结剂,将钢板直接粘贴在被加固的钢筋混凝土结构物的受拉区或抗剪薄弱部位,使之与结构物形成整体,用以代替需增设的补强钢筋,通过钢板与补强结构的共同作用,提高其刚度,限制裂缝开展,改善钢筋及混凝土的应力状态,提高梁的承载能力,以达到补强效果。

用粘贴钢板来加固桥梁,在国外已得到广泛的应用,国内也有不少实例。这是因为这种加固法具有以下特点:

① 不损伤原有结构物。

② 施工工艺简单,施工质量易于控制。

③ 施工工期短,经济性较好。

④ 钢板所占空间小,加固工程几乎不增大原结构物的尺寸,不影响桥下净空。桥梁自重增加很小。

⑤ 可在不影响或少影响交通的情况下施工。尽管工程质量要求很高,但施工时并不要求高级的专门技术人员操作。

⑥ 几乎可以不改变具有历史价值建筑的原有艺术特点。

⑦ 黏结剂的质量及耐久性是影响加固效果的主要因素。

⑧ 加固钢板容易锈蚀,必须进行严格的防锈处理。

2. 适用范围

本方法适用于对钢筋混凝土受弯、大偏心受压和受拉构件的加固。加固时,一般将钢板粘贴在被加固结构受力部位的表面,既能充分发挥粘贴钢板的作用,又能封闭粘贴部位的裂缝和缺陷,从而有效提高构件的强度、刚度和抗裂性。设计时,可根据需要,在不同的部位粘贴钢板,有效地发挥钢板的抗弯、抗剪、抗压性能。

① 为了提高桥梁结构的抗弯能力,在构件的受拉边缘表面粘贴钢板,使其与结构形成整体受力。设计钢板长度时,应将钢板的梁端延伸到低应力区,以减少钢板锚固端的黏结集中应力,防止黏结部位构件出现裂缝或粘贴钢板被拉脱的现象发生。

② 如果桥梁结构的主拉应力区斜筋不足,为了增加结构的抗剪切强度,可将钢板粘贴在结构的侧面,并垂直于剪切裂缝的方向斜向粘贴(斜度一般为 45°～60°),以承受主拉应力。也可以竖向粘贴成条状或用 U 形和 L 形箍板,两种形式都需要钢板压条。

当局部受力比较集中的部位(悬臂梁牛腿处或挂梁端部)出现裂缝时,通过粘贴钢板可增强构件的抗剪强度。

③ 粘贴钢板法也可提高桥梁的刚度。

许多试验结果表明,粘贴后钢板与原有结构能够共同作用。因此,加固设计时钢板可作为钢筋的断面来考虑,将钢板换算成钢筋,原有构件承受恒载与活载,增加的钢板承受部分活载,钢板仅承受轴向应力的作用。

粘贴钢板外表面,应进行防护处理,表面防护材料对钢板及胶黏剂应无害。如果原结构混凝土强度过低,它与钢板的黏结强度也必然很低,极易发生呈脆性的剥离破坏。因此,本方法不适用于素混凝土构件的加固,被加固混凝土受弯构件混凝土强度等级不应低于 C20,受压构件不应低于 C15,预应力混凝土构件不应低于 C30。

3. 抗弯加固

国内外的试验研究表明,在受弯构件的受拉面和受压面粘贴钢板进行受弯加固时,其截面应变分布仍可采用平截面假定。

当用来提高构件的抗弯能力时,应把钢板粘贴在梁(板)受拉翼缘的表面上,使钢板与混凝土作为整体受力,以钢板与混凝土接缝处混凝土局部剪切强度控制设计。用于粘贴的钢板尺寸应尽可能薄而宽。薄钢板由于具有较好的柔性和弹性而易于与混凝土构件表面结合较为紧密。允许使用较厚的钢板,但为了防止钢板与混凝土粘接的劈裂破坏,要求其端部与梁柱节点的连接构造符合外粘型钢焊接及注胶方法的规定。合理的设计应控制在钢板发生屈服变形前,混凝土不出现剪切破坏。为避免钢板在自由端脱落,端部可用夹紧螺栓固定,或在钢板上按一定的距离用螺栓固定,效果更有保证。

钢筋混凝土结构构件加固后,其正截面受弯承载力的提高幅度,不超过 40%,其目的是为了控制加固后构件的裂缝宽度和变形,并且验算其受剪承载力,避免受弯承载力提高后而导致构件受剪破坏先于受弯破坏(强剪弱弯)。构造要求如下:

① 采用直接涂胶粘贴的钢板厚度不应大于 5 mm。钢板厚度大于 5 mm 时,应采用压力注胶粘贴。对钢筋混凝土受弯构件进行正截面加固时,钢板宜采用条带粘

贴,钢板的宽厚比不应大于 50。

② 为了避免因加固量过大而导致超筋性质的脆性破坏,对于重要构件的相对界限受压区高度,采用构件加固前控制值的 0.9 倍。若按 HRB335 级钢筋计算,达到界限时相应的钢筋应变约为 1.35 倍屈服应变;对于一般构件,采用构件加固前控制值的 1.0 倍。若按 HRB335 级钢筋计算,达到界限时相应的钢筋应变约为 1.0 倍屈服应变。满足此条要求,实际上已经确定了粘贴钢板的"最大加固量"。粘贴钢板的加固量,当采用厚度小于 5 mm 的钢板时,对受拉区不超过 3 层,对受压区不超过 2 层。当钢板厚度为 10 mm 时,仅允许粘贴 1 层。当加固的受弯构件需粘贴 1 层以上钢板时,相邻两层的截断位置应错开一定距离,错开的距离不应小于 300 mm,并应在截断处加设 U 形箍(对梁)或横向压条(对板)进行锚固。

在受弯构件受拉区粘贴钢板,其板端一段由于边缘效应,往往会在胶层与混凝土黏合面之间产生较大的剪应力峰值和法向正应力的集中,成为粘钢的最薄弱部位。若锚固不当或粘贴不规范,均易导致脆性剥离或过早剪坏,为此有必要采取加强锚固的措施。

4. 抗剪加固

当粘贴钢板用以加固和增加梁的剪切强度时,钢板应粘贴在梁的侧面,跨缝粘贴。用于粘贴的钢板可以是块状的,也可以是带状的,长度方向与主拉应力方向一致,垂直于裂缝。带状钢板沿垂直于裂缝的方向粘贴,斜度一般为 45°～60°。梁的上下端应设水平锚固板,以提高端部的锚固强度,钢板厚度依设计而定。当采用钢板对受弯构件的斜截面承载力进行加固时,应粘贴成斜向钢板、U 形箍或 L 形箍。

5. 锚固措施

① 对受弯构件正弯矩区的正截面加固时,当粘贴的钢板延伸至支座边缘仍不满足延伸长度的要求时,采取下列锚固措施:

a. 梁应在延伸长度范围内均匀设置 U 形箍,且应在延伸长度的端部设置一道加强箍,U 形箍应伸至梁翼缘板底面。U 形箍的宽度,对端箍不应小于 200 mm,对中间箍不应小于受弯加固钢板宽度的 1/2,且不应小于 100 mm。U 形箍的厚度不应小于受弯加固钢板厚度的 1/2。U 形箍的上端应设置纵向钢压条,压条下面的空隙应加胶粘钢垫块填平。

b. 板应在延伸长度范围内通常设置垂直于受力钢板方向的压条。压条应在延伸长度范围内均匀布置,且应在延伸长度的端部设置一道。钢压条的宽度不应小于受弯加固钢板宽度的 3/5,钢压条的厚度不应小于受弯加固钢板厚度的 1/2。

② 直接涂胶粘贴钢板时也应使用锚固螺栓,锚固深度不应小于 6.5 倍螺栓直径。螺栓布置的间距应满足下列要求:

a. 螺栓中心最大间距为 24 倍钢板厚度;最小间距为 3 倍螺栓孔径。

b. 螺栓中心距钢板边缘最大距离为 8 倍钢板厚度或 120 mm 中的较小者,最小距离为 2 倍螺栓孔径。

如果螺栓只用于钢板定位或粘贴加压时,则不受上述限制。

6. 钢板粘贴补强法的施工工艺

钢板粘贴根据采用黏结剂的不同,其施工工艺也有所不同。当黏结剂为液状时,用灌注法;当黏结剂为胶状时,用涂抹法。前者在钢板安装后用注入法加入,后者是在钢板粘贴前用涂刷法事先涂好。当钢板厚度小于或等于 5 mm 或者宽度小于或等于 300 mm 时,采用涂抹法粘贴钢板;当钢板厚度大于 5 mm 或宽度大于 300 mm 时,采用灌注法粘贴钢板。

(1) 灌注法

先将加固钢板固定在混凝土上,将钢板与混凝土边缘密封后再向钢板与混凝土的间隙中压注流体状结构胶。施工略复杂,但加固钢板厚度可较大(可超过 5 mm,允许达到 10 mm,但应采取类似外粘型钢节点的加强锚固措施),且单块加固钢板面积可较大,施工基本不受胶液可操作时间的限制。

(2) 涂抹法

在加固钢板及混凝土表面涂刮膏状建筑结构胶,在结构胶凝胶硬化前将钢板和混凝土黏合固定。施工较简单,但粘贴钢板厚度不能太厚(不超过 5 mm,最好 2～3 mm),且单块钢板面积较小,配胶、涂胶、固定等施工操作要求在胶的可操作时间(约为 40 min)内全部完成。

(3) 粘贴钢板法施工步骤

1) 混凝土表面处理

混凝土面应凿除粉饰层、油垢、污物,然后用角磨机打磨除去 1～2 mm 厚的表层,较大凹陷处用找平胶修补平整,打磨完毕用压缩空气吹净浮尘,最后用棉布蘸丙酮拭净表面,待粘贴面完全干燥后备用。

2) 钢板表面处理

钢板粘贴面应用角磨机进行粗糙、除锈处理,直至打磨出现光泽,使用前若洁净,则仅用干布擦拭即可;否则可用棉布蘸丙酮拭净表面,待完全干燥后备用。

该工序所用主要设备与材料:护目镜、防尘口罩、冲击电锤,以及扁铲、手锤、角磨机、金刚石磨片、砂轮片、空压机、棉布、丙酮。

3) 加压固定及卸荷系统准备

加压固定宜采用千斤顶、垫板、顶杆所组成的系统,该系统不仅能产生较大的压力,而且在加压固定的同时卸去了部分加固构件承担的荷载,能更好地使后粘钢板与原构件协同受力,加固效果最好,施工效率较高。

加压固定也可采用膨胀螺栓、角钢、垫板所组成的系统,该系统需要在加固构件的合适位置上钻孔固定膨胀螺栓,仅能产生较小压力,不能产生卸荷效果,适合侧面钢板的粘贴。

4）胶黏剂配制

建筑结构胶常为多组分，取洁净容器（塑料或金属盆，不得有油污、水和杂质）和称重衡器，按说明书配合比混合，并用搅拌器搅拌至色泽均匀为止。搅拌时最好沿同一方向搅拌，尽量避免混入空气形成气泡，配置场所宜通风良好。

5）涂胶和粘贴

胶黏剂配制完成后，用腻刀涂抹在已处理好的钢板面上（或混凝土表面），胶断面宜呈三角形，中间厚 3 mm 左右，边缘厚 1 mm 左右，然后将钢板粘贴在混凝土表面，用准备好的固定加压系统固定，适当加压，以胶液刚从钢板边缝挤出为度。

钢板粘贴应选择在干燥环境下进行。将配好的胶黏剂均匀地涂抹在清洁的混凝土和钢板条黏结面上。立面涂胶应自上而下地进行。钢板条黏结面上的抹胶可中间厚、两边薄，板的中央涂抹胶的厚度为 3～5 mm。将钢板平稳对准螺栓孔并迅速拧紧螺帽，使钢板与混凝土紧密黏合，清除挤出的多余胶黏剂。钢板加压的顺序应由中间向两边对称进行。

6）检　验

检验时可用小锤轻击粘贴钢板，从音响判断粘贴效果；也可采用超声仪检测。若锚固区有效黏结面积少于 90%，非锚固区有效黏结面积少于 70%，应剥离钢板，重新粘贴。锚栓的植入深度应符合设计要求，钻孔深度偏差不应大于 5 mm。目测钢板边缘的溢胶色泽应均匀，胶体应固化。钢板的有效黏结面积应不小于 95%，可采用以下三种方法检查：敲击检测法、超声波检测法和红外线检测法。

7）维　护

加固后钢板宜采用 20 mm 厚的 M15 水泥砂浆抹面保护，也可采用涂防锈漆保护，以避免钢材的腐蚀。

8.4　粘贴碳纤维复合材料加固法

1. 碳纤维复合材料加固机理

工程材料的进步及新材料的出现，历来是土木结构工程发展的先驱和动力。碳纤维材料的出现和成功应用于土木工程的加固与补强上，使土木工程加固技术研究更上一个台阶。碳纤维是一种新型建材，因其质轻、耐腐蚀、片材很薄、抗拉强度高而被广泛应用。碳纤维布（片）加固法亦被视为梁式桥加固补强、提高承载能力，尤其是当高度受限制时的首选加固方法，其施工工艺也很简单。其适用于钢筋混凝土受压柱，提高延性、耐久性的加固；亦可用于梁、板的加固。

与传统的其他加固方法相比，将抗拉性能优良的碳纤维布用粘贴材料粘贴到梁体底面或箱梁内壁上，使其与原结构一起受力，即碳纤维布可以与原结构内布置的钢筋一道共同承受拉力，以提高旧桥的承载能力。沿桥梁的主拉力方向（或与裂缝正交方向)粘贴碳纤维布,两端分别设置锚固端,据此可约束混凝土表面裂缝、防止裂缝再扩展,从而达到提高构件抗弯刚度、减少构件挠度、改善梁体受力状态的目的。

粘贴碳纤维复合材料加固法适用于梁、板的加固,可提高梁、板的承载力,对刚度的提高效果相对较差;亦可用于加固钢筋混凝土受压柱,以提高其承载力、延性、耐久性等。其适用范围如下:

① 原构件受拉主筋或腹筋配筋不足的梁和板,抗弯、抗剪加固效果较为显著。

② 原构件受拉钢筋严重腐蚀或受损,以致承载力无法满足安全及使用要求。

③ 提高构件的抗裂性,可限制裂缝的发展。

④ 以延长结构使用年限为主要目的的耐久性加固。

⑤ 混凝土墩柱的抗剪、抗压补强及抗震延性补强。

碳纤维片材可采用下列方式对混凝土结构构件进行加固:

a. 在梁、板构件的受拉区粘贴碳纤维片材进行受弯加固,纤维方向与加固处的受拉方向一致。

b. 采用封闭式粘贴、U 形粘贴或侧面粘贴,对梁、柱构件进行受剪加固,纤维方向宜与构件轴向垂直。

c. 采用封闭式粘贴对柱进行抗震加固,纤维方向与柱轴向垂直。

当有可靠依据时,碳纤维片材也可用于其他形式和受力状况的混凝土结构构件的加固。

2. 碳纤维材料与要求

采用粘贴碳纤维片材对混凝土结构加固时,应使用碳纤维片材、配套树脂类黏结材料和表面防护材料。

(1) 碳纤维片材

碳纤维布的抗拉强度应按纤维的净截面面积计算,净截面面积取碳纤维布的计算厚度乘以宽度。碳纤维布的厚度计算应取碳纤维布的单位面积质量除以碳纤维密度。

碳纤维板的性能指标应按板的截面(含树脂)面积计算,截面(含树脂)面积取实测厚度乘以宽度。

(2) 配套树脂类黏结材料

采用碳纤维片材对混凝土结构加固时,应采用与碳纤维片材配套的底层树脂、找平树脂、浸渍树脂或黏结树脂。

(3) 表面防护材料

对已加固完的结构表面应进行防护处理。表面防护材料应与浸渍树脂或黏结树脂可靠黏结。选用的防火材料及其处理方法,应使加固后的建筑物达到要求的防火等级。当被加固的结构处于特殊环境时,应根据具体情况选用有效的防护材料。

3. 碳纤维复合材料加固设计及要点

(1) 一般规定

① 采用碳纤维复合材料加固受压柱时,原构件混凝土强度等级不得低于 C25。

② 纤维复合材料宜粘贴成条带状,非围束时板材不宜超过 2 层,布材不宜超过 3 层。

③ 对钢筋混凝土柱粘贴纤维复合材料进行加固时,条带应粘贴成环形箍,且纤维方向应与柱的纵轴线垂直。

a. 加固大偏心受压构件,可将纤维复合材料粘贴于构件受拉区边缘混凝土的表面,纤维方向应与柱的纵轴线方向一致。

b. 加固受拉构件,纤维方向应与构件受拉方向一致。

c. 梁的受拉区两侧粘贴纤维复合材料进行抗弯加固时,粘贴高度不宜高于 1/4 梁高。

d. 采用封闭式粘贴或 U 形粘贴对梁、柱构件进行斜截面加固,纤维方向宜与构件轴线垂直或与其主拉应力方向平行。

④ 纤维复合材料沿纤维受力方向的搭接长度不应小于 100 mm,当采用多条或多层纤维复合材料加固时,其搭接位置应相互错开。

⑤ 当纤维复合材料绕过构件(截面)的外倒角时,构件的截面棱角应在粘贴前打磨成圆弧面、圆弧半径,梁不应小于 20 mm;柱不应小于 25 mm。对于主要受力纤维复合材料不宜绕过内倒角。

⑥ 粘贴多层纤维复合材料加固时,宜将纤维复合材料逐层截断,并在每层截断处最外侧加压条,其粘贴形式采用内短外长式。

⑦ 采用纤维复合材料对钢筋混凝土梁或柱的斜截面承载力进行加固时,其构造应符合下列规定:

a. 宜选用环形箍或加锚固的 U 形箍;仅按构造需要设箍时,也可采用一般 U 形箍。

b. U 形箍的纤维受力方向应与构件轴向垂直。

(2) 梁和板的加固

对梁、板进行抗弯加固时,可在纤维复合材料两端设置 U 形箍或横向压条。

当纤维复合材料延伸至支座边缘仍不满足黏结长度 6 的规定时,应采取以下锚固措施:

① 对于梁,在纤维复合材料延伸长度范围内至少应设置两道纤维复合材料 U 形箍锚固。U 形箍宜在延伸长度范围内均匀布置,且在延伸长度端部必须设置一道。U 形箍的粘贴高度宜伸至顶板底面。每道 U 形箍的宽度不宜小于受弯加固纤维复合材料宽度的 1/2,U 形箍的厚度不宜小于受弯加固纤维复合材料厚度的 1/2。

② 对于板,在纤维复合材料延伸长度范围内至少设置两道垂直于受力纤维方向的压条。压条宜在延伸锚固长度范围内均匀布置,且在延伸长度端部必须设置一道。

每道压条的宽度不宜小于受弯加固纤维复合材料条带宽度的 1/2,压条的厚度不宜小于受弯加固纤维复合材料厚度的 1/2。

③ 当纤维复合材料的黏结长度小于按公式计算所得长度的 1/2 时,应采取可靠的附加机械锚固措施。

对梁、板负弯矩区进行受弯加固时,碳纤维片材的截断位置距支座边缘的延伸长度应根据负弯矩分布确定,且对板不小于 1/4 跨度,对梁不小于 1/3 跨度。

当采用碳纤维片材对框架梁负弯矩区进行受弯加固时,应采取可靠锚固措施与支座连接。板受弯加固时,碳纤维片材宜采用多条密布方案。当沿柱轴向粘贴碳纤维片材对柱的正截面承载力进行加固时,碳纤维片材应有可靠的锚固措施。

采用碳纤维片材对钢筋混凝土梁、柱构件进行受剪加固时,应符合下列规定:

① 碳纤维片材的纤维方向宜与构件轴向垂直。

② 应优先采用封闭粘贴形式,也可采用 U 形粘贴和侧面粘贴。对碳纤维板,可采用双 L 形板形成 U 形粘贴。

③ 当碳纤维片材采用条带布置时,其净间距离 f 不应大于现行国家标准《混凝土结构设计规范》规定的最大箍筋间距的 0.7 倍。

④ U 形粘贴和侧面粘贴的粘贴高度宜取构件截面高度。对于 U 形粘贴形式,宜在上端粘贴纵向碳纤维片材压条;对于侧面粘贴形式,宜在上、下端粘贴纵向碳纤维片材压条。

4. 施工工序

(1) 施工准备

认真阅读设计施工图,然后根据施工现场和被加固构件混凝土的实际情况拟订施工方案和施工计划。最后对所使用的碳纤维片材、配套树脂、机具等做好施工前的准备工作。

(2) 表面处理

清除被加固构件表面的剥落、疏松、蜂窝、腐蚀等劣化混凝土,露出混凝土结构层,并用修复材料将表面修复平整。然后按设计要求对裂缝进行灌缝或封闭处理。把被粘贴的混凝土表面打磨平整,除去表层浮浆、油污等杂质,直至完全露出混凝土结构新面。转角粘贴处应进行导角处理并打磨成圆弧状,圆弧半径不应小于20 mm。混凝土表面应清理干净并保持干燥。

(3) 涂刷底层树脂

该工序用于渗透入混凝土表面,促进黏结并形成长期持久界面的基础;油灰,用于填充整个表面空隙并形成平整表面,以便使用碳纤维片材;浸渍树脂或黏结树脂,前者用于碳纤维布粘贴,后者用于碳纤维板粘贴。按产品生产厂提供的工艺规定配制底层树脂。采用滚筒刷将底层树脂均匀涂抹于混凝土表面。可以在底层树脂表面指触干燥后,尽快进行下一工序的施工。

（4）找平处理

按产品生产厂提供的工艺规定配制找平材料。对混凝土表面凹陷部位用找平材料填补平整，不应有棱角。转角处应采用找平材料修理成为光滑的圆弧，半径不应小于 20 mm。可以在找平材料表面指触干燥后，尽快进行下一工序的施工。

（5）粘贴碳纤维片材

1）粘贴碳纤维布

按设计要求的尺寸裁剪碳纤维布；按产品生产厂提供的工艺规定配制浸渍树脂，并均匀涂抹于粘贴部位；将碳纤维布用手轻压放在需粘贴的位置，采用专用的滚筒顺纤维方向多次滚压，挤除气泡，使浸渍树脂充分浸透碳纤维布，滚压时不得损伤碳纤维布；多层粘贴时重复上述步骤，并宜在纤维表面的浸渍树脂指触干燥后尽快进行下一层粘贴；在最后一层碳纤维布的表面均匀涂抹浸渍树脂。

2）粘贴碳纤维板

按设计要求的尺寸裁剪碳纤维板，并按产品生产厂提供的工艺规定配制黏结树脂；将碳纤维板表面擦拭干净至无粉尘。当需粘贴两层时，底层碳纤维板的两面均应擦拭干净；擦拭干净的碳纤维板应立即涂刷黏结树脂，树脂层应呈突起状，平均厚度不应小于 2 mm；将涂有黏结树脂的碳纤维板用手轻压贴于需粘贴的位置。用橡皮滚筒顺纤维方向均匀平稳压实，使树脂从两边挤出，保证密实无空洞。当平行粘贴多条碳纤维板时，两条板带之间的空隙不应小于 5 mm；需粘贴两层碳纤维板时，应连续粘贴。当不能立即粘贴时，在开始粘贴前应对底层碳纤维板重新进行清理。

（6）表面防护

防紫外线辐照、防火和保证防护材料与碳纤维片材之间有可靠的黏结。施工宜在 5 ℃以上环境温度条件下进行；当环境温度低于 5 ℃时，应使用适用于低温环境的配套树脂或采用升温处理措施。在表面处理和粘贴碳纤维片材前，应按加固设计部位放线定位。

（7）检查与验收

碳纤维下片材实际粘贴面积应不少于设计量，位置偏差应不大于 10 mm。碳纤维片材与混凝土之间的黏结质量可用小锤轻轻敲击或手压碳纤维片材表面的方法来检查。

总有效黏结面积不应低于 95%。当碳纤维布的空鼓面积小于 10 000 mm² 时，可采用针管注胶的方式进行补救；空鼓面积大于 10 000 mm² 时，宜将空鼓处的碳纤维片材切除，重新搭接贴上等量的碳纤维片材，搭接长度应不小于 100 mm。碳纤维片材粘贴效果由拉拔力试验方法进行测定。

本章练习

1. 目前认为造成桥梁损伤的因素主要由几个方面构成？
2. 桥梁维护与加固的基本原则是什么？

3. 桥梁维护与加固的基本要求有哪些？

4. 桥梁的养护按其工程性质、规模大小、技术难易程度应划分为几类？各类养护工程分别包括哪些内容？

5. 桥梁维护与加固技术途径大致分几种类型？

第 9 章

桥梁下部结构加固施工

本章导读

从本章开始,我们将学习桥梁下部结构加固施工技术。

9.1 节:下部结构加固基本原理

介绍桥梁下部结构加固基本原理。

9.2 节:盖梁加固法

主要介绍盖梁加固施工。

9.3 节:墩柱加固法

主要介绍墩柱加固施工。

9.4 节:桥台加固法

主要介绍桥台加固施工。

9.5 节:基础加固法

主要介绍桥梁基础部分的加固施工。

学习目标

能力目标	知识要点
下部结构加固基本原理	受力原理
盖梁加固法	施工流程及处理方法
墩柱加固法	施工流程及处理方法
桥台加固法	适用条件及施工流程
基础加固法	各类基础加固法

　　桥梁在使用过程中,下部结构中经常性出现一些病害,其往往导致桥梁性能下降,因此在实际管养过程中,桥梁工程师往往需要根据具体情况对桥梁下部结构进行加固。本章我们将学习桥梁下部结构常见的加固施工方法。

9.1　桥梁下部结构加固基本原理

1. 加固的前提条件

　　桥梁下部结构尤其是基础部分,是隐蔽工程且多数处于水下或地下,所以难以直接观察和判断。因此,对于桥梁的下部构造加固改造,无论是加固前的检测与病害原因分析、判断,还是具体的加固设计与加固方法,相对于上部构造来说难度都可能更大。在针对具体的桥梁下部结构实施加固改造前,首先应在对现场检测资料分析与判断的基础上,确定下部构造是否具有加固改造的价值,然后从加固技术和施工工艺上分析能否实现加固改造的目的。具备加固改造价值,同时又能实施加固改造施工,是加固改造的前提;否则,无论是在技术与安全上,还是在经济上,都应考虑拆除桥梁、重建新桥的方案。

　　对于跨河桥梁,应检查基础的冲刷,分析其对桥梁稳定性的影响;考虑基础的埋置深度是否满足要求,还应考虑久经压实的桥梁地基土允许承载力的提高,以及桩底和周边土支承力及摩擦力的提高系数。应分别对墩、台及基础各部位进行强度、稳定性及裂缝宽度的验算,并在充分考虑已发现的病害基础上评定其使用功能及承载力。对于技术状况特别差、难以加固改造的墩、台及基础结构,或加固改造的施工工艺复杂、把握性不大的工程,应慎重考虑加固利用的决策。

2. 加固的方法

　　桥梁下部结构主要由桥墩、桥台和基础组成。其加固可分为墩台加固和基础加固两个方面。公路桥梁下部结构主要的加固方法如下,各种方法计算、设计和施工要点均与上述章节所述相似,在此不一一赘述。

　　① 盖梁加固方法:施加体外预应力加固、增大截面加固、粘贴钢板或纤维复合材料加固等。

　　② 桥墩加固方法:钢筋混凝土套箍加固、粘贴(钢板、碳纤维等)加固、加桩(柱)加固。

　　③ 桥台加固方法:台后加孔减载加固、台后增设拉杆、撑墙或挡土墙加固、钢筋混凝土围带或钢箍加固。

3. 加固设计

　　① 增大基础加固计算应考虑两阶段受力,基底面积应根据现行《公路桥涵地基

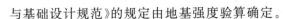

与基础设计规范》的规定由地基强度验算确定。

a. 当基底只承受轴心荷载时,

$$P = \frac{N}{A}[f_a] \tag{9-1}$$

式中:A——基础底面面积;

　　N——作用短期效应组合在基底产生的竖向力;

　　P——基底平均压应力;

　　f_a——基底应力修正系数。

b. 当基底单向偏心受压,承受竖向力 N 和弯矩 M 共同作用时,除满足上式外,还应符合下列条件:

$$P_{max} = \frac{N}{A} + \frac{M}{W}\gamma_R[f_a] \tag{9-2}$$

式中:N——基底最大压应力;

　　M——由作用短期效应组合产生于墩台的水平力和竖向力对基底重心轴的弯矩;

　　γ_R——应力修正系数;

　　f_a——基底应力容许值;

　　W——基础底面偏心方向面积的抵抗矩。

c. 当基底双向偏心受压,承受竖向力 N 和绕 x 轴弯矩与绕 y 轴弯矩共同作用时,除式(9-1)外,尚应符合下列条件:

$$P_{max} = \frac{N}{A} + \frac{M_x}{W_x}\gamma_R[f_a] \tag{9-3}$$

② 增补桩基加固计算应考虑两阶段受力和新旧桩基支撑条件、桩径等方面的差异。增补桩基数量及群桩基础沉降量计算,应根据现行《公路桥涵地基与基础设计规范》的规定进行。

③ 基础冲刷加固。

a. 基础的冲刷深度应取现有河床断面计算最大冲刷深度。

b. 拦沙坝顶、底面高程应按实际冲刷深度计算。

c. 桩基承载能力验算应考虑冲刷深度变化的影响。采用抛石防护的桩基,其承载力应计入抛石的负摩阻力。

④ 对未设置防撞设施而可能被撞击的桥梁,应进行防撞验算或专题研究。

⑤ 下部结构加固后,应对全桥进行整体验算。

⑥ 当地基强度满足要求而缺陷仅仅表现为不均匀沉降、变形过大时,采用扩大基础底面积的加固方法,主要由地基变形计算加以选定。当基础底部扩大部分的地基承载力不足时,可采取在扩大部分基础下增加一定数量的桩的立法,以提高地基承载力,桩的数量根据地基变形计算来加以选定。

⑦ 增补桩基一般与原桩基的直径、长度不同,在同一基础下,可能存在两种以上的形式。由于单桩承担的荷载与该桩的材料性能、桩身的规格尺寸及桩的入土情况等因素有关,而这些因素又综合反映在单桩设计承载力上,因此按单桩设计承载力来分配沉降计算荷载是较合理的。

4. 构造要求

下部结构加固前应先处理裂缝、缺陷等病害,当采用预应力加固盖梁、柱、薄壁墩台、空心墩等钢筋混凝土构件时,原构件混凝土强度等级不宜低于C25;采用其他方法加固时,原构件混凝土强度等级不宜低于C15;当桥下净空不足、影响桥梁的安全使用时,可降低相交路的路面高程、加高墩台或调整支座垫石的厚度。构造要求如下:

① 钢筋混凝土套箍加固:

a. 钢筋混凝土墩台出现环向裂缝时,沿裂缝布置一道套箍,套箍高度不小于1.5 m,厚度为250~400 mm。

b. 钢筋混凝土墩台竖向裂缝可用数个套箍加固,每隔一定高度设置一道,其宽度视裂缝分布和宽度而定,厚度为100~200 mm。

c. 被加固墩台为圬工结构时,套箍宜与注浆锚杆共同使用,锚杆间距根据墩台结构尺寸确定,一般为1.5~2.0 m。外露锚具应进行防腐处理。

d. 套箍混凝土强度等级不低于C25,配筋率不小于0.4%。

e. 套箍钢筋应与原结构可靠连接。当采用植筋技术时,桥梁主要构件的混凝土强度等级不得低于C25,其他构件混凝土强度不得低于C20;桥梁受力植筋用胶黏剂应采用A级胶;仅按构造要求植筋时可采用B级胶;采用植筋锚固的桥梁结构,其长期使用的环境温度不应高于60 ℃;对处于特殊环境(如高温、高湿、介质腐蚀等)的桥梁结构进行植筋时,除应按国家现行有关标准的规定采取相应的防护措施外,尚应采用耐环境因素作用的胶黏剂。

② 用支撑梁法加固扩大基础的桥台时,钢筋混凝土支撑梁顶面高程不得高于计算冲刷线。

③ 扩大墩台基础加固,当抗剪承载力不足时,应采取增加承台厚度、在重力式桥台两侧加设钢筋混凝土侧墙等措施,有条件时可在台前新基础下增加短桩。

④ 增补桩基加固时,新增桩的构造、布置、间距等应考虑对既有基础的影响。新增桩与旧桩的间距可适当减小。

⑤ 基础冲刷加固要求如下:

a. 浆砌片石铺砌范围:桥墩上游6~8 m,下游8~12 m。

b. 扩大基础(或承台)底掏空宜采用抛石、铅丝笼等措施防护,其加固高度要达到基础底面以上1.0 m,坡度不大于1:1。

⑥ 加桩时,可以扩大原来承台尺寸或在原有承台上再加一层新承台,把上部传来的荷载通过新承台传递到新桩。为使上部荷载由墩身很好地传递给新建承台,可

在新建承台与既有承台接触范围内,将原承台凿成锯齿状剪力键,设置钎钉;也可采用植筋法连接新老承台,即通过植入的钢筋承接和传导弯矩及剪力,并使新旧混凝土形成有机整体,以达到扩大原承台尺寸的目的。

9.2　盖梁加固法

工程概况:

某桥为 3 跨连续梁桥,跨径布置为 55 m+100 m+55 m,采用三角挂篮悬臂浇筑施工。中墩采用高桩承台,为减轻结构自重,桥墩采用部分空心的实体桥墩,顶面设实体墩帽即盖梁,支座垫石处总厚 2 m,支座之间墩帽 1.5 m,横向挑出墩身 1 m 设牛腿,如图 9-1 所示。2 号墩 0 号块张拉后发现盖梁有裂缝。裂缝位于盖梁南北两

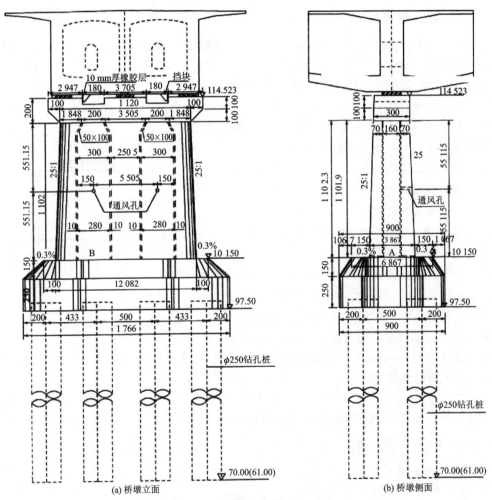

(a) 桥墩立面　　　　(b) 桥墩侧面

图 9-1　桥墩构造(单位:cm)

侧,裂缝宽度为 0.08~0.15 mm。2 号墩 1 号块,待浇筑完成后,裂缝宽度继续发展,最宽处达到 0.35 mm,裂缝位置如图 9-2 所示。1 号墩盖梁出现裂缝,裂缝宽度为 0.04~0.1 mm。

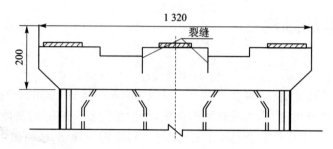

图 9-2　2 号墩发生裂缝位置(单位:cm)

1. 裂缝的成因分析

从整体稳定性来分析,因为设计支座中心在桥墩实体边界内 345 mm 处,因此开裂后结构强度及稳定性是可以得到保证的。目前裂缝是由于单元受力变形引起较大拉应力,配筋又不足,以及混凝土收缩等原因所致。

(1) 支座位置

横向两边支座布置偏外,引起偏心作用,使盖梁上端受到拉应力,如图 9-3 所示。

(2) 盖梁顶面配筋

盖梁顶面配筋数量不足,导致产生裂缝。

(3) 混凝土收缩

盖梁施工时,混凝土收缩受墩身的约束,可能会在接触面上出现裂缝。

(4) 横梁横向预应力束张拉

由于箱梁中支座处的横梁下部横向预应力束已经张拉,而上部预应力束尚未张拉,使整个横梁有起拱的趋势。通过横向计算,目前状态中

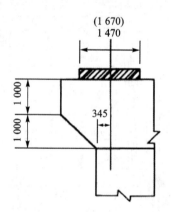

图 9-3　支座位置(单位:cm)

支座基本不受力,而荷载均加载在边支座上,使盖梁顶面拉应力增大,故产生裂缝。

(5) 临时支座

临时支座采用沙箱,将原先的硫磺砂浆支座的面荷载变为点荷载,盖梁挑臂段受力集中而且更偏外,盖梁顶部产生更大的拉应力。

2. 加固方案比选

体外束加固方案如图 9-4 所示。

(1) 体外束加固

由图 9-4 可得,在盖梁外侧采用体外预应力束进行加固,两侧各设 2 根钢束,钢

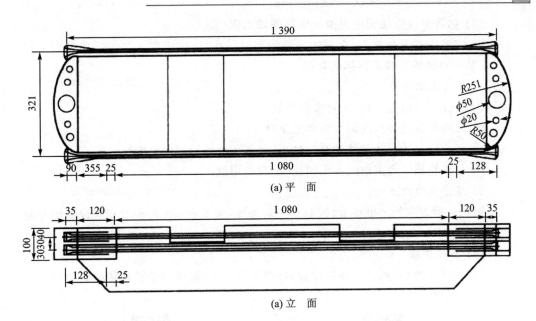

图 9 - 4　体外束加固方案(单位:cm)

束间距为 400 mm,一个盖梁设 4 根钢束。张拉的两端采用圆弧形钢板为传力结构,钢板中间开孔,可使浇筑混凝土密实。

1)该方案的优点

① 加固工期短。

② 不改变桥梁现有的受力体系。

③ 可操作性较强,施工容易控制。

2)该方案的缺点

① 费用较高。

② 改变了原来桥梁盖梁的外观,可能造成景观上的不协调。

③ 工种配合较多,施工工序较复杂。

(2) 填补槽口加强

原设计盖梁留有槽口,现考虑采用槽口补强及植入加强筋,以便增大盖梁上缘的抗拉性能,并增大截面面积。

1)该方案的优点

① 操作简单、可行。

② 造价较低。

2)该方案的缺点

① 需要凿除一部分混凝土,使原钢筋外露,才能进行补强和焊接。

② 不能彻底解决盖梁的裂缝问题,保证不了盖梁的耐久性及整体性。

(3) 钻孔体内张拉预应力束＋填补槽口加强

在方案(2)的基础之上,在横向盖梁的两侧钻孔后,钢束穿入孔内形成体内束张拉,并结合补槽的方式进行钢筋补强。

1) 该方案的优点

① 不改变结构受力状态,可操作性较强。

② 可确保盖梁加固的耐久性和安全性。

③ 盖梁原设计尺寸和外观改变较小,保证了桥梁景观的协调性。

④ 与体外预应力束加固方案相比,工程费用低。

2) 该方案的缺点

钻孔是该方案的关键环节,控制有一定难度,需要有施工经验及相应设备的专业公司进行施工。

(4) 支座内移

如图9-5所示,调整支座的位置,将两侧支座内移,减小盖梁悬臂端的受力。

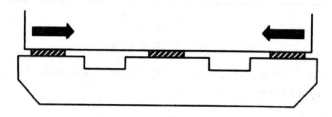

图 9-5 支座内移加固方案

1) 该方案的优点

① 改善了悬臂端的受力情况。

② 不改变桥梁外观。

2) 该方案的缺点

① 操作难度极大。

② 彻底改变了桥梁现阶段的受力情况,带来后期的一系列问题。

(5) 填充悬臂端

在桥墩承台处立模,在桥墩两侧浇筑钢筋混凝土,填充原来的悬臂端。

1) 该方案的优点

大大改善了悬臂端的受力情况,并消除了盖梁悬臂端。

2) 该方案的缺点

① 墩身较高,后浇筑混凝土对盖梁加固作用不大,且浇筑钢筋混凝土还需重新立模和有一定养护时间,施工周期较长。

② 改变了桥梁的墩身外形,构造不美观。

3. 加固方案的确定

以安全性、耐久性为基本考虑点，以不改变现阶段结构的受力情况为出发点，并结合经济性、施工操作难度、加固时间等，经过综合比较，确定采用方案(3)，即钻孔体内张拉预应力束＋填补槽口加强方案。考虑对已有裂缝的不同效果，采用先张后填法一次张拉预应力束的实施方案，即在桥墩盖梁两侧施加横向体内预应力束及在墩顶凹槽处连接钢筋浇筑混凝土。此方案可以满足结构的安全性和耐久性要求，施工风险及困难均在钻孔阶段。通过咨询一些施工单位，钻孔精度可以达到要求，具有可操作性。

加固措施如下：

① 用钻机在盖梁两侧钻孔，水平向从两侧各打 3 个直线孔，在盖梁两侧悬臂下斜向上往凹槽各打 6 个孔，在盖梁凹槽处采用半径为 4 m 的弯钢管连接，以形成弯起钢束孔，采用 6 根 15 束 ϕ15.24 的钢束两端弯起两端张拉，钢束的直线部分从盖梁凹槽处穿过，以抵抗该处较大的横向拉应力。钢束的弯起部分从盖梁挑臂根部处穿过，以抵抗由边支座引起的该处较大的竖向剪力。

② 将端部凿开并放置锚具及钢筋网片，凹槽处凿出原盖梁钢筋焊接补强，浇筑锚下以及凹槽处的混凝土，同时对未穿钢束的孔洞注浆填充。待混凝土强度达到 90％的设计强度时张拉预应力束。盖梁两侧补齐钢筋并浇筑封锚混凝土。封锚处的钢筋布置为：下缘配置上下两层 ϕ32 钢筋，横向间距为 100 mm 的束筋，从而可以减小挑臂端部由纵向拉应力引起的裂缝；之后浇筑封锚混凝土，封锚后梁端高度增加至 1.8 m，如图 9-6 所示。

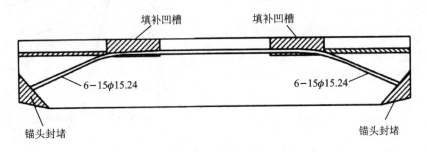

图 9-6　横向加固预应力束布置

9.3　墩柱加固法

桥墩加固可采用的方法有围带加固法、钢筋混凝土套箍加固法、增大截面、钢套管内灌注混凝土、粘贴纤维复合材料或钢板等。

① 围带加固。墩身发生纵向贯通裂缝,可用钢筋混凝土或钢箍进行加固。如因基础不均匀下沉引起自下而上的裂缝,则应先加固基础,后再采用灌缝或加箍的方法进行加固。

② 钢筋混凝土套箍加固。墩台损坏严重(如大面积裂缝、破损、风化、剥落)时或是粗石圬工及砌石圬工的墩台,一般可用钢筋混凝土"箍套"加固,其尺寸应能满足通过箍套传递所有荷载或大部分荷载的需要。同时,改造墩台顶部,浇筑支承于箍套上新的、强大的钢筋混凝土板代替旧的支承垫石,以使箍套与原结构共同工作。

③ 桥墩损坏水下修补加固。砖石或钢筋混凝土墩台表层出现缺陷,且墩台身处于常水位下时,可分别根据不同情况采用不同的加固方法。水深在 3 m 以下时,可筑草袋围堰,然后将水抽干。当水难以抽干时,可浇筑水下混凝土封底后再抽,抽水后以砌石或混凝土填补冲空部位。

此种情况的修补,也可不抽水而将钢筋混凝土薄壁套箱围堰下沉到损坏处附近河底,在套箱与桥墩间浇筑水下混凝土以包裹损坏或冲空部位。水深在 3 m 以上时,以麻袋装干硬性混凝土,通过潜水作业将袋装混凝土分层填塞冲空部位,并应注意要比原基础宽出 0.2~0.4 m。

9.4 桥台加固法

1. 支撑法加固

对因墩台尺寸不足,难以承受台背土压力而往桥孔方向产生倾斜或滑移的埋置式桥台,可采用修筑撑壁法进行加固,如图 9-7 所示。

对于单孔小跨径桥台,为防止桥台滑移,可在两台之间加建水平支撑,如整跨浆砌片石撑板,或用钢筋混凝土支撑梁进行加固。

2. 增建辅助挡土墙加固

对于因桥台台背水平土压力太大而引起的桥台倾斜,应设法减小桥台后壁的土压力,可在台背加建一挡土墙,以增强挡土能力,如图 9-8 所示。

3. 减轻荷载法

筑于软土地基上的桥台,常由于填土较高而受到较大侧向土压力的作用,从而使

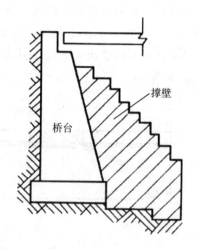

图 9-7 撑壁法加固埋置式桥台

桥台产生前移,以致发生倾斜。此时,一般可更换台背填土,减小土压力,即采用减轻桥台基础所受荷载的方法进行加固,如图9-9所示。

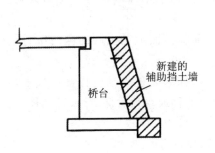

图9-8 增建辅助挡土墙加固

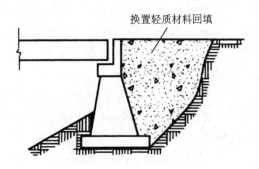

换置轻质材料回填

图9-9 减轻荷载法加固

4. 加柱(桩)加固

竖向承载力不足时可采用此法。一般可在台前增加一排桩,并浇筑盖梁,以分担上部结构传来的力。打桩或钻孔桩时可利用原桥面作脚手架,在桥面开洞、插桩。盖梁可单独受力,也可联结旧盖梁、旧桩共同受力。

5. 增厚台身加固

梁式桥台背土压力过大,台身强度不足,桥台向桥孔方向位移时采用此法。可挖去台背填土,加厚台身(桥台胸墙),施工时注意新旧混凝土结合牢固。

6. 更换台后填土并加便梁加固

为减轻桥后水平压力,需用具有大的内摩擦角的大颗粒土壤或干砌片石、砖石等更换桥台后面的填土,同时在台后新增架设便梁。

9.5 基础加固法

1. 桥梁基础存在的问题

桥梁基础分为浅基础和深基础两类。浅基础可分为刚性扩大基础、单独和联合基础、条形基础、筏板和箱形基础;深基础可分为桩基础、沉井基础、混合基础。

(1) 基础沉降和不均匀沉降

对于深基础,都是采用嵌岩或埋入地下较深层,故它所表现的沉降或位移在施工中逐级表现,并且在以后使用1~2年内达到稳定。除非特殊的外界力(如地震、滑坡等)的作用,一般它们的强度、变形和稳定性都能达到工程要求。

浅基础由于埋设浅、结构简单、施工方便、造价较低,是建筑物最为常见的基础形式。在地基压密或软土地基上的桥梁,往往出现沉降,特别是不均匀沉降,对桥梁结构产生极大的危害,应加以观测、分析并做好防范工作。

（2）基础滑移和倾斜

① 基础由于经常受到洪水冲刷而发生滑移,一般与洪水冲刷深度有密切关系。因此,关键问题在于如何确定洪水冲刷深度上。

② 由于河床在种种因素影响下,造成了桥台前临河面地基土层的侧向压力减小,使基础产生侧向滑移。

③ 桥台基础的地基强度弱化、台背高填方路堤,如果处理不当往往会造成主动土压力过大使桥台前倾;或者土体下沉,使桥台台座前移或台顶后仰,导致基础移动、桥台倾斜。

④ 沉井和桩的抗滑移性能较好,但也有滑移和倾斜的可能。

2. 基础底面压力分布异常

刚性基础的底面压力分布(见图 9 - 10、图 9 - 11),与荷载、基础深度、地基刚度分布等有关。基面压力分布不当,将引起基础开裂等病害。

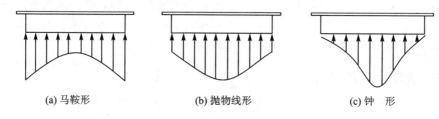

(a) 马鞍形　　　　　(b) 抛物线形　　　　　(c) 钟　形

图 9 - 10　刚性基础的底面压力分布图

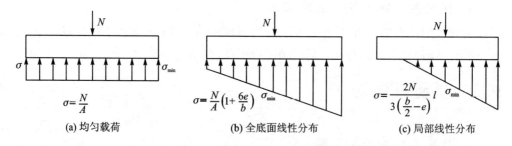

(a) 均匀载荷　　　　　(b) 全底面线性分布　　　　　(c) 局部线性分布

$$\sigma=\frac{N}{A}$$

$$\sigma=\frac{N}{A}\left(1+\frac{6e}{b}\right)$$

$$\sigma=\frac{2N}{3\left(\frac{b}{2}-e\right)}l$$

图 9 - 11　刚性基础的底面等效压力分布图

桩基础土体病害如图 9 - 12 所示。

3. 桥梁基础加固法

墩台基础加固的常用方法有:扩大基础加固法、增补桩基加固法(打入桩或钻孔灌注桩)和人工地基加固法(改良地基)等。

（1）扩大基础加固法

扩大桥梁基础底面积的加固方法,称为扩大基础加固法。此法适用于基础承载力不足,或埋置太浅,而墩台又是砖石或混凝土刚性实体式基础的情况。扩大基础底

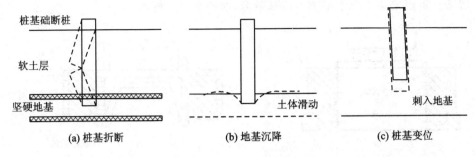

图 9 - 12 桩的破坏形式

面积应由地基强度验算确定。当地基强度满足要求而缺陷仅仅表现为不均匀沉降变形过大时,采用扩大基础面积的方法进行加固,主要由地基变形计算来加以选定。

在刚性实体式基础周围加石砌圬工或混凝土,以扩大基础的承载面积,如图 9 - 13 所示。

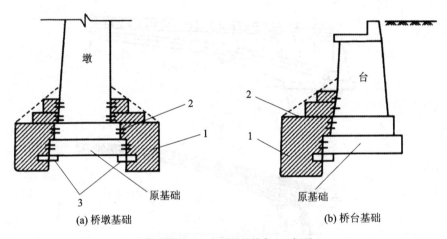

1—扩大基础;2—新旧基础结合;3—钉石

图 9 - 13 扩大基础加固示意图

扩大基础加固法可按下列顺序进行:

① 通常在必须加宽的范围内先打板桩围堰,如墩台基底土壤不好时,应做必要的加固。

② 挖去堰内土壤至必要的深度,以保证墩台的安全。

③ 在堰内把水抽干后铺砌石块(浆砌),或做混凝土基础。

④ 新旧基础要注意牢固结合,施工时可加设连接(锚固)钢筋或插以钢销,以使加固扩大基础和旧基础牢固地结合成一个整体。

⑤ 立模,浇筑混凝土并养护。对于拱桥,可在桥台两侧加设钢筋混凝土实体耳墙,并将耳墙与原桥台用钢销联结起来,从而达到增大桥台基础面积、提高桥台承载力的目的。加固后,耳墙与原桥台联结在一起,因此,既增加了竖向承压面积,又由于

耳墙的自重而增加了抗水平推力的摩阻力,如图9-14所示。

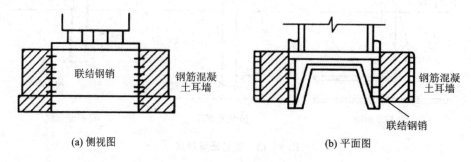

(a) 侧视图　　　　　　　　　　　　(b) 平面图

图9-14　拱桥桥台加设耳墙

当拱脚前有一定的填土时,可在台前加建新的扩大基础,并可将改建为变截面的拱肋支承到新基础上,新老基础之间用钢销进行联结;有条件时在台前新基础下增加短桩,以提高承载力,如图9-15所示。

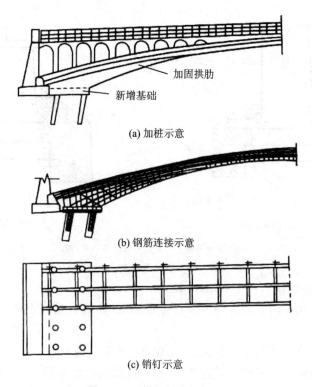

(a) 加桩示意

(b) 钢筋连接示意

(c) 销钉示意

图9-15　拱桥桥台加固

(2) 增补桩基加固法

在桩式基础的周围,补加钻孔桩或打入钢筋混凝土预制桩并扩大原承台,以此提高基础承载力,增加基础稳定性,这种加固法称为增补桩基加固法。增补桩基加固法有多种,可在桩基础的周围补加钻孔桩,也可打入预制桩或静压加桩,并扩大原承台,以此提高基础的承载力,增加基础的稳定性。加固方法如图 9-16 所示。

通过增设基桩(钻孔桩或打入桩),扩大原承台,墩台部分荷载传至新桩基上。

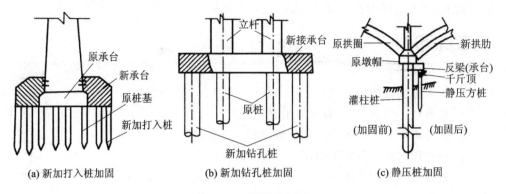

(a) 新加打入桩加固　　(b) 新加钻孔桩加固　　(c) 静压桩加固

图 9-16　桩基础加固

对单排架桩式桥墩,采用打桩(或灌注桩)加固时,若原有桩距较大(4～5 倍桩径),可在桩间插桩;若原有桩距较小且通航净跨允许缩小,可在原排架两侧增加桩数,成为三排式的墩桩。当在桩间加桩时,需凿除原盖梁并浇筑新盖梁,将新旧桩顶连接成一体。此时,要注意验算盖梁在加桩顶部能否承受与原来方向相反的弯矩,如不能承受,则必须加固原有盖梁或重新浇筑盖梁。加固原有盖梁时,可在盖梁顶部增设钢筋。

当桥台垂直承载力不足时,一般可在台前增加一排桩并浇筑盖梁,以分担上部结构传来的压力。打桩(或钻孔桩)时可利用原有桥面脚手架,在桥面上开洞插桩。增浇的盖梁可单独受力,也可与旧盖梁联结在一起,使旧盖梁、旧桩及新桩一起受力,如图 9-17 所示。

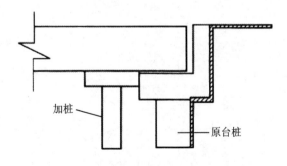

图 9-17　桥台前加桩示意图

对于多跨拱桥,为预防因其中某一跨遭到破坏使整体失去平衡而引起其他拱跨的连锁破坏,可根据情况,对每隔若干拱跨中的一个支墩采取加固措施。其方法是在支墩两侧加斜向支撑,或加大该墩截面,使得一跨遭到破坏时,只影响若干拱跨而不致全部毁坏。由于受桥下净空影响,拱桥桥墩的加桩可采用静压加桩的方法。

增补桩基加固墩台基础的优点是,不需要抽水筑坝等水下施工作业,且加固效果显著。该方法的缺点是,需搭设打桩架(或钻孔架)和开凿桥面,这对桥头原有架空线路及陆上、水上交通均有一定的影响。

本章练习

1. 扩大截面法加固适用于( )、( )、( )等构件。

2. 桥台( )、( )容易发生裂缝。

3. 碳纤维复合材料加固适用于桥梁( )等部位。

4. 正弯段加固补强宜采用( )法。

5. 桩基础加固宜采用( )、( )、( )法。

参考文献

[1] 刘金凤.桥涵施工技术[M].北京:人民交通出版社,2017.

[2] 杨万忠,张燕.桥涵施工技术[M].成都:西南交通大学出版社,2017.

[3] 交通运输部.公路桥涵施工技术规范:JTG/T 3650—2020[S].北京:人民交通出版社,2020.

[4] 何雄刚.交通土建类专业学生顶岗实习指导书[M].北京:北京理工大学出版社,2017.

[5] 蒲翠红.公路工程计量与计价[M].成都:西南交通大学出版社,2017.

[6] 张淑芬,张守斌.零基础成长为造价员高手市政工程造价员[M].北京:机械工业出版社,2017.

[7] 袁胜强,郑晓光.高速公路改扩建设计理论与实践[M].北京:中国计划出版社,2017.

[8] 程青现.桥涵施工技术[M].北京:机械工业出版社,2018.

[9] 马洪建,袁其华.道桥与管廊工程概论[M].武汉:武汉大学出版社,2018.

[10] 曹阳艳.市政工程计量与计价[M].北京:北京理工大学出版社,2018.

[11] 赵建军.建筑工程测量[M].北京:北京理工大学出版社,2018.

[12] 王星华,汪优,王建.复杂条件下长大直径桥梁桩基计算理论与试验研究[M].北京:中国铁道出版社,2018.

[13] 于习法,赵冰华.土建工程设计制图[M].2版.南京:东南大学出版社,2018.

[14] 马光述,李莹.桥梁工程[M].武汉:武汉大学出版社,2018.

[15] 高峰.公路工程造价实务[M].北京:北京理工大学出版社,2018.

[16] 孙媛媛.桥涵施工技术[M].武汉:武汉大学出版社,2019.

[17] 汪双杰,刘戈,纳启财.多年冻土区公路工程施工关键技术[M].上海:上海科学技术出版社,2019.

[18] 杨慧,高晓燕.基础工程[M].北京:北京理工大学出版社,2019.

[19] 舒国明.桥涵水力水文[M].4版.北京:人民交通出版社,2019.

[20] 盛希,杨春会.常见桥梁工程施工工艺标准[M].长沙:中南大学出版社,2019.